ESSAIS

DE MICHEL

DE MONTAIGNE

PUBLICATIONS

DE LA SOCIÉTÉ

DES BIBLIOPHILES

DE GUYENNE.

BORDEAUX. — IMP. G. GOUNOUILHOU.

ESSAIS

DE MICHEL

DE MONTAIGNE

TEXTE ORIGINAL DE 1580

AVEC LES VARIANTES DES ÉDITIONS DE 1582 ET 1587

PUBLIÉ PAR

R. DEZEIMERIS & H. BARCKHAUSEN

TOME SECOND

BORDEAUX

FÉRET ET FILS

LIBRAIRES-ÉDITEURS DE LA SOCIÉTÉ DES BIBLIOPHILES
DE GUYENNE

15, cours de l'Intendance, 15

1873

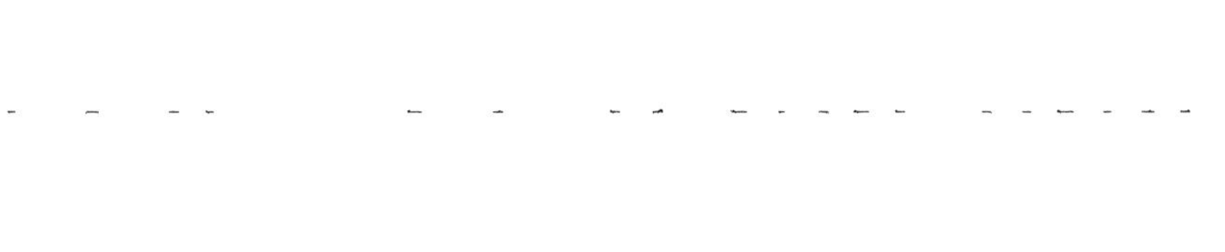

ESSAIS

DE MICHEL

DE MONTAIGNE

LIVRE SECOND.

CHAPITRE VNSIESME.

DE LA CRVAVTÉ.

Il me semble que la vertu est chose autre et plus noble que les natureles [1] inclinations a la bonté qui naissent en nous. Les ames reglées d'elles mesmes et bien nées, elles suiuent mesme train et representent en leurs actions mesme visage que les vertueuses; mais la vertu sonne ie ne sçay quoy de plus grand et de plus actif que de se laisser, par vne heureuse complexion, doucement et paisiblement conduire a la suyte de la raison. Celuy qui, d'vne douceur et facilité naturelle, mespriseroit les offences receues, feroit sans doute [2] chose tresbelle et digne de louange; mais celuy qui, picqué et outré iusques au vif d'vne offence, s'armeroit des armes de la raison contre ce furieux appetit de vengeance, et, apres vn grand conflict, s'en rendroit en fin maistre, feroit sans doute beaucoup plus. Celui

1 *Vulg. supp.* : « natureles ».
2 *Vulg. supp.* : « sans doute ».

la feroit bien, et cetui ci vertueusement : l'vne action se pourroit dire bonté, l'autre, vertu; car il semble que le nom de la vertu presupose de la difficulté, du combat [1] et du contraste, et qu'elle ne peut estre sans partie. C'est a l'auenture pourquoy nous nommons Dieu bon, fort, et liberal, et iuste, mais nous ne le nommons pas vertueus : ses operations sont toutes naifues et sans effort. Des philosophes, non seulement Stoiciens, mais encore Epicuriens (et céte enchere, ie l'emprunte de l'opinion commune, qui est fauce*: car, a la verité, en fermeté et rigueur d'opinions et de preceptes, la secte Epicurienne ne cede aucunement a la Stoique, et vn Stoicien, reconnoissant meilleure foi que ces disputateurs qui, pour combatre Epicurus et se donner beau ieu, luy font dire ce a quoy il ne pensa iamais, contournans ses parolles a gauche, argumentans par la loy grammairienne autre sens de sa façon de parler et autre creance que celle qu'ils sçauent qu'il auoit en l'ame*, dict qu'il a laissé d'estre Epicurien pour céte consideration, entre autres, qu'il trouue leur route trop hautaine et inacessible*) : or, des philosophes Stoiciens et Epicuriens, dis-ie, il y en a plusieurs qui ont iugé que ce n'estoit pas assés d'auoir l'ame en bonne assiete, bien reglée et bien disposée a la vertu, ce n'estoit pas assez d'auoir nos resolutions et nos discours au dessus de tous les effortz de fortune, mais qu'il failloit encore rechercher les ocasions d'en venir a la preuue : ilz veulent quester de la douleur, de la necessité et du mespris, pour les combatre et pour tenir leur ame en halaine*. C'est l'vne des raisons pourquoy Epaminundas, qui estoit encore d'vne

[1] *Vulg. supp.* : « du combat ».

tierce secte, refuse des richesses que la fortune lui met en main par vne voie tres-legitime, pour auoir, dict il, a s'escrimer et a s'exercer [1] contre la pauureté, en laquelle extreme il se maintint tousiours. Socrates s'essayoit, ce me semble, encor plus rudement, conseruant pour son exercice la malignité de la teste [2] de sa fame, qui est vn essay a fer émoulu. Metellus, ayant seul de tous les Senateurs Romains, entrepris, par l'effort de sa vertu, de soutenir la violence de Saturninus, Tribun du peuple a Rome, qui vouloit a toute force faire passer vne loy iniuste en faueur de la commune, et, ayant encouru par la les peines capitales que Saturninus auoit establies contre les refusans, entretenoit ceux qui en céte extremité le conduisoient de la place en sa maison, de tels propos [3] : que c'estoit chose trop facile et trop lâche que de mal faire; et que de faire bien, ou il n'y eut point de dangier, c'estoit chose commune; mais de faire bien, ou il y eut dangier, c'estoit le propre office d'vn homme de bien et [4] de vertu. Ces paroles de Metellus nous representent bien clairement ce que ie vouloy verifier, que la vertu refuse la facilité pour compaigne, et que céte aisée, douce et panchante voie, par ou se conduisent les pas reglés d'vne bonne inclination de nature, n'est pas propre a la vraye vertu. Elle demande vn chemin aspre et espineux; elle veut auoir ou des difficultés estrangieres a luiter, comme celle de Metellus, par le moyen desquelles fortune se plait a luy rompre la roideur de sa course, ou des difficultez internes que

[1] *Vulg. supp.* : « et a s'exercer ».
[2] *Vulg. supp.* : « de la teste ».
[3] *Vulg.* : « conduisoient en la place, de tels propos ».
[4] *Vulg. supp.* : « de bien et ».

luy apportent les appetits desordonnés* de nostre condition.

Ie suis venu iusques icy bien a mon aise; mais, au bout de ce discours, il me tombe en fantasie que l'ame de Socrates, qui est la plus parfaicte qui soit venue a ma connoissance, seroit, a mon conte, vne ame de peu de recommandation : car ie ne puis conceuoir en ce personnage la nul effort de vitieuse concupiscence. Au train de sa vertu, ie n'y puis imaginer nulle difficulté et nulle contrainte : ie connoi sa raison si puissante et si maistresse ches luy qu'elle n'eut iamais donné moyen a nul appetit vitieux seulement de naitre. A vne vertu si esleuée que la sienne, ie ne puis rien mettre en teste : il me semble la voir marcher d'vn victorieux pas et triumphant, en pompe et a son aise, sans empeschement ne destourbier. Si la vertu ne peut luire que par le combat des appetits contraires, dirons nous donq qu'elle ne se puisse passer de l'assistence du vice, et qu'elle luy doiue cela d'en estre mise en credit et en honneur? Que deuiendroit aussi céte braue et genereuse volupté Epicurienne, qui fait estat de nourrir mollement en son giron et y faire follatrer la vertu, luy donnant pour ses iouets la honte, les fieures, la pauureté, la mort et les gheines? Si ie presuppose que la vertu parfaite se connoit a combatre et porter patiemment la douleur, a soutenir les efforts de la goute sans s'esbranler de son assiete, si ie luy donne pour son obiet necessaire l'aspreté et la difficulté, que deuiendra la vertu qui sera montée a tel exces que de non seulement mespriser la douleur, mais de s'en eioüir, et de se faire chatouiller aus pointes d'vne forte colique : comme est celle que les Epicuriens ont establie, et de laquelle plusieurs d'entre eux nous ont laissé par leurs actions des preuues tres-certaines ; comme si ont bien d'autres, que ie trouue auoir surpassé par effect les regles mémes de leur discipline? Tesmoing le ieune Caton : quand ie le voy mourir et se deschirer les entrailles, ie ne me puis contenter de croire simplement qu'il eut lors son ame exempte de tout trouble et de tout effroy de la mort [1]; ie ne puis pas croire qu'il se maintint seulement en céte demarche que les regles de sa secte Stoique luy ordonnoient, rassise, sans emotion, et impassible. Il y auoit, ce me semble, en la vertu de cet homme trop de gailgliardise et de verdeur pour s'en arrester la. Ie croy sans doute qu'il sentit du plaisir et de la volupté en vne si noble action, et qu'il s'y aggrea plus qu'en nulle autre de celles de sa vie*. Ie le croy si auant que i'entre en doute s'il eut voulu que l'occasion d'vn si bel exploit luy fut ostée; et, si la bonté qui luy faisoit embrasser les commoditez d'autruy [2] plus que les siennes ne me tenoit en bride, ie tomberois aisement en céte opinion qu'il sçauoit bon gré a la fortune d'auoir mis sa vertu a vne si belle espreuue et d'auoir fauorisé ce brigand a fouler aus piedz l'antienne liberté de sa patrie. Il me semble lire en céte action ie ne sçay quelle esiouissance de son ame et vne emotion de plaisir extraordinaire*, lors qu'elle consideroit la noblesse et grandeur de son entreprise*; non pas eguisée par quelque esperence de gloire, comme les iugemens populaires vains et effeminés d'aucuns hommes ont iugé (car céte consideration est trop basse, trop foible et trop molle [3] pour toucher vn cœur si genereux, si hautain et si

[1] *Vulg. supp.* : « de la mort ».
[2] *Vulg.* : « publicques ».
[3] *Vulg. supp.* : « trop foible et trop molle ».

roide), mais pour la beauté de la chose mesme en soy, laquelle il voioit bien plus a clair et en sa perfection, luy qui en manioit les ressors, que nous ne pouuons faire*. L'aisance donc de céte mort et céte facilité qu'il auoit acquise par la force de son ame, dirons nous qu'elle doiue rabattre quelque chose du lustre de sa vertu? Et qui, de ceus qui ont la ceruelle tant soit peu touchée de la vraye philosophie, peut se contenter d'imaginer Socrates seulement franc de crainte et de passion, en l'accident de sa prison, de ses fers et de sa condemnation? et qui ne reconnoit en luy non seulement de la fermeté et de la constance (c'estoit son assiete ordinaire que celle la), mais encore ie ne sçay quel contentement nouueau, et vne allegresse eniouée en ses propos et façons dernieres*? Caton me pardonra, s'il luy plait : sa mort est plus thragique et plus tendue; mais céte cy est encore, ie ne sçay comment, plus belle*. On voit aus ames de ces deux personnages et de leurs imitateurs (car, de semblables, ie fay grand doute qu'il y en ait eu) vne si parfaicte habitude a la vertu qu'elle leur est passée en complexion. Ce n'est plus vertu penible, ny des ordonnances de la raison, pour lesquelles maintenir il faille que leur ame se roidisse; c'est l'essence mesme de leur ame, c'est son train naturel et ordinaire. Ils l'ont rendue telle par vn long exercice des preceptes de la philosophie, aians rencontré vne belle et riche nature. Les passions vitieuses qui naissent en nous ne trouuent plus par ou faire entrée en leurs ames. La force et roideur de leur ame étouffe et étaint les passions corporelles [1] aussi tost qu'elles commencent a s'esbranler pour naitre.

[1] *Vulg. :* « les concupiscences », *et, à la fin de la phrase, supp. :* « pour naitre ».

Or, qu'il ne soit plus beau, par vne haute et diuine resolution, d'empescher la naissance mesme des tentations, et de s'estre formé a la vertu de maniere que les semences mesmes des vices en soient desracinées, que d'empescher, a viue force, leur progres, et, s'estant laissé surprendre aus emotions premieres des passions, s'armer et se bander pour arrester leur course et les vaincre; et que ce second effect ne soit encore plus beau que d'estre simplement garny d'vne nature molle et debonnaire, et degoustée de soy mesme de la debauche et du vice, ie ne pense point qu'il y ait doute; car céte tierce et derniere façon, il semble bien qu'elle rende vn homme innocent, mais non pas vertueus; exempt de mal faire, mais non assés apte a bien faire. Ioint que céte condition est si voisine a l'imperfection et a la foiblesse que ie ne sçay pas bien comment en démeler les confins et les distinguer. Les noms mesmes de bonté et d'innocence sont, a céte cause, aucunement noms de mespris. Ie voy que plusieurs vertus, comme la chasteté, sobrieté et temperance, peuuent arriuer a nous par defaillance corporelle. La fermeté aus dangiers (si fermeté il la faut appeller), le mespris de la mort, la patience aus infortunes, peut venir et se treuue souuent aus hommes par faulte de bien iuger de tels accidens, et ne les conceuoir tels qu'ils sont. La faute d'apprehension et la bétise contrefont ainsi par fois les effectz vertueus, comme i'ay veu souuent auenir et louer les hommes [1] de ce dequoy ils meritoient du blasme. Vn seigneur Italien tenoit vne fois ce propos en ma presence, au des-auantage de sa nation : que la subtilité des Italiens et la viuacité de leurs

[1] *Vulg.* : « aduenir qu'on a loué des hommes ».

conceptions estoit si grande qu'ils preuoioient les dangiers et accidens qui leur pouuoient aduenir de si loin qu'il ne failloit pas trouuer estrange si on les voioit souuent, a la guerre, prouuoir a leur seurté, voire auant que d'auoir reconnu le peril; que nous et les Espaignols, qui n'estions pas si fins, allions plus outre, et qu'il nous failloit faire voir a l'œil et toucher a la main le dangier, auant que de nous en effrayer, et que lors aussi nous n'auions plus de tenue; mais que les Lansquenets [1] et les Souysses, plus grossiers et plus lourds, n'auoient le sens de se rauiser a peine lors mesmes qu'ils estoient accablés sous les coups. Ce n'estoit a l'aduenture que pour rire. Si est il bien vray qu'au métier de la guerre les aprentis se iettent bien souuent aus dangiers d'autre inconsideration qu'ils ne font apres y auoir esté échaudés*. Voila pourquoy, quand on iuge d'vne action particuliere, il faut considerer plusieurs circonstances, et l'homme tout entier qui l'a produicte, auant la batizer.

Pour dire vn mot de moy mesme*, il s'en faut tant que ie sois arriué a ce premier et plus parfaict degré d'excellence, ou de la vertu il se faict vne habitude, que, du second mesme, ie n'en ay faict guiere de preuue. Ie ne me suis mis en grand effort pour brider les desirs dequoy ie me suis trouué pressé. Ma vertu, c'est vne vertu, ou innocence, pour mieux dire, accidentale et fortuite. Si ie fusse nay d'vne complexion plus dereglée, ie crains qu'il fut allé piteusement de mon faict : car ie n'ay essayé guierre de fermeté en mon ame pour soutenir des passions, si elles eussent esté tant soit peu vehementes; ie ne sçay point nourrir

[1] *Vulg.* : « Allemans ».

des querelles et du debat ches moy. Ainsi ie ne me puis dire nul grammercy dequoy ie me trouue exempt de plusieurs vices.

Si vitijs mediocribus et mea paucis
Mendosa est natura, alioqui recta, velut si
Egregio inspersos reprehendas corpore næuos,

ie le doy plus a ma fortune qu'a ma raison : elle m'a faict naitre d'vne race fameuse en preud'homie, et d'vn tres-bon pere. Ie ne sçay s'il a escoulé en moy partie de ses humeurs, ou bien si les exemples domestiques et la bonne institution de mon enfance y ont insensiblement aydé, ou si ie suis autrement ainsi nay* ; mais tant y a que, la pluspart des vices, ie les ay de moy mesmes en horreur*, d'vne opinion si naturelle et si mienne que ce mesme instinct et impression que i'en ay apporté de la nourrice, ie l'ay conserué sans que nulles occasions me l'ayent sceu faire alterer : voire non pas mes discours propres, qui, pour s'estre debandés en aucunes choses de la route commune, me licentieroient aisément a des actions que céte naturelle inclination me fait hair*. Les debordemens ausquels ie me suis trouué engagé ne sont pas, Dieu mercy, des pires ; ie les ay bien condamnés ches moy, selon que la raison les condamne. Mon iugement ne s'est pas trouué corrompu par le déreglement de mes meurs ; ains, au rebours, il iuge plus exactement et plus rigoureusement de moy que de nul autre[1]. Mes débauches, quant a cétte partie la, m'ont dépleu comme elles deuoient; mais ça esté tout : car, au demourant, i'y apporte trop peu de resistance, et me laisse trop aisé-

[1] *Vulg. modifie tout ce passage, et, dans ce qui suit, supp. :* « Mes débauches... deuoient ».

ment pancher a l'autre part de la balance, sinon pour les regler et empescher du meslange d'autres vices, lesquels s'entretienent et s'entrenchainent, pour la plus part, les vns aus autres, qui ne s'en prend garde. Les miens, ie les ay retranchés et contrains les plus seuls et les plus simples que i'ay peu*. Car, quant a l'opinion des Stoiciens, qui disent, quand le sage œuure, qu'il œuure par toutes les vertus ensemble, quoy qu'il y en ait vne plus apparente, selon la nature de l'action (et a cela leur pourroit seruir aucunement la similitude du corps humain : car l'action de la colere ne se peut exercer que toutes les humeurs ne nous y aydent, quoy que la colere predomine), si de la ils veulent tirer pareille consequence que, quand le fautier faut, il faut par tous les vices ensemble, ie ne les en croy pas ainsi simplement, ou ie ne les entens pas : car ie sens par effect le contraire*. Socrates aduoüoit a ceus qui reconnoissoient en sa physionomie quelque inclination au vice, que c'estoit, a la verité, sa propension naturelle, mais qu'il auoit [1] corrigée par la philosophie*.

Ce peu [2] que i'ay de bien, ie l'ay, au rebours, par le sort de ma naissance : ie ne le tiens ny de loy, ny de precepte, ou autre aprentissage*. Ie hay, entre autres vices, cruellement la cruauté, et par nature, et par iugement, comme l'extreme de tous les vices; mais c'est iusques a telle mollesse, que ie ne voy pas égorger vn poulet sans desplaisir, et ois impatiemment gemir vn lieure sous les dens des chiens, quoy que ce soit vn plaisir violent que la chasse. Ceux qui ont a combatre la volupté vsent volontiers de cet argument pour mon-

[1] *C et Vulg.* : « qu'il l'auoit ».
[2] *Vulg. supp.* : « peu ».

strer qu'elle est toute vitieuse et desraisonnable; que, lors qu'elle est en son plus grand effort, elle nous maistrise de façon que la raison n'y peut auoir nul acces, et nous aleguent l'experience que nous en sentons en l'acointance des femmes :

Cum iam præsagit gaudia corpus,
Atque in eo est Venus,vt muliebria conserat arua,

ou il leur semble que le plaisir nous transporte si fort hors de nous que nostre discours ne sçauroit lors ioüer son rolle, tout perclus et raui en la volupté. Ie sçay qu'il en peut aller autrement, et qu'on arriuera par fois, si on veut, à embesoigner l'ame, sur ce mesme instant, a autres pensemens; mais il la faut tendre et roidir d'aguet. Ie sçay qu'on peut aisément gourmender l'effort de ce plaisir, et encore que ie luy donne plus de credit sur moy que ie ne deurois [1], si est ce que ie ne prens aucunement pour miracle, comme faict la Royne de Nauarre Marguerite, en l'vn des contes de son Heptameron (qui est vn gentil liure pour son estoffe), ny pour chose de grande difficulté, de passer plusieurs nuicts entieres, en toute commodité et liberté, auec vne maistresse de long temps desirée, maintenant la promesse qu'on luy aura faicte de se contenter des baisers et simples atouchemens. Ie croy que la comparaison du plaisir de la chasse y seroit plus propre, auquel il semble qu'il y ait plus de rauissement; non pas, a mon aduis, que le plaisir soit si grand de soy, mais par ce qu'il ne nous donne pas tant de loisir de nous bander et preparer au contraire, et qu'il nous surprend, lors qu'apres vne longue queste

[1] *Vulg. remplace :* « et encore... ne deurois », *par une autre phrase.*

la beste vient a l'improuiste a se presenter au lieu ou, a l'auenture, nous l'esperions le moins. Céte secousse de plaisir nous frappe si furieusement qu'il seroit malaisé veritablement a ceus qui ayment la chasse de retirer en cet instant l'ame et la pensée de ce rauissement. L'amour faict place au plaisir de la chasse, disent les poëtes. Voila pourquoy ils font Diane victorieuse du brandon et des fleches de Cupidon [1] :

Quis non earum [2] quas amor curas habet
Hæc inter obliuiscitur?

C'est ici vn fagotage de pieces decousues : ie me suis detourné de ma voie, pour dire ce mot de la chasse [3]. Mais, pour reuenir a mon propos, ie me compassionne fort tendrement des afflictions d'autruy, et pleurerois aiséement par compagnie, si, pour occasion que ce soit, ie sçauois pleurer*. Les mors, ie ne les plains guiere, et les enuierois plus tost; mais ie pleins bien fort les mourans. Les Sauuages ne m'offensent pas tant de rotir et manger les corps des tres-passés, que ceus qui les tourmentent et persecutent viuans. Les executions mesme de la iustice, pour raisonnables qu'elles soient, ie ne les puis voir d'vne veüe ferme. Quelcun, ayant a tesmoingner la clemence de Iulius Cæsar : Il estoit, dit il, doux en ses vengeances : ayant forcé les pyrates de se rendre a luy, qui l'auoient [4] au parauant pris prisonnier et mis a rençon, d'autant qu'il les auoit menassés de les faire mettre en croix, il les y con-

[1] *Vulg. remanie toute la fin de ce paragraphe, et supp. :* « L'amour faict place au plaisir de la chasse ».
[2] *BC :* « *malarum* ».
[3] *Vulg. supp. :* « C'est ici... la chasse ».
[4] *BC :* « qu'ils auoient ».

damna, mais ce fut apres les auoir faict estrangler; Philomon, son secretaire, qui l'auoit voulu empoisonner, il ne le punit pas plus aigrement que d'vne mort simple. Sans dire qui est cet autheur Latin, qui ose aleguer pour tesmoignage de clemance de seulement tuer ceux desquels on a esté offencé, il est aysé a deuiner qu'il n'estoit pas du temps de la bonne Rome [1], et qu'il iuge selon les vilains et horribles exemples de cruauté que les tyrans Romains mirent depuis en vsage.

Quant a moy, en la iustice mesme, tout ce qui est au dela de la mort simple me semble pure cruauté, et notamment a nous qui deurions auoir respect d'en enuoier les ames en bon estat; ce qui ne se peut, les ayant agitées et desesperées par tourmens insuportables*.

Ie conseillerois que ces exemples de rigueur, par le moyen desquels on veut tenir le peuple en office, s'exerçassent contre les corps des criminels : car, de les voir priuer de sepulture, de les voir bouillir et mettre a quartiers, cela toucheroit quasi autant le vulgaire que les peines qu'on faict souffrir aux viuans, quoy que par effect ce soit peu, ou rien * [2].

Ie vis en vne saison en laquelle nous foisonnons en exemples incroiables de ce vice, pour la licence de nos guerres ciuiles; et ne voit on rien aus histoires anciennes de plus extreme que ce que nous en assayons tous

[1] *Vulg. supp. :* « qu'il n'estoit... Rome », *et retouche la suite.*

[2] *BC aj. :* « Ie me rencontray vn iour a Rome sur le point qu'on défaisoit Catena, vn vouleur fameux : on l'estrangla, sans aucune émotion de l'assistance; mais, quand on vint a le mettre a quartiers, le bourreau ne donnoit coup que le peuple ne suiuit d'vne vois pleintiue et d'vne exclamation, comme si châcun eut presté son sentiment a ceste charongne* ».

les iours; mais cela ne m'y a nullement apriuoisé. A peine me pouuoi-ie persuader, auant que ie l'eusse veu, qu'il se fut trouué des ames si monstrueuses qui, pour le seul plaisir du meurtre, le voulussent commettre, hacher et detrencher les membres d'autruy, eguiser leur esprit a inuenter des tourmens inusitez et des mortz nouuelles, sans inimitié, sans profit, et pour cette seule fin de iouir du plaisant spectacle des gestes et mouuemens pitoyables, des gemissemens et voix lamentables d'vn homme mourant* : car voyla l'extreme point ou la cruauté puisse atteindre*. De moy, ie n'ay pas sçeu voir seulement sans déplaisir poursuiure et tuer vne beste innocente qui est sans defance, et de qui nous ne receuons nulle offence; et comme il aduient communement que les cerfs se sentans hors d'alaine et de force, n'ayans plus d'autre remede, se reiettent et rendent a nous mesmes qui les poursuiuons, nous demandans mercy par leurs larmes*, ce m'a tousiours semblé vn spectacle tres-deplaisant* :

Primoque a cæde ferarum
Incaluisse puto maculatum sanguine ferrum.

Les naturels sanguinaires a l'endroit des bestes tesmoingnent vne grande propencion [1] a la cruauté*. Et, affin qu'on ne se moque de cette sympathie et amitié que ie confesse auoir auecques elles, et qu'on ne l'outrage trop rudement [2], la theologie mesme nous ordonne quelque humanité en leur endroit; et, considerant que vn mesme maistre nous a logés en ce palais pour son seruice, et qu'elles sont, comme nous, de sa famille,

[1] *Vulg. :* « vne propension naturelle ».
[2] *Vulg. supp. :* « et qu'on ne l'outrage trop rudement », *et modifie légèrement ce qui précède.*

elle a raison de nous ordonner quelque respect et affection enuers elles. Pytagoras emprunta la metempsichose des Ægyptiens; mais depuis elle a esté receue par plusieurs,* et notamment par nos Druides :

Morte carent animæ, semperque, priore relicta
Sede, nouis domibus viuunt habitantque receptæ.

La religion de nos anciens Gaulois portoit que les ames, estant eterneles, ne cessoient de se remuer et changer de place, d'vn corps a vn autre, meslant en outre a cette fantasie quelque consideration de la iustice diuine : car, selon les deportemens de l'ame pendant qu'elle auoit esté chez Alexandre, ils disoient que Dieu luy ordonnoit vn autre corps a habiter, plus ou moins vile [1], et raportant a sa condition* : si elle auoit esté vaillante, la logeoient au corps d'vn lion; si voluptueuse, en celuy d'vn porceau; si lache, en celuy d'vn cerf ou d'vn lieure; si malitieuse, en celuy d'vn renard; ainsi du reste, iusques a ce que, purifiée par ce chatiement, elle reprenoit le corps de quelque autre homme :

Ipse ego, nam memini, Troiani tempore belli,
Panthoides Euphorbus eram.

Quant a ce cousinage la d'entre nous et les bestes, ie n'en fay pas grand recepte, ny de ce aussi que plusieurs nations, et notamment des plus anciennes et plus nobles, ont non seulement receu des bestes a leurs societé et compagnie, mais leur ont donné vn reng bien loin au dessus d'eux, les estimant tantost familieres et fauories de leurs Dieus, et les ayant en respect

[1] *Vulg.* : « penible ».

et reuerence plus qu'humaine, et d'autres ne reconnoissant autre Dieu, ny autre diuinité qu'elles*. Et l'interpretation mesme que Plutarque donne a cet erreur, qui est tres-bien prise, leur est encores honorable : car il dict que ce n'estoit le chat ou le bœuf (pour exemple) que les Egyptiens adoroient, mais qu'ils adoroient en ces bestes la quelque image des operations diuines : en cette cy, la patience* ; en cet autre, la viuacité ou quelque autre effect [1]; et ainsi des autres. Mais, quand ie rencontre, parmy les opinions plus moderées, les discours qui essayent a montrer la prochaine resemblance de nous aus animaus, et combien ils ont de part a nos plus grans priuileges, et auec combien de vray-samblance on nous les apparie, certes i'en rabas beaucoup de nostre presumption, et me demets volontiers de cette royauté vaine et [2] imaginaire qu'on nous donne sur les autres creatures.

Quand tout cela en seroit a dire, si y a il vn certain respect qui nous attache, et vn general deuoir d'humanité, non aus bestes seulement, qui ont vie et sentiment, mais aus arbres mesmes et aus plantes. Nous deuons la iustice aus hommes, et la grace et la benignité aus autres creatures qui en peuuent estre capables : il y a quelque commerce entre elles et nous, et quelque obligation mutuelle* [3]. Les Romains auoient vn soing publicq de la nourriture des oyes, par la vigilence desquelles leur Capitole auoit esté sauué. Les Atheniens ordonnerent que les mules et muletz qui auoient serui au bastiment du temple appellé Heca-

[1] *Vulg. modifie et développe ce passage.*
[2] *Vulg. supp. :* « vaine et ».
[3] *BC aj. :* « Les Turcs ont des aumosnes et des hospitaus pour les bestes ».

tompedon fussent libres, et qu'on les laissast paitre par tout, sans empeschement*. Cimon fit vne sepulture honnorable aus iumans auec lesquelles il auoit gaigné par trois fois le pris de la course aus ieus Olympiques. L'ancien Xantippus fit enterrer son chien sur vn chef, en la coste de la mer, qui en a depuis retenu le nom. Et Plutarque faisoit, dit il, conscience de vendre et enuoier a la boucherie, pour vn legier profit, vn bœuf qui l'auroit [1] long-temps seruy.

CHAPITRE DOVZIESME.

APOLOGIE DE RAIMOND SEBOND.

C'est, a la verité, vne tresvtile et grande partie que la science : ceux qui la mesprisent tesmoignent assez leur bestise; mais ie n'estime pas pourtant sa valeur iusques a céte mesure extreme qu'aucuns luy attribuent : comme Herillus, le philosophe, qui logeoit en elle le souuerain bien, et tenoit qu'il fut en elle de nous rendre sages et contens : ce que ie ne croy pas; ny ce que d'autres ont dit, que la science est mere de toute vertu, et que tout vice est produit par l'ignorance : si cela est vray, il est suiect a vne longue interpretation. Ma maison a esté de long temps ouuerte aux gens de sauoir, et en est fort cogneue : car mon pere, qui l'a iouye [2] cinquante ans et plus, eschauffé de céte ardeur nouuelle dequoy le Roy François premier embrassa les lettres et les mit en credit, recercha auec grand soin et despance l'acointance des hommes

[1] *BC* : « l'auoit ».
[2] *Vulg.* : « commandée ».

doctes, les receuan chez luy comme personnes sainctes et ayans quelque particuliere inspiration de sagesse diuine; recuillant leurs sentences et leurs discours comme des oracles, et auec d'autant plus de reuerance et de religion qu'il auoit moins de loy d'en iuger : car il n'auoit nule cognoissance des lettres*. Moy, ie les aime bien; mais ie ne les adore pas. Entre autres, Pierre Bunel, homme de grande reputation de sçauoir en son temps, ayant arresté quelques iours* en la compagnie de mon pere, auec d'autres hommes de sa sorte, luy fit present, au despartir, d'vn liure qui s'intitule la *Theologie naturelle de Raimond Sebond* [1]. Et par ce que la langue Italienne et Espaignole estoient familieres a mon pere, et que ce liure est basti d'vn Espaignol barragoiné en terminaisons Latines, il esperoit qu'auec vn bien peu d'aide, il en pourroit faire son profit, et le luy recommanda comme liure tresvtile et propre a la saison qu'il le luy donna. Ce fut lors que les nouueletez de Luther commençoient d'entrer en credit, et esbranler en beaucoup de lieux nostre ancienne creance. En quoy il auoit vn tresbon aduis, preuoyant bien, par discours de raison, que ce commancement de maladie declineroit aysement en vn execrable atheisme : car le vulgaire (et tout le monde est quasi de ce genre) n'ayant pas dequoy iuger des choses par elles mesmes et par la raison [2], se laissant emporter a la fortune et aux apparences, apres qu'on luy a mis en main la hardiesse de mespriser et contrerooller les opinions qu'il auoit eües en extreme reuerance, comme sont celles ou il va de son salut, et qu'on a mis les

[1] *Vulg.* : « *Theologia naturalis, siue Liber creaturarum, magistri Raimondi de Sebonde* ».

[2] *Vulg. supp.* : « et tout... ce genre », *et* « et par la raison ».

articles de sa religion en doute et a la balance, il iette tantost apres aysemant en pareille incertitude toutes les autres pieces de sa creance, qui n'auoient pas chez luy plus d'authorité ny de fondement que celles qu'on lui a esbranlées, et secoue comme vn ioug tyrannique toutes les impressions qu'il auoit receues par l'authorité des loix ou reuerance de l'ancien vsage* : entreprenant de lors en auant de ne receuoir rien a quoy il n'ayt interposé son decret et presté* consentement.

Or, quelques iours auant sa mort, mon pere, ayant de fortune recontré [1] ce liure sous vn tas d'autres papiers abandonnez, me commanda de le luy mettre en François. Il fait bon traduire les autheurs* ou il n'y a guiere que la matiere a representer; mais ceux qui ont donné beaucoup a la grace et a l'elegance du langage, ilz sont malaisez a entreprendre*. C'estoit vne occupation bien estrange et nouuelle pour moy : mais, estant de fortune pour lors de loisir, et ne pouuant rien refuser au commandement du meilleur pere qui fut onques, i'en vins a bout comme ie peus; aquoy il print vn singulier plaisir, et donna charge qu'on le fit imprimer : ce qui fut executé, apres sa mort, auec la nonchalance qu'on void par l'infini nombre des fautes que l'imprimeur y laissa, qui en eust la conduite luy seul [2]. Ie trouuay belles les imaginations de cet autheur, la contexture de son ouurage bien tissue, et son dessein plain de pieté. Par ce que beaucoup de gens s'amusent a le lire et notamment les dames, a qui nous deuons plus de seruice, ie me suis troué souuent a mesme de les secourir pour descharger leur liure de deux principales obiections qu'on luy faict. Sa fin est

[1] *C et Vulg.* : « rencontré ».
[2] *Vulg. supp.* : « auec la nonchalance... luy seul ».

hardie et courageuse : car il entreprend, par raisons humaines et naturelles, establir et verifier contre les atheistes tous les articles de la religion Chrestienne. Enquoy, a dire la verité, ie le trouue si ferme et si heureus que ie ne pense point qu'il soit possible de mieux faire en cest argument la, et croy que nul ne l'a esgalé. Cet ouurage me semblant trop riche et trop beau pour vn autheur duquel le nom soit si peu cougneu, et duquel tout ce que nous auons de plus certain, c'est ie ne sçay quelle presomption qu'il estoit [1] Espagnol, faisant profession de la medecine a Thoulouse, il y a enuiron deux cens ans, ie m'enquis autrefois a Adrien Tournebeuf, qui sçauoit toutes choses, que ce pouuoit estre de ce liure? Il me respondit qu'il pensoit que ce fut quelque quinte essence tirée de sainct Thomas d'Aquin : car, de vray, cet esprit la, plein d'vne erudition infinie et d'vne subtilité admirable, estoit bien [2] capable de telles imaginations. Tant y a que, quiconque en soit l'autheur et inuanteur (et ce n'est pas raison d'oster sans plus grande occasion a Sebond ce titre), c'estoit vn tressuffisant homme et ayant plusieurs belles parties.

La premiere reprehension qu'on fait de son ouurage, c'est que les Chrestiens se font tort de vouloir appuyer leur creance par des raisons humaines, qui ne se conçoit que par foy et par vne inspiration particuliere de la grace diuine. A [3] cete obiection, il semble qu'il y a quelque zele de pieté; et, a céte cause, nous faut il, auec autant plus de douceur et de respect, essaier de satisfaire a ceux qui la mettent en auant. Ce seroit

[1] *BC :* « tout ce que nous sçauons, c'est qu'il estoit ».
[2] *Vulg. :* « seul ».
[3] *BC :* « En ».

mieux la charge d'vn homme versé en la theologie que de moy qui n'y sçay rien. Toutesfois ie iuge ainsi que, a vne chose si diuine et si hautaine, et surpassant de si loing l'humaine intelligence, comme est céte verité de laquelle il a pleu a la sacrosaincte [1] bonté de Dieu nous illuminer, il est bien besoin qu'il nous preste encore son secours, d'vne faueur extraordinaire et priuilegiée, pour la pouuoir conceuoir et loger en nous; et ne croy pas que les moyens purement humains en soient aucunement capables. Et, s'ilz l'estoient, tant d'ames rares et excellentes et si abondamment garnies de forces naturelles, es siecles anciens, n'eussent pas failli par leur discours d'arriuer a céte cognoissance. C'est la foy seule qui embrasse viuement et certainement les hautz mysteres de nostre religion; mais ce n'est pas a dire que ce ne soit vne tresbelle et treslouable entreprinse d'accommoder encore au seruice de nostre foy les vtilz naturelz et humains que Dieu nous a donnez. Il ne faut pas douter que ce ne soit l'vsage le plus honorable que nous leur saurions donner, et qu'il n'est occupation ny dessein plus digne d'vn homme Chrestien que de viser, par tous ses estudes et pensemans, a embellir, estandre et amplifier la verité de sa creance. Nous ne nous contentons point de seruir Dieu d'esprit et d'ame; nous luy deuons encore et rendons vne reuerance corporelle; nous appliquons noz membres mesmes, et noz mouuemans, et les choses externes, a l'honorer. Il en faut faire de mesme, et acompagner nostre foy de toute la raison qui est en nous : mais tousiours auec céte reseruation de n'estimer pas que ce soit de nous qu'elle dépende,

[1] *Vulg. supp.* : « sacrosaincte ».

ny que noz effortz et argumens puissent parfaire vne si supernaturelle et diuine science. Si elle n'entre chez nous par vne infusion extraordinaire, si elle y entre non seulement par discours, mais encore par moyens humains, elle n'y est pas en sa dignité ny en sa splendeur. Et certes ie crain pourtant que nous ne la iouissons que par céte voye. Si nous tenions a Dieu par l'entremise d'vne foy viue; si nous tenions a Dieu par luy, non par nous; si nous auions vn pied et vn fondement diuin, les occasions humaines n'auroient pas le pouuoir de l'esbranler [1], comme elles ont; nostre fort ne seroit pas pour se rendre a vne si foyble baterie; l'amour de la nouuelleté, la contreinte des Princes, la bonne fortune d'vn party, le changement temeraire et fortuite de noz opinions n'auroint pas la force de secouer et alterer nostre croiance; nous ne la lairrions pas troubler a la mercy d'vn nouuel argument et a la persuasion, non pas de toute la rethorique qui fut onques. Nous soutiendrons [2] ces flotz la d'vne fermeté inflexible et immobile :

> *Illisos fluctus rupes vt vasta refundit,*
> *Et varias circum latrantes dissipat vndas*
> *Mole sua.*

Si ce rayon de la diuinité nous touchoit aucunement, il y paroistroit par tout : non seulement noz parolles, mais encore nos operations en porteroint la lueur et le lustre; tout ce qui partiroit de nous, on le verroit illuminé de cete noble clarté. Nous deurions auoir honte de ce qu'es sectes humaines il ne fut iamais partisan, quelque difficulté et estrangeté que meintint sa

[1] *BC :* « les esbranler ».
[2] *BC :* « soutienderions ».

doctrine, qui n'y conformat aucunement ses deportemens et sa vie; et toutesfois vne si diuine et celeste institution ne marque les Chrestiens que par la langue*. Si nous auions vne seule goute de foy, nous remuerions les montagnes de leur place, dict la saincte parolle : nos actions qui seroint guidées et accompaignées de la diuinité, ne seroient pas simplement humaines, elles auroient quelque chose de miraculeus, comme nostre croyance*. Et nous trouuons estrange si, aux guerres qui pressent a cete heure nostre estat, nous voyons floter les euenemens et diuersifier d'vne maniere commune et ordinaire : c'est que nous n'y apportons rien que le nostre. La iustice, qui est en l'vn des partis, elle n'y est que pour ornement et couuerture : elle y est bien aleguée, mais elle n'y est ny receue, ny logée, ny espousée; elle y est comme en la bouche de l'aduocat, non comme dans le cœur et affection de la partie. Dieu doibt son secours extraordinaire a la foy et a la religion, non pas aux hommes [1]. Les hommes y sont conducteurs et s'y seruent de la religion. Ce deuroit estre tout le contraire*. Dauantage, confessons la verité : qui trieroit de noz armées [2] ceus qui y marchent par le seul zele d'vne affection religieuse, et encore ceux qui regardent seulement la protection des lois de leur païs, ou seruice du Prince, il n'en sauroit bastir vne compaignie de gensdarmes complete. D'ou vient cela, qu'il s'en trouue si peu qui ayent maintenu mesme volonté et mesme progrez en noz mouuemens publiques, et que nous les [3] voyons tantost n'aler que le pas, tantost y courir a bride aualée, et mesmes

[1] *Vulg.* : « a nos passions ».
[2] *Vulg.* : « de l'armée, mesme legitime ».
[3] *Nous donnons la leçon de BC; A porte* : « le ».

hommes tantost gaster noz affaires par leur violence et aspreté, tantost par leur froideur, mollesse et pesanteur, si ce n'est qu'ils y sont poussés par des considerations particulieres*, selon la diuersité desquelles ils se remuent?*

Il ne faut point faire barbe de foarre a Dieu (comme on dict). Si nous le croyons, ie ne dy pas par foy, mais d'vne simple croyance : voire (et ie le dis a nostre grande confusion), si nous le croyons et cognoissions comme vne autre histoire, comme l'vn de nos compaignons, nous l'aimerions au dessus de toutes autres choses pour l'infinie bonté et beauté qui reluit en luy. Au moins marcheroit il en mesme reng de nostre affection que les richesses, les plaisirs, la gloire et nos amis*. Ces grandes promesses de la beatitude eternelle, si nous les receuions de pareille authorité qu'vn discours philosophique, nous n'aurions pas la mort en telle horreur que nous auons* : « Ie veuil estre dissout, dirions nous, et estre auecques Iesus Christ. » La force du discours de Platon, de l'immortalité de l'ame, poussa bien aucuns de ses disciples a la mort, pour iouir plus promptement des esperances qu'il leur donnoit.

Tout cela c'est vn signe tres-euident que nous ne receuons nostre religion qu'a nostre façon et par nos mains, et non autrement que comme les autres religions se reçoyuent. Nous nous sommes rencontrés au pais ou elle estoit en vsage, ou nous regardons son ancieneté ou l'authorité des hommes qui l'ont maintenue, ou creignons les menaces qu'elle atache aus mescreans, ou suyuons ses promesses. Ces considerations la doyuent bien estre employées a nostre creance, mais comme subsidiaires : ce sont liaisons humaines.

Vne autre region [1], d'autres tesmoings, pareilles promesses et menasses nous pourroient imprimer par mesme voye vne croyance contraire*. Et ce que dit Plato, qu'il est peu d'hommes si fermes en l'atheisme qu'vn dangier pressant, vne extreme douleur ou voisinage de la mort [2] ne ramenent, par force, a la recognoissance de la diuine puissance, ce rolle ne touche point vn vray Chrestien : c'est a faire aux religions mortelles et humaines d'estre receues par vne humaine conduite. Quelle foy doit ce estre que la lacheté et la foiblesse de cœur plantent en nous et establissent?* Vne vitieuse passion, comme celle de l'inconstance et de l'estonnement, peut elle faire en nostre ame nulle production reglée?*

Le neud qui deuroit atacher nostre iugement et nostre volonté, qui deuroit estreindre nostre ame et ioindre a nostre Createur, ce deuroit estre vn neud prenant ses replis et ses forces, non pas de noz considerations, de noz raisons et passions, mais d'vne estreinte diuine et supernaturelle, n'ayant qu'vne forme, vn visage et vn lustre, qui est l'authorité de Dieu et sa grace. Or, nostre cœur et nostre ame estant regie et commandée par la foy, c'est raison qu'elle tire au seruice de son dessain toutes noz autres pieces selon leur portée. Aussi n'est il pas croyable que toute céte machine n'ayt quelques marques empreintes de la main de ce grand architecte, et qu'il n'y ayt quelque image es choses du monde raportant aucunement a l'ouurier qui les a basties et formées. Il a laissé en ces haults ouurages le caractere de sa diuinité, et ne tient qu'a

[1] *Vulg. :* « religion », *ce qui est une erreur évidente, qu'on ne trouve ni dans l'édition de 1588, ni dans celle de 1595.*

[2] *Vulg. supp. :* « vne extreme... mort », *et* « par force ».

nostre imbecillité que nous ne le puissions descouurir. C'est ce qu'il nous dit lui mesme, que, ses operations inuisibles, il nous les manifeste par les visibles. Sebond s'est trauaillé a ce digne estude, et nous monstre comment il n'est nulle piece du monde qui desmante son facteur. Ce seroit faire tort a la bonté diuine, si l'vniuers ne consentoit a nostre creance : le ciel, la terre, les elemans, nostre corps et nostre ame, toutes choses y conspirent; il n'est que de trouuer le moyen de s'en seruir : elles nous instruissent, si nous sommes capables d'entendre*. Les choses inuisibles de Dieu, dit saint Paul, aparoissent par la creation du monde, considerant sa sapience eternelle et sa diuinité par ses œuures.

Atque adeo faciem cœli non inuidet orbi
Ipse Deus, vultusque suos corpusque recludit
Semper voluendo; seque ipsum inculcat et offert,
Vt bene cognosci possit, doceatque videndo
Qualis eat, doceatque suas attendere leges.

Si mon imprimeur estoit si amoureus de ces prefaces questées et emprumptées dequoy, par l'humeur de ce siecle, il n'est pas liure de bonne maison s'il n'en a le frond garny, il se deuoit seruir de telz vers que ceus cy, qui sont de meilleure et plus ancienne race que ceus qu'il y est allé planter [1]. Or nos raisons et nos discours humains, c'est comme la matiere lourde et sterile : la grace de Dieu en est la forme; c'est elle qui y donne la façon et le pris. Tout ainsi que les actions vertueuses de Socrates et de Caton demeurent vaines et inutiles pour n'auoir eu leur fin et n'auoir regardé

[1] *Vulg. supp.* : « Si mon imprimeur... allé planter ».

l'amour et obeissance du vray Createur de toutes choses, et pour auoir ignoré Dieu, ainsi est il de nos imaginations et discours : ils ont quelque corps, mais c'est [1] vne masse informe sans façon et sans iour, si la foy et grace de Dieu n'y sont ioinctes. La foy venant a teindre et illustrer les argumens de Sebon, elle les rend fermes et solides ; ils sont capables de seruir d'acheminement et de premiere guyde a vn aprentis, pour le mettre a la voye de céte cognoissance ; ils le façonnent aucunement et rendent capable de la grace de Dieu, par le moyen de laquelle se parfournit et se perfet apres nostre creance. Ie sçay vn homme d'authorité, nourri aus lettres, qui m'a confessé auoir esté ramené des erreurs de la mescreance par l'entremise des argumens de Sebond. Et quand on les despouillera de cet ornemant et du secours et approbation de la foy, et qu'on les prendra pour fantasies pures humaines, pour en combatre ceus qui sont precipitez aux espouuantables et horribles tenebres de l'irreligion, ilz se trouueront encore lors aussi solides et autant fermes que nuls autres de mesme condition qu'on leur puisse opposer ; de façon que nous serons sur les termes de dire a noz parties :

Si melius quid habes, accerse, vel imperium fer.

Qu'ilz soufrent la force de noz preuues, ou qu'ilz nous en facent voir ailleurs, et sur quelque autre suiect, de mieux tissues et mieux estofées. Ie me suis, sans y penser, a demy desia engagé dans la seconde obiection, a laquelle i'auois proposé de respondre pour Sebond.

Aucuns disent que ces [2] argumens sont foibles et

[1] *Vulg. supp.* : « c'est ».
[2] *BC* : « ses ».

ineptes a verifier ce qu'il veut, et entreprenent de les choquer aysement. Il faut secouer ceux cy vn peu plus rudement, car ilz sont plus dangereux et plus malitieus que les premiers. Celuy qui est d'ailleurs imbu d'vne creance reçoit bien plus aysement les discours qui luy seruent, que ne faict celuy qui est abreuué d'vne opinion contraire, comme sont ces gens icy : céte preocupation de iugement leur rend le goust fade aux raisons de Sebond [1]. Au demeurant, il leur semble qu'on leur donne beau ieu de les metre en liberté de combatre nostre religion par les armes pures humaines, laquelle ilz n'oseroient ataquer en sa maiesté pleine d'authorité et de commandement. Le moyen que ie prens pour rabatre cete frenaisie, et qui me semble le plus propre, c'est de froisser et fouler aux piedz l'orgueuil et humaine fierté, leur faire sentir l'inanité, la vanité et deneantise de l'homme; leur arracher des points les chetiues armes de leur raison; leur faire baisser la teste et mordre la terre sous l'authorité et reuerance de la maiesté diuine. C'est a elle seule qu'apartient la science et la sapience; elle seule qui peut estimer de soy quelque chose, et a qui nous desrobons ce que nous nous contons, et ce que nous nous prisons : οὐ γὰρ ἐᾷ φρονέειν ὁ Θεὸς μέγα ἄλλον ἢ ἑωυτόν*. Or, c'est ce pendant beaucoup de consolation a l'homme Chrestien de voir nos vtils mortels et caduques si proprement assortis a nostre foy saincte et diuine que, lors qu'on les employe aus suiects de leur nature mortels et caduques, ils n'y soient pas appropriez plus vniement, ny auec plus de force. Voyons donq si l'homme a en sa puissance d'autres raisons plus fortes que celles de

[1] *Vulg. remanie ce passage.*

Sebond : voire s'il est en luy d'arriuer a nulle certitude par argument et par discours*.

Que nous presche la verité, quand elle nous presche de fuir la mondaine philosophie; quand elle nous inculque si souuant que nostre sagesse n'est que folie deuant Dieu; que, de toutes les vanitez, la plus vaine c'est l'homme; que l'homme, qui presume de son sçauoir, ne sçait pas encores que c'est que sçauoir; et que l'homme, qui n'est rien, s'il pense estre quelque chose, se [1] seduit soy mesme et se trompe? Ces sentences du sainct Esprit expriment si clairement et si viuemant ce que ie veus maintenir, qu'il ne me faudroit nulle autre preuue contre des gens qui se rendroient auec toute submission et obeissance a son authorité; mais ceus cy veulent estre foitez a leurs propres despans, et ne veulent souffrir qu'on combate leur raison que par elle mesme.

Considerons donq, pour céte heure, l'homme seul, sans secours estrangier, armé seulemant de ses armes, et desgarny de la grace et cognoissance diuine, qui est tout son honneur, sa force, et le fondemant de son estre; voyons combien il a de tenue en ce bel equipage. Qu'il me face entendre, par l'effort de son discours, sur quels fondemens il a basty ces grandz auantages qu'il pense auoir sur les autres creatures. Qui luy a persuadé que ce branle admirable de la voute celeste, la lumiere eternelle de ces flambeaus roulans si fieremant sur sa teste, les mouuemans espouuantables de céte mer infinie soyent establis et se continuent tant de siecles pour sa commodité et pour son seruice? Est il possible de rien imaginer de si ridicule que céte

[1] *C supp.* : « se ».

miserable et chetiue creature, qui n'est pas seulemant maistresse de soy, exposée aus offences de toutes choses, se die maistresse et emperiere de l'vniuers, duquel il n'est pas en sa puissance de cognoistre la moindre partie, tant s'en faut de la commander? Et ce priuilege qu'il s'atribue d'estre seul, en ce grand bastimant, qui ayt la suffisance d'en recognoistre la beauté et les pieces, seul qui en puisse rendre graces a l'architecte, et tenir comte de la recepte et mise du monde : qui luy a seelé ce priuilege? Qu'il nous monstre lettres de céte belle et grande charge*. Mais, pauuret, qu'a il en soy digne d'vn tel auantage? A considerer céte vie incorruptible des corps celestes, leur beauté, leur grandeur, leur agitation continuée d'vne si iuste regle :

Cum suspicimus magni cœlestia mundi
Templa super, stellisque micantibus æthera fixum,
Et venit in mentem lunæ solisque viarum ;

a considerer la domination et puissance que ces corps la ont, non seulemant sur nos vies et conditions de nostre fortune,

Facta etenim et vitas hominum suspendit ab astris,

mais sur nos inclinations mesmes, nos discours, nos volontez, qu'ils regissent, poussent et agitent a la mercy de leurs influances, selon que nostre raison nous l'aprend et le trouue :

Speculataque longe
Deprendit tacitis dominantia legibus astra,
Et totum alterna mundum ratione moueri,
Fatorumque vices certis discernere [1] signis ;

[1] *Vulg. : « discurrere ».*

a voir que non vn homme seul, non vn Roy, mais les monarchies, les empires et tout ce bas monde se meut au branle des moindres mouuemans celestes :

Quantaque quam parui faciant discrimina motus...
Tantum est hoc regnum, quod Regibus imperat ipsis;

si nostre vertu, nos vices, nostre suffisance et science, et ce mesme discours que nous faisons de la force des astres, et céte comparaison d'eus a nous, elle vient, comme iuge nostre raison, par leur moyen et de leur faueur :

Furit alter amore
Et pontum tranare potest, et vertere Troiam :
Alterius sors est scribendis legibus apta;
Ecce patrem nati perimunt, natosque parentes,
Mutuaque armati coeunt in vulnera fratres;
Non nostrum hoc bellum est : coguntur tanta mouere,
Inque suas ferri pœnas, lacerandaque membra...
Hoc quoque fatale est, sic ipsum expendere fatum;

si nous tenons de la distribution du ciel céte part de raison que nous auons, commant nous pourra elle esgaler a luy? commant soub-mettre a nostre science son essence et ses conditions? Tout ce que nous voyons en ces corps la, nous estonne et nous transit [1]*. Pourquoy les priuons nous et d'ame, et de vie, et de discours? y auons nous recogneu quelque stupidité immobile et insensible, nous qui n'auons nul commerce auecque eus que d'obeissance?* Sont ce pas des songes de l'humaine vanité de faire de la lune vne terre celeste*, y planter des habitations et demeures humaines, et y dresser des colonies pour nostre commodité, comme

[1] *Vulg. supp.* : « et nous transit ».

faict Platon et Plutarque, et, de nostre terre, en faire vn astre esclairant et lumineus?*

La presumption est nostre maladie naturelle et originelle. La plus calamitieuse et foible de toutes les creatures, c'est l'homme, et quant et quant, dict Pline[1], la plus orguilleuse. Elle se sent et se void logée icy parmy la bourbe et le fient du monde, atachée et clouée a la pire, plus morte et croupie partie de l'vniuers, au dernier estage du logis et le plus esloigné de la voute celeste, auec les animaus de la pire condition des trois; et se va plantant par imagination au dessus du cercle de la lune, et ramenant le ciel soubs ses pieds. C'est par la vanité de céte mesme imagination qu'il s'égale a Dieu, qu'il s'atribue les conditions diuines, qu'il se trie soy mesme et se separe de la presse des autres creatures, taille les parts aus animaus, ses confreres et compaignons, et leur distribue telle portion de facultés et de forces que bon luy semble. Comment cognoit il, par l'effort de son intelligence, les bransles internes et secrets des animaux? par quelle comparaison d'eux a nous conclud il la bestise qu'il leur attribue?* Ce mesme defaut, qui empesche la communication d'entre eus et nous, pourquoy n'est il aussi bien a nous qu'a eus? C'est a deuiner a qui est la faute de ne nous entendre point : car nous ne les entendons non plus qu'eus a nous. Par céte mesme raison, ils nous peuuent estimer bestes, comme nous les en estimons. Ce n'est pas grand merueille si nous ne les entendons pas; aussi ne faisons nous les Basques et les Troglodites[2]. Il nous faut remarquer la parité qui est

[1] *Vulg. supp.* : « dict Pline ».

[2] *BC* : « Toutes-fois aucuns se sont vantez de les entendre, comme Apollonius Thyaneus* et autres* ».

entre nous : nous auons quelque moienne intelligence de leurs mouuemens et [1] de leur sens; aussi ont les bestes des nostres, enuiron a mesme mesure. Elles nous flatent, nous menassent, et nous requierent; et nous a elles. Au demeurant, nous découurons bien euidammant qu'entre elles il y a vne pleine et entiere communication, et qu'elles s'entr'entendent, non seulement celles de mesme espece, mais aussi d'especes diuerses*. En certain abayer d'vn chien, le cheual cognoit qu'il y a de la menasse et [2] de la colere; de certaine autre sienne vois, il ne s'en effraye point. Les bestes mesmes qui n'ont point de vois, par la societé d'offices que nous voyons entre elles, nous argumentons aisemant qu'elles ont quelque autre moyen de communication*. Pourquoy non, tout aussi bien que nos muets disputent, argumentent et narrent des histoires par leurs gestes? I'en ay veu de si souples et formez a cela, qu'a la verité il ne leur manquoit rien a la perfection de se sçauoir faire entendre. Les amoureus se couroussent, se reconcilient, se prient, se remercient, s'assignent, et disent en fin toutes choses des yeus [3].

Au reste, quelle sorte de nostre suffizance ne reconnoissons nous aus operations des animaus? Est il police reglée auec plus d'ordre, diuersifiée a plus de charges et d'offices, et plus constammant entretenue que celle des mouches a miel? Céte disposition d'actions et de vacations si ordonnée, la pouuons nous

[1] *Vulg. supp.* : « de leurs mouuemens et ».
[2] *Vulg. supp.* : « de la menasse et ».
[3] *BC aj.* :

> « *E' l silentio ancor suole*
> *Hauer prieghi e parole* * ».

imaginer se conduire sans discours et sans prouidence?

His quidam signis atque hæc exempla sequuti.
Esse apibus partem diuinæ mentis, et haustus
Æthereos dixere.

Les arondes[1] que nous voions, au retour du printemps, fureter tous les coins de nos maisons, cerchent elles sans iugement, et choisissent elles sans discretion, de mille places, celle qui leur est la plus commode a se loger? Et, en céte belle et admirable contexture de leurs bastimans, les oyseaus peuuent ils se seruir plus tost d'vne figure quarrée que de la ronde, d'vn angle obtus que d'vn angle droit, sans en sçauoir les conditions et les effets? Prennent ils tantost de l'eau, tantost de l'argile, sans iuger que la durté s'amolit en l'humectant? Planchent ils de mousse leur palais, ou de duuet, sans preuoir que les membres tendres de leurs petits y seront plus molemant et plus a l'aise? Se couurent ils du vent pluuieus, et plantent leur loge a l'orient, sans connoistre les conditions differentes de ces vents, et considerer que l'vn leur est plus salutaire que l'autre? Pourquoi espessit l'araignée sa toile en vn endroit, et relasche en vn autre, se sert a céte heure de céte sorte de nœud, tantost de celle la, si elle n'a et deliberation, et pensemant, et conclusion? Nous reconnoissons asses, en la plus part de leurs ouurages, combien les animaus ont d'excellence au dessus de nous, et combien nostre art est foyble a les imiter; nous voyons toutesfois aux nostres, plus grossiers, les facultez que nous y emploions, et que nostre ame s'y

[1] *BC* : « arondeles ».

sert de toutes ses forces: pourquoy n'en estimons nous autant d'eux? pourquoy atribuons nous a ie ne sçay quelle inclination naturelle et seruile les ouurages qui surpassent tout ce que nous pouuons par nature et par art? Enquoy, sans y penser, nous leur donnons vn tresgrand auantage sur nous, de faire que nature, par vne douceur maternelle, les accompaigne et guide comme par la main a toutes les actions et commoditez de leur vie, et qu'a nous, elle nous abandonne au hazard et a la fortune, et a quester par art et par industrie [1] les choses necessaires a nostre conseruation, et nous refuse quant et quant les moyens de pouuoir arriuer par nulle institution et contention d'esprit a la suffisance naturelle des bestes : de maniere que leur stupidité brutale surpasse, en toutes commodités, tout ce que peut nostre inuention et nos arts [2]. Vrayment, a ce compte, nous arions bien raison de l'appeller vne tresiniuste maratre. Mais il n'en est rien : nostre police n'est pas si difforme et si monstreuse.

Nature a embrassé vniuersellement toutes ses creatures, et n'en est aucune qu'elle n'ait bien plainement fourny de tous moyens necessaires a la conseruation de son estre. Car ces plainctes vulgaires que i'oy faire aux hommes (comme la licence de leurs opinions les esleue tantost au dessus des nues [3], et puis les rauale aux antipodes), que nous sommes le seul animal abandonné nud sur la terre nue, lié, garroté, n'ayant dequoy s'armer et couurir que de la despouille d'autruy, la ou, toutes les autres creatures, nature les a garnies de coquilles, de gousses, d'escorses, de poil, de laine,

[1] *Vulg. supp.* : « et par industrie ».
[2] *Vulg.* : « tout ce que peut nostre diuine intelligence ».
[3] *BC* : « nuées ».

de pointes, de cuir, de bourre, de plume, d'escaille, de toyson et de soye, selon le besoin de son [1] estre; les a armées de griffes, de dentz, de cornes, pour assaillir et pour defendre, et les a elle mesmes instruites a ce qui leur est propre, a nager, a courir, a voler, a chanter; la ou l'homme ne sçait ny cheminer, ny parler, ny manger, ny rien que pleurer, sans aprentissage* : ces plaintes la sont fauces; il y a en la police du monde vne esgalité plus grande, et vne relation plus vniforme: la foyblesse de nostre naissance se trouue a peu prez en la naissance des autres creatures [2]. Nostre peau est garnie aussi suffisamment que la leur de fermeté pour les iniures du temps, tesmoin plusieurs nations entieres, qui n'ont encores gouté nul vsage des vestemens*. Mais nous le iugeons mieux par nous mesmes : car tous les endroitz de la personne qu'il nous plaist descouurir au vent et a l'air se trouuent propres a le souffrir : le visage, les piedz, les mains, les iambes, les espaules, la teste, selon que l'vsage nous y conuie. Car, s'il y a partie en nous foyble, et qui semble deuoir craindre la froidure, ce deuroit estre l'estomac, ou se faict la digestion : noz peres le portoient descouuert, et noz dames, ainsi molles et delicates qu'elles sont, elles s'en vont tantost entr'ouuertes iusques au nombril. Les liaisons et emmaillotemens des enfans ne sont non plus necessaires : tesmoin les meres Lacedemonienes, qui esleuoient les leurs en toute liberté de mouuemans de membres, sans les atacher ne plier; et plusieurs nations le font encore [3]. Nostre pleurer est

[1] *BC :* « leur ».
[2] *Vulg. supp. :* « la foyblesse... creatures ».
[3] *Vulg. modifie le milieu de cette phrase, et supp. à la fin :* « et plusieurs... encore ».

commun a la plus part des autres animaux, et n'en est guiere qu'on ne voye se plaindre et gemir long temps apres leur naissance; d'autant que c'est vne contenance bien sortable a la foyblesse enquoy ils se sentent. Quant a l'vsage du manger, il est en nous, comme en eux, naturel et sans instruction*. Qui fait doute qu'vn enfant arriué a la force de se nourrir ne sceut quester sa nourriture? Et la terre en produit et luy en offre assez pour sa necessité, sans autre culture et artifice; et sinon en tout temps, aussi ne faict elle pas aus bestes : tesmoin les prouisions que nous voyons faire aux fourmis et autres, pour les saisons sterilles de l'année. Ces nations que nous venons de descouurir si abondamment garnies de viande et de breuuage naturel, sans soin et sans façon, nous viennent d'aprendre que le pain n'est pas nostre seule nourriture; et que, sans labourage, sans aucune nostre industrie [1], nostre mere nature nous auoit fournis a planté de tout ce qu'il [2] nous faloit : voire, comme il est vraysamblable, plus plainement et plus richement qu'elle ne faict a present que nous y auons meslé nostre artifice;

Et tellus nitidas fruges vinetaque læta
Sponte sua primum mortalibus ipsa creauit;
Ipsa dedit dulces fœtus et pabula læta,
Quæ nunc vix nostro grandescunt aucta labore,
Conterimusque boues et vires agricolarum :

le desbordement et desreglement de nostre appetit deuançant toutes les inuentions que nous cerchons de l'assouuir.

Quant aux armes, nous en auons plus de naturelles

[1] *Vulg. supp. :* « sans aucune nostre industrie ».
[2] *Nous suivons la leçon de BC; A porte :* « qui ».

que la plus part des autres animaux, plus de diuers mouuemens de membres, et en tirons plus de seruice naturellement et sans leçon. Ceux qui sont duictz a combatre nudz, on les void se ietter aus hazards pareilz aux nostres : si quelques bestes nous surpassent en cet auantage, nous en surpassons plusieurs autres. Et l'industrie de fortifier le corps et le couurir par moyens estrangiers[1], nous l'auons par vn instinct et precepte naturel. Qu'il soit ainsi : l'elephant esguise et esmoult ses dentz, desquelles il se sert a la guerre (car il en a de particulieres pour cet vsage, qu'il espargne, et ne les employe aucunement a ses autres seruices); quand les taureaux vont au combat, ilz respandent et iettent la poussiere a l'entour d'eux; les sangliers affinent leurs deffances; et l'ichneaumon, quand il doit venir aux prises auec le crocodile, munit son corps, l'enduit et le crouste tout a l'entour de limon bien serré et bien pestry, comme d'vne cuirasse. Pourquoy ne dirons nous qu'il est aussi naturel de nous armer de bois et de fer?

Quand au parler, il est certain que, s'il n'est pas naturel, il n'est pas necessaire. Toutes fois, ie croy qu'vn enfant qu'on auroit nourri en pleine solitude, esloigné de tout commerce (qui seroit vn essay mal aysé a faire), auroit quelque sorte de parole pour exprimer ses conceptions; et n'est pas croyable que nature nous ayt refusé ce moyen qu'elle a donné a plusieurs autres animaux. Car qu'est ce autre chose que parler, céte suffisance que nous leur voyons de se pleindre, de se resiouir, de s'entrapeller au secours, se conuier a l'amour, comme ilz font par l'vsage de leur

[1] *Vulg.* : « moyens acquis ».

vois* [1]? Et la difference de langage qui se voit entre nous, selon la difference des contrées, elle se treuue aussi aux animaux de mesme espece : Aristote allegue, a ce propos, le chant diuers des perdris, selon la situation des lieux*. Mais cela est a sçauoir quel langage parleroit cet enfant; et ce qui s'en dit par diuination n'a pas beaucoup d'aparance. Si on m'allegue contre céte opinion que les sourdz naturelz ne parlent point, ie responds que ce n'est pas seulement pour n'auoir peu receuoir l'instruction de la parole par les oreilles, mais plustost pour ce que le sens de l'ouie, du quel ilz sont priuez, se raporte a celuy du parler, et se tiennent ensemble d'vne cousture naturelle, en façon que, ce que nous parlons, il faut que nous le parlons [2] premierement a nous, et que nous le facions sonner au dedans a noz oreilles auant que de l'enuoyer aux estrangiers.

I'ay dit tout cecy pour meintenir céte ressemblance qu'il y a aux choses humaines, et pour nous ramener et reioindre [3] au nombre. Nous ne sommes ny au dessus, ny au dessoubz du reste; tout ce qui est sous le ciel, dit le sage, court vne loy et fortune pareille*. Il y a quelque differance, il y a des ordres et des degrez : mais c'est soubz le visage d'vne mesme nature*. Il faut contreindre l'homme et le renger dans les barrieres de céte police; le miserable n'a garde d'eniamber

[1] *BC aj.* :

« *Cosi per entro loro schiera bruna*
S'ammusa l'vna con l'altra formica,
Forse a spiar lor via, e lor fortuna.

Il me semble que Lactance attribue aux bestes, non le parler seulement, mais le rire encore ».

[2] *C* : « parlions ».

[3] *BC* : « ioindre ».

par effect au dela : il y [1] est entraué et engagé ; il y [2] est assuiecty de pareille obligation que les autres creatures de son ordre et d'vne condition fort moyenne, sans aucune prerogatiue et preexcellence vraye et essentiele : celle qu'il se donne par opinion et par fantasie n'a ny corps, ny goust. Et s'il est ainsi que luy seul de tous les animaux ayt cete liberté de l'imagination et ce desreglement de pensées, luy representans ce qui est, ce qui n'est pas, et ce qu'il veut, le faux et le veritable, c'est vn auantage qui luy est bien cher vendu, et dequoy il a bien peu a se glorifier : car de la naist la source principale des maux qui le pressent, vices [3], maladies, irresolution, trouble et desespoir. Ie dy donc, pour reuenir a mon propos, qu'il n'y a nulle apparence d'estimer que les bestes facent par inclination naturelle et forcée les mesmes operations que nous faisons par nostre chois et industrie. Nous deuons conclurre de pareilz effectz pareilles facultez*, et confesser par consequent que ce mesme discours, céte mesme voye que nous tenons a ouurer, c'est aussi celle des animaux*. Pourquoy imaginons nous en eux céte contreinte naturelle, nous qui n'en esprouuons nul pareil effect? Ioint qu'il est plus honorable d'estre acheminé et obligé a regléement agir par naturelle et ineuitable condition, et plus approchant de la diuinité, que de agir regléement par liberté temeraire et fortuite, et plus seur de laisser a nature qu'a nous les resnes de nostre conduicte. La vanité de nostre presumption faict que nous aimons mieus deuoir a noz forces qu'a sa liberalité nostre suffisanee, et enrichis-

[1] *BC supp.* : « y ».
[2] *BC supp.* : « y ».
[3] *Vulg.* : « peché ».

sons les autres animaux des biens naturelz, et les leur renonçons pour nous honorer et ennoblir des biens acquis, par vne humeur bien simple, ce me semble : car ie priseroy bien autant des graces toutes miennes et naifues que celles que i'arois esté mendier et quester de l'aprentissage. Il n'est pas en nostre puissance d'aquerir vne plus belle recommandation que d'estre fauorisé de Dieu et de nature.

Par ainsi, le renard, dequoy se seruent les habitans de la Thrace, quand ilz veulent entreprendre de passer par dessus la glace quelque riuiere gelée, et le lachent deuant eux pour cet effect, quand nous le verrions au bord de l'eau aprocher son oreille bien prez de la glace, pour sentir s'il orra, d'vne longue ou d'vne voisine distance, bruyre l'eau courant au dessoubz, et selon qu'il trouue par la qu'il y a plus ou moins d'epesseur en la glace, se reculer ou s'auancer, n'aurions nous pas raison de iuger qu'il luy passe par la teste ce mesme discours qu'il feroit en la nostre, et que c'est vne ratiocination et consequence tirée du sens naturel? ce qui faict bruit se remue; ce qui se remue n'est pas gelé; ce qui n'est pas gelé est liquide; et ce qui est liquide plye soubz le faix. Car d'atribuer cela seulement a vne viuacité du sens de l'ouye, sans discours et sans consequence, cela c'est vne chimere, et ne peut entrer en nostre imagination. De mesme faut il estimer de tant de sortes de ruses et d'inuentions dequoy les bestes se couurent des entreprinses que nous faisons sur elles.

Et si nous voulons prendre quelque auantage de cela mesme qu'il est en nous de les saysir, de nous en seruir et d'en vser a nostre volonté, ce n'est que ce mesme auantage que nous auons les vns sur les autres. Nous auons a céte condition noz esclaues*; et la plus part des personnes libres abandonnent pour bien legieres commoditez leur vie et leur estre a la puissance d'autruy*. Les tyrans ont ilz iamais failly de trouuer assez d'hommes vouez a leur deuotion, aucuns d'eus aioustans d'auantage céte necessité de les accompagner a la mort, comme en la vie?* Ceux qui nous seruent, ilz le font a meilleur marché et pour vn traitement moins curieux beaucoup[1] et moins fauorable que celuy que nous faisons aux oyseaux, aus cheuaux et aux chiens, pour le seruice que nous en tirons[2]*. Et si les bestes ont cela de plus genereux que iamais lyon ne s'asseruit a vn autre lyon, ny vn cheual a vn autre cheual, par faute de cœur. Comme nous alons a la chasse des bestes, ainsi vont les tigres et les lyons a la chasse des hommes; et ont vn pareil exercice les vnes sur les autres : les chiens sur les lieures, les brochetz sur les tanches, les arondeles sur les cigales, les esperuiers sur les merles et sur les alouetes*. Et comme nous auons vne chasse qui se conduict plus par subtilité que par force, comme celle* de nos lignes et de l'hameçon, il s'en void aussi de pareilles entre les bestes. Aristote dit que la seche iette de son col vn boyau long comme vne ligne, qu'elle estand au loing en le lâchant, et le retire a soy quand elle veut : a mesure qu'elle aperçoit quelque petit poisson s'aprocher, elle luy laisse mordre le bout de ce boyeau, estant, elle, cachée dans le sable ou dans la vase, et, petit a petit, elle le retire iusques a ce que ce petit poisson soit si prez d'elle que d'vn saut elle puisse l'atraper.

Quand a la force, il n'est animal au monde en bute

[1] *Vulg. supp. :* « beaucoup ».
[2] *Vulg. supp. :* « pour le seruice que nous en tirons ».

de tant d'offences que l'homme : il ne nous faut point vne balaine, vn elephant et vn crocodile, ny tels autres animaux, desquelz vn seul est capable de deffaire vn grand nombre d'hommes : les pous sont suffisans pour faire vaquer la dictature de Sylla ; c'est le desieuner d'vn petit ver que le cœur et la vie d'vn grand et triumphant Empereur.

Pour quoy disons nous que c'est a l'homme science et connoissance bastie par art et par discours, de discerner les choses vtilles a son viure et au secours de ses maladies de celles qui ne le sont pas, de connoistre la force de la rubarbe et du polipode? et, quand nous voyons les cheures de Candie, si elles ont receu vn coup de traict, aler, entre vn million d'herbes, choisir la dictame pour leur guerison ; et la tortue, quand elle a mangé de la vipere, chercher incontinent de l'origanum pour se purger ; le dragon fourbir et esclairer ses yeus auecques du fenouil ; les cigoignes se donner elles mesmes des clysteres a tout de l'eau de marine ; les elephans arracher, non seulement de leur corps et de leurs compagnons, mais des corps aussi de leurs maistres (tesmoin celuy du Roy Porus qu'Alexandre deffit), les iauelotz et les dardz qu'on leur a iettez au combat, et les arracher si dextrement qu'ils ne font mal ne douleur quelconque [1] : pourquoy ne disons nous de mesmes que c'est science et prudence? Car d'alleguer, pour les deprimer, que c'est par la seule instruction et maistrise de nature qu'elles le sçauent, ce n'est pas leur oster le tiltre de science et prudence : voire c'est la leur attribuer a plus forte raison que a nous, pour l'honneur d'vne si certaine maistresse d'escolle. Chry-

[1] *Vulg. modifie cette proposition.*

sippus, bien que, en toutes autres choses, autant desdaigneux iuge de la condition des animaux que nul autre philosophe, considerant les mouuemantz du chien, qui, se rencontrant en vn carrefour a trois chemins, estant a la suyte de son maistre (lequel il a esgaré pour s'estre endormy, et ne l'auoit veu partir du logis), ou a la queste de quelque proye qui fuyt deuant luy [1], va essayant l'vn chemin apres l'autre, et, apres s'estre asseuré des deux, et n'y auoir trouué nulle trace de ce qu'il cerche, s'eslance dans le troisiesme sans marchander, il est contraint de confesser qu'en ce chien la vn tel discours se passe : i'ay suiuy, iusques a ce carrefour, mon maistre a la trace; il faut necessairement qu'il passe par l'vn de ces trois chemins; ce n'est ny par cetuy-cy, ny par celuy-la : il faut donc infailliblement qu'il passe par cet autre; et que, s'asseurant par céte conclusion et discours, il ne se sert plus de son sentiment au troisiesme chemin, ny ne le sonde plus, ains s'y laisse emporter par la force de la raison. Ce traict purement dialecticien et cet vsage de propositions diuisées et conionctes [2], et de la suffisante enumeration des parties, vaut il pas autant que le chien l'aye apris de nature que [3] de Trapesunce?

Si ne sont pas les bestes incapables d'estre encores instruites a nostre mode. Les merles, les corbeaux, les pies, les parroquetz, nous leur aprenons a parler, et céte facilité que nous recognoissons a nous fournir leur voix et alaine si souple et si maniable, pour la former et l'estreindre a certain nombre de lettres et de syllabes, tesmoigne qu'ilz ont vn discours au dedans, qui

[1] *Vulg. modifie cette phrase, et supp.* : « pour s'estre... du logis ».
[2] *BC* : « conioinctes ».
[3] *Vulg.* : « le chien le sçache de soy que ».

les rend ainsi disciplinables et volontaires a aprendre. Chacun est soul, ce croy-ie, de voir tant de sortes de cingeries que les bateleurs aprennent a leurs chiens : les dances, ou ilz ne faillent vne seule cadence du son qu'ilz oyent; plusieurs diuers mouuemens et sautz qu'ilz leur font faire par le commandement de leur parole. Mais ie remarque auec plus d'admiration cet effect, qui est toutesfois assez vulgaire, des chiens dequoy se seruent les aueugles, et aus champs, et aux villes : ie me suis pris garde comme ilz s'arrestent a certaines portes d'ou ils ont accoustumé de tirer l'aumosne; comme ils euitent le choc des coches et des charretes, lors mesme que, pour leur regard, ils ont assés de place et de commodité [1] pour leur passage. I'en ay veu, le long d'vn fossé de ville, laisser vn sentier plain et vny, et en prendre vn autre plus incommode pour esloigner son maistre du fossé. Commant pouuoit on auoir faict conceuoir a ce chien que c'estoit sa charge de regarder seulemant a la seurté de son maistre, et mespriser ses propres commodités pour le seruir; et commant auoit il la cognoissance que tel chemin lui estoit bien assez large, qui ne le seroit pas pour vn aueugle? Tout cela se peut il comprendre sans ratiocination et sans discours [2]?

Il ne faut pas oublier ce que Plutarque dit auoir veu a Rome, d'vn chien, auec l'Empereur Vaspasian le pere, au theatre de Marcellus. Ce chien seruoit a vn bateleur qui iouoit vne fiction a plusieurs mines et a plusieurs personnages, et y auoit son rolle : il falloit, entre autres choses, qu'il contrefit pour vn temps le mort, pour auoir mangé de certaine drogue. Apres

[1] *Vulg. supp.* : « et de commodité ».
[2] *Vulg. supp.* : « et sans discours ».

auoir aualé le pain qu'on feignoit estre céte drogue, il commança tantost apres a trembler et branler, comme s'il eut esté estourdi : finalement, s'estandant et se roidissant, comme s'il eut esté [1] mort, il se laissa tirer et traisner d'vn lieu a autre, ainsi que portoit le suiet du ieu; et puis, quand il cogneut qu'il estoit temps, il commança premierement a se remuer tout bellemant, comme s'il se fut reuenu d'vn profond sommeil, et, leuant la teste, regarda ça et la, d'vne façon qui estonnoit tous les assistans.

Les beufs qui seruoient aus iardins royaus de Suse, pour les arrouser et tourner certaines grandes roues a puiser de l'eau, ausquelles il y a des baquetz atachez (comme il s'en voit plusieurs en Languedoc), on leur auoit ordonné d'en tirer par iour iusques a cent tours chacun. Ilz estoient si acoustumez a ce nombre qu'il estoit impossible, par nulle force, de leur en faire tirer vn tour dauantage, et, ayant faict leur tâche, ils s'arrestoient tout court. Nous sommes en l'adolescence auant que nous sachions conter iusques a cent, et venons de descouurir des nations entieres qui n'ont nulle cognoissance des nombres.

Il y a encore plus de discours a instruire autruy qu'a estre instruit. Or, laissant a part ce que Democritus iugeoit et prouuoit, que, la plus part des artz, les bestes nous les ont aprises, comme l'araignée a tistre et a coudre, l'arondele a bastir, le cigne et le rossignol la musique, et plusieurs animaux, par leur imitation, a faire la medecine, Aristote tient que les rossignolz aprennent leurs petitz a chanter, et y employent du temps et du soin; d'ou il aduient que les

[1] *Vulg. supp.* : « s'il eut esté ».

petitz que nous nourrissons en cage, qui n'ont point eu loisir d'aller a l'escolle sous leurs parens, perdent beaucoup de la grace de leur chant*. Aus spectacles de Rome, il se voyoit ordinairement des elephans dressez a se mouuoir et dancer, au son de la vois, des dances a plusieurs entrelasseures, coupures et diuerses cadances tres-difficiles a aprendre. Il s'en est veu qui, en leur priué, rememoroient leur leçon et s'exerçoient par soin et par estude, pour n'estre tancez et batus de leurs maistres.

Mais cet' autre histoire de la pie, de laquelle nous auons Plutarque mesme pour respondant, est estrange. Elle estoit en la boutique d'vn barbier, a Rome, et faisoit merueilles de contre-faire auec la vois tout ce qu'elle oyoit. Vn iour, il aduint que certaines trompetés s'arrestarent a sonner long temps deuant céte boutique. Depuis cela, tout le lendemain, voila céte pie pensiue, muete et melancolique, dequoy tout le monde estoit esmerueillé, et pensoit on que le son des trompetes l'eut ainsi essourdie et estonnée, et qu'auec l'ouye la vois se fut quant et quant esteinte. Mais on trouua en fin que c'estoit vne estude profonde et vne retraicte en soy mesmes, son esprit s'exercitant et preparant sa vois a representer le son de ces trompetes : de maniere que sa premiere vois ce fut celle la de representer perfectement leurs reprinses, leurs poses et leurs muances, ayant quicté par ce nouuel aprentissage et pris a desdein tout ce qu'elle sçauoit dire au parauant.

Ie ne veus pas obmettre a alleguer aussi cet autre exemple d'vn chien que ce mesme Plutarque dit auoir veu (car, quand a l'ordre, ie sens bien que ie le trouble; mais ie n'en obserue non plus a renger ces exemples qu'au reste de toute ma besongne), luy estant dans vn nauire; ce chien estant en peine pour auoir l'huyle qui estoit dans le fons d'vne cruche, et n'y pouuant arriuer de la langue, pour l'estroite emboucheure du vaisseau, il vid qu'il [1] alla querir des caillous qui estoient dans la nauire [2], et en mit dans céte cruche, iusques a ce qu'il eut faict hausser l'huyle plus pres du bord, ou il le peut atteindre. Cela qu'est ce, si ce n'est l'effect d'vn esprit bien subtil? On dit que les corbeaus de Barbarie en font de mesme, quand l'eau qu'ils veulent boire est trop basse. Céte action est aucunement voisine de ce que recitoit des elephans vn Roy de leur nation, Iuba : que, quand, par la finesse de ceus qui les chassent, l'vn d'entre eux se trouue pris dans certaines fosses profondes (qu'on leur prepare, et les recouure l'on de menues brossailles pour les tromper), ses compaignons y apportent en diligence force pierres et pieces de bois, affin que cela l'ayde a s'en mettre hors. Mais cet animal raporte en tant d'autres effetz a l'humaine suffisance, que, si ie vouloy suiure par le menu ce que l'experiance en a apris, ie gaignerois aysement ce que ie maintiens ordinairement, qu'il se trouue plus de differance de tel homme a tel homme, que de tel animal a tel homme. Le gouuerneur d'vn elephant, en vne maison priuée de Syrie, desroboit, tous les repas, la moitié de la pension qu'on luy auoit ordonnée; vn iour, le maistre voulut lui mesme le penser, et versa dans la mangeoire la iuste mesure d'orge qu'il luy auoit prescrite pour sa nourriture; l'elephant, regardant d'vn mauuais œuil ce gouuerneur, separa auec la trompe et en mit a part la moitié, declarant par la le tort qu'on luy faisoit. Et

[1] *Vulg. supp.* : « il vid qu'il ».
[2] *Vulg. supp.* : « qui estoient dans la nauire ».

vn autre, ayant vn gouuerneur qui mesloit dans sa mangeaille des pierres pour en croitre la mesure, s'aprocha du pot ou il faisoit cuyre sa chair pour son disner, et le luy remplit de cendre. Cela ce sont des effaictz particuliers; mais ce que tout le monde a veu, et que tout le monde sçait, qu'en toutes les armées qui se conduisoient du pays de Leuant, l'vne des plus grandes forces consistoit aus elephans qu'on y mesloit[1], desquelz on tiroit des effectz sans comparaison plus grandz que nous ne faisons a present de nostre artillerie qui tient* leur place* (cela est aysé a iuger a ceus qui connoissent les histoires anciennes)*. Il falloit bien qu'on se respondit a bon escient de la creance de ces bestes et de leur discours, de leur abandonner la teste d'vne bataille, la ou le moindre arrest qu'elles eussent sceu faire, pour la grandeur et pesanteur de leur corps, le moindre effroy qui leur eust faict tourner la teste sur leurs gens estoit suffisant pour tout perdre; et a peine s'est il veu deus ou trois exemples ou cela soit auenu, qu'ilz se reiettassent sur leurs troupes, ce qui aduient ordinairement a nous mesmes [2]. On leur donnoit charge non d'vn mouuemant simple, mais de plusieurs diuerses parties au combat*.

Nous admirons et poisons mieux les choses estrangieres que les ordinaires, et, sans cela, ie ne me fusse pas amusé a ce long registre : car, selòn mon opinion, qui contrerollera de prez ce que nous voyons ordinairemant des animaus qui viuent parmy nous, il y a dequoy y remarquer des operations autant admirables que celles qu'on va recuillant es pais estrangiers. Nous viuons, et eus et nous, sous mesme tect, et hu-

[1] *Vulg. supp. :* « qu'on y mesloit ».
[2] *Vulg. modifie cette fin de phrase.*

mons vn mesme air : il y a, sauf le plus et le moins, entre nous vne perpetuelle ressemblance [1]. I'ay veu autres-fois parmy nous des hommes amenez par mer de lointain pais, desquels par ce que nous n'entendions aucunement le langage, et que leur façon au demeurant, et leur contenance, et leurs vestemens estoient du tout esloignés des nostres, qui de nous ne les estimoit et sauuages et barbares? qui n'atribuoit a stupidité et a bestise de les voir muets, ignorants la langue Françoise, ignorans nos baisemains et nos inclinations serpentées, nostre port et nostre maintien, sur lequel, sans faillir, doit prendre son patron la nature humaine? Tout ce qui nous semble estrange, nous le condamnons, et ce que nous n'entendons pas; comme il nous aduient au iugement que nous faisons des bestes. Elles ont plusieurs conditions qui se raportent aus nostres. De celles la, par comparaison, nous pouuons tirer quelque coniecture; mais, de ce qui est en elles particulier, nous n'en sçauons rien. Les cheuaus, les chiens, les bœufz, les brebis, les oyseaus, et la plus part des animaus qui viuent auec nous reconnoissent nostre vois et se laissent conduire par elle : si faisoit bien encore la murene de Crassus, et venoit a lui quand il l'apelloit; et le font aussi les anguilles qui se trouuent en la fontaine d'Arethuse, et d'autres poissons [2]* :

Nomen habent, et ad magistri
Venit quisque sui vocem citatus.

Nous pouuons iuger de cela. Nous pouuons aussi dire que les elephans ont quelque participation de religion, d'autant qu'apres plusieurs ablutions et purifications,

[1] *Vulg. remplace cette phrase par une autre.*
[2] *Vulg. supp. :* « et... poissons », *et restitue la citation qui suit.*

on les void haussant leur trompe comme des bras, et, tenant les yeus fichés vers le soleil leuant, se planter long temps en meditation et contemplation, a certaines heures du iour, de leur propre inclination, sans instruction et sans precepte. Mais, pour ne voir nulle telle apparence ez autres animaus, nous ne pouuons pourtant establir qu'ilz soient sans religion, et ne pouuons prendre en nulle part ce qui nous est caché. Comme nous voyons quelque chose en céte action que le philosophe Cleantes remerqua, par ce qu'elle retire aus nostres. Il vid, dit il, des fourmis partir de leur fourmiliere, portans le corps d'vn fourmis mort vers vne autre fourmilliere, de laquelle plusieurs autres fourmis leur vindrent au deuant, comme pour parler a eus; et, apres auoir esté ensemble quelque piece, ceus ci s'en retournerent pour consulter, pensez, auec leurs concitoiens, et firent ainsi deux ou trois voyages pour la difficulté de la capitulation; en fin, ces derniers venus apporterent aus premiers vn ver de leur taniere, comme pour la rançon du mort; lequel ver, les premiers chargerent sur leur dos, et emporterent chez eus, laissant aus autres le cors du trespassé. Voila l'interpretation que Cleanthes y donna : tesmoignant par la (encore qu'a son iugement les bestes soient incapables de raison [1]) que celles qui n'ont point de voix ne laissent pas d'auoir pratique et communication mutuelle, de laquelle c'est nostre faute que nous ne soyons participans, et ne pouuons, a céte cause, iuger de leurs operations [2]. Or elles en produisent encores d'autres, qui surpassent de bien loin nostre capacité; ausquelles il s'en faut tant que nous puissions arriuer par imita-

1 *Vulg. supp. toute cette parenthèse.*
2 *Vulg. modifie cette fin de phrase.*

tion, que, par imagination mesme, nous ne les pouuons conceuoir. Plusieurs tiennent qu'en céte grande et derniere bataille nauale qu'Antonius perdit contre Auguste, sa galere capitenesse fut arrestée au milieu de sa course par ce petit poisson que les Latins nomment *remora,* a cause de céte sienne proprieté d'arrester toutes sortes de vaisseaus ausquels il s'atache. Et l'Empereur Calligula vogant auec vne grande flote en la coste de la Romanie, sa seule galere fut arretée tout court par ce mesme poisson, lequel il fit prendre, ataché comme il estoit au bas de son vaisseau, tout despit dequoy vn si petit animal pouuoit forcer et la mer, et les vents et la violence de [1] tous ses auirons, pour estre seulement ataché par le bec a sa galere (car c'est vn poisson a coquille), et s'estona encore, non sans grande raison, de ce que, luy estant apporté dans le bateau, il n'auoit plus céte force qu'il auoit au dehors. Vn cytoien de Cyzique acquist iadis vne reputation de bon mathematicien, pour auoir apris de la condition de l'herisson qu'il [2] a sa taniere ouuerte a diuers endroitz et a diuers ventz, et, preuoyant le vent aduenir, il va boucher le trou du costé de ce vent la : ce que remerquant, ce cytoien venoit tousiours apporter [3] en sa ville certaines predictions du vent qui auoit a tirer. Le cameleon prend la couleur du lieu ou il est assis : mais le poulpe se donne luy mesme la couleur qu'il luy plait, selon les ocasions, pour se cacher de ce qu'il creint et atraper ce qu'il cerche : au cameleon, c'est changement de passion; mais au poulpe, c'est changement d'action. Nous auons quelques mutations de

[1] *A* : « des », *ce qui est une erreur évidente.*
[2] *C* : « qui ».
[3] *Vulg.* : « ce citoyen apportoit ».

couleur a la fraieur, la colere, la honte et autres passions qui alterent le teind de nostre visage; mais c'est par l'effait de la soufrance, comme au cameleon. Il est bien en la iaunisse de nous faire iaunir; mais il n'est pas en la disposition de nostre volonté. Or ces effets, que nous reconnoissons aux autres animaux plus grandz que les nostres, tesmoignent y auoir en eux quelque faculté plus excellente qui nous est occulte, comme il est vray semblable que sont plusieurs autres de leurs conditions et puissances*.

De toutes les predictions du temps passé, les plus anciennes et plus certaines estoient celles qui se tiroient du vol des oyseaux. Qu'auons nous en nous de pareil et de si admirable? Céte regle, cet ordre du branler de leur aile, par lequel on tire des consequences des choses a venir, il faut bien qu'il soit conduict par quelque excellent ressort a vne si noble operation : car c'est prester a la lettre d'aler atribuant ce grand effect a quelque ordonnance naturelle sans l'intelligence, consentement et discours de qui le produit, et est vne opinion euidamment fause. Et qu'il soit ainsi, la torpille a céte condition non seulement d'endormir les membres qui la touchent, mais, au trauers des filetz et de la scene, elle transmet vne pesanteur endormie aus mains de ceus qui la remuent et manient; voire, dit on dauantage que, si on verse de l'eau dessus, on sent cete passion qui gaigne contremont iusques a la main, et endort l'atouchement au trauers de l'eau. Céte force est merueilleuse, mais elle n'est pas inutile a la torpille : elle la sent et s'en sert, de maniere que, pour atraper la proye qu'elle queste, on la void se tapir soubz le limon, afin que les autres poissons coulans par dessus, frapez et endormis de céte sienne froideur, tombent en sa puissance. Les grues, les arondes[1] et autres oyseaux passagiers, changeans de demeure selon les saisons de l'an, monstrent assez la cognoissance qu'elles ont de leur faculté diuinatrice, et la mettent en vsage. Les chasseurs nous asseurent que, pour choisir d'vn nombre de petitz chiens celluy qu'on a à conseruer pour le meilleur, il ne faut que metre la mere au propre de le choisir elle mesme : comme si on les emporte hors de leur giste, le premier qu'elle y raportera sera tousiours le meilleur; ou bien, si on faict semblant d'entourner de feu leur giste de toutes parts, celuy des petits au secours duquel elle courra premierement. Par ou il apert qu'elles ont vn vsage de prognostique que nous n'auons pas; ou qu'elles ont quelque vertu a iuger de leurs petitz autre et plus viue que la nostre : car, a nos enfans, il est certain que, bien auant en l'eage, nous n'y découurons rien, sauf la forme corporelle, par ou nous en puissions faire triage[2].

La maniere de naistre, d'engendrer, nourrir, agir, mouuoir, viure et mourir des bestes estant si voisine de la nostre, tout ce que nous retranchons de leurs causes motrices, et que nous aioustons a nostre condition au dessus de la leur, cela ne peut aucunement partir du discours de nostre raison. Pour reglement de nostre santé, les medecins nous proposent l'exemple du viure des bestes et leur façon : car ce mot est de tout temps en la bouche du peuple :

Tenez chautz les pieds et la teste ;
Au demeurant viuez en beste.

La generation est la principale des actions natu-

[1] *BC :* « arondeles ».
[2] *Vulg. supp. :* « car, a nos enfans... triage ».

relles; nous auons quelque disposition de membres qui nous est plus propre a cela : toutesfois ilz nous ordonnent de nous ranger a l'assiete et disposition brutale, comme plus effectuelle et plus naturelle [1] :

More ferarum
Quadrupedumque magis ritu, plerumque putantur
Concipere uxores : quia sic loca sumere possunt,
Pectoribus positis, sublatis semina lumbis. [2]

Si c'est iustice de rendre a chacun ce qui luy est deu, les bestes qui seruent, ayment et defandent leurs bienfaicteurs, et qui poursuyuent et outragent les estrangiers et ceux qui les offencent, elles representent en cela quelque air de nostre iustice; comme aussi en conseruant vne equalité tresequitable en la dispensation de leurs biens a leurs petits. Quant a l'amitié, elles l'ont sans comparaison plus viue et plus constante que n'ont pas les hommes. Hircanus, le chien du Roy Lysimachus, son maistre mort, demeura obstiné sus son lict, sans vouloir boire ne manger, et le iour qu'on en brusla le corps, il print sa course et se ietta dans le feu, ou il fut bruslé. Comme fit aussi le chien d'vn nommé Pyrrhus; car il ne bougea de dessus le lict de son maistre dépuis qu'il fut mort, et, quand on l'emporta, il se laissa enleuer quand et luy, et finalement

[1] *Vulg. supp.* : « comme plus... naturelle ».

[2] *BC aj.* : « Et reiettent comme nuisibles ces mouuemans indiscrets et insolans que les femmes y ont meslé de leur creu, les ramenant a l'exemple et vsage des bestes de leur sexe, plus modeste et rassis :

Nam mulier prohibet se concipere, atque repugnat,
Clunibus ipsa viri venerem si læta retractet,
Atque exossato ciet omni pectore fluctus;
Eijcit enim sulci recta regione viaque
Vomerem, atque locis auertit seminis ictum ».

se lança dans le buschier ou on brusloit le corps de son maistre. Il y a certaines inclinations d'affection qui naissent quelque fois en nous sans le conseil de la raison, qui viennent d'vne temerité fortuite, que d'autres nomment sympathie : les bestes en sont capables comme nous. Nous voyons les cheuaus prendre certaine acointance des vns aux autres, iusques a nous metre en peine pour les faire viure ou voyager separement : on les void appliquer leur affection a certain poil de leurs compaignons, comme a certain visage; et ou ilz le rencontrent s'y ioindre incontinant auec feste et demonstration de bien-veuillance, et prendre quelque autre forme a contre-cœur et en haine. Les animaus ont chois, comme nous, en leurs amours, et font quelque triage de leurs femeles; ils ne sont pas exemptz de nos ialousies et d'enuies extremes et irreconciliables.

Les cupiditez sont ou naturelles ou necessaires [1], comme le boire et le manger; ou naturelles et non necessaires, comme l'acointance des femelles; ou elles ne sont ny naturelles ny necessaires. De céte derniere sorte sont quasi toutes celles des hommes : elles sont toutes superflues et artificielles : car c'est merueille combien peu il faut a nature pour se contenter, combien peu elle nous a laissé a desirer. Les aprests de nos cuisines ne touchent pas son ordonnance. Les Stoiciens disent qu'vn homme auroit dequoy se substenter d'vne oliue par iour. La delicatesse de nos vins n'est pas de sa leçon, ny la recharge que nous adioutons aus appetitz amoureus :

Neque illa
Magno prognatum deposcit consule cunnum.

[1] *C et Vulg.* : « naturelles et necessaires ».

Ces cupiditez estrangieres, que l'ignorance du bien et vne fauce opinion ont coulées en nous, elles sont en si grand nombre qu'elles chassent presque toutes les naturelles, ny plus ny moins que si, en vne cité, il y auoit si grand nombre d'estrangiers qu'ilz en missent hors les naturels habitans, ou esteignissent leur authorité et puissance ancienne, l'vsurpant entierement et s'en saisissant. Les animaus sont, a la verité, beaucoup plus reglés que nous ne sommes, et se contiennent auec plus de moderation soubs les limites que nature nous a prescriptz : mais non pas si exactement qu'ilz n'ayent encore quelque conuenance a nostre desbauche. Et tout ainsi comme il s'est trouué des desirs furieus, qui ont poussé les hommes a l'amour des bestes, elles se trouuent aussi par fois esprises de nostre amour, et reçoiuent des affections monstrueuses d'vne espece a autre : tesmoin l'elephant corriual d'Aristophanes, le grammairien, en l'amour d'vne ieune bouquetiere, en la ville d'Alexandrie, qui ne luy cedoit en rien aus offices d'vn poursuiuant bien passionné : car, se promenant par le marché ou l'on vendoit des fruictz, il en prenoit auec sa trompe, et les luy portoit; il ne la perdoit de veuë que le moins qu'il lui estoit possible, et luy mettoit quelquefois la trompe dans le sein par dessoubz son colet, et luy tastoit les tetins. Ilz recitent aussi d'vn dragon amoureus d'vne fille, et d'vne oye esprise de l'amour d'vn enfant, en la ville d'Asope, et d'vn bélier seruiteur de la menestriere Glaucia; et il se void tous les iours des magotz furieusement espris de l'amour des femmes. On void aussi certains animaux s'adonner a l'amour des masles de leur sexe. Oppianus et autres recitent quelques exemples, pour monstrer la reuerance que les bestes en leurs mariages portent a la parenté; mais l'experiance nous faict bien souuent voir le contraire :

Nec habetur turpe iuuencæ
Ferre patrem tergo; fit equo sua filia coniux;
Quasque creauit init pecudes caper; ipsaque cuius
Semine concepta est ex illo concipit ales.

De subtilité malitieuse, en est il vne plus expresse que celle du mulet du philosophe Thales? Lequel, passant au trauers d'vne riuiere, chargé de sel, et, de fortune, y estant bronché, si que les sacs qu'il portoit en furent tous mouillez, s'estant aperceu que le sel, s'estant fondu par ce moyen, luy auoit rendu sa charge plus legiere, ne failloit iamais, aussi tost qu'il rencontroit quelque ruisseau, de se plonger dedans auec sa charge, iusques a ce que son maistre, descouurant sa malice, ordonna qu'on le chargeast de laine; a quoy se trouuant mesconté, il cessa de plus vser de céte finesse. Il y en a plusieurs qui representent naiuement le visage de nostre auarice : car on leur void vn soin extreme de surprendre tout ce qu'elles peuuent, et de le curieusement cacher, quoy qu'elles n'en tirent nul vsage. Quand a la mesnagerie, elles nous surpassent non seulement en céte [1] preuoyance d'amasser et espargner pour le temps a venir, mais elles ont encore beaucoup de parties de la science qui y est necessaire. Les fromis estandent au dehors de l'air [2] leur grains et semences, pour les esuenter, refreschir et secher, quand ilz voient qu'ils commencent a se moisir et a sentir le rance, de peur qu'ilz ne se corrompent et pourrissent. Mais la caution et preuention dont ils vsent a ronger le grain

[1] *C* : « nostre ».
[2] *BC* : « l'aire ».

de froment surpasse toute imagination de prudence humaine : par ce que le froment ne demeure pas tousiours sec ny sain, ains s'amolit, se resout et destrempe comme en laict, s'acheminant a germer et produire; parquoy [1], de peur qu'il ne deuienne semance, et perde sa nature et proprieté de munition pour leur nourriture, ilz rongent le bout par ou le germe a acoustumé de sortir.

Quand a la guerre, qui est la plus grande et pompeuse des actions humaines, ie sçaurois volontiers si nous nous en voulons seruir pour argument de quelque prerogatiue, ou, au rebours, pour tesmoignage de nostre imbecilité et imperfection (comme de vray la science de nous entre-deffaire et entre-tuer, de ruiner et perdre nostre propre espece, il semble qu'elle n'a pas beaucoup dequoy se faire desirer aus bestes qui ne l'ont pas)*; mais elles n'en sont pas vniuersellement exemptes : tesmoin les furieuses rencontres des mouches a miel, et les entreprinses des Princes des deux armées contraires :

Sæpe duobus
Regibus incessit magno discordia motu.
Continuoque animos vulgi et trepidantia bello
Corda licet longe præsciscere.

Ie ne voy iamais céte diuine description qu'il ne m'y semble lire peinte l'ineptie et vanité humaine : car ces mouuemens guerriers qui nous rauissent de leur horreur et espouuentement, céte tempeste de sons et de cris*, cete effroyable ordonnance de tant de milliers d'hommes armés, tant de fureur, d'ardeur et de cou-

[1] *Vulg. supp.* : « parquoy ».

rage, il est plaisant a considerer par combien vaines occasions elle est agitée, et par combien legieres occasions esteinte :

Paridis propter narratur amorem
Græcia Barbariæ diro collisa duello;

toute l'Asie se perdit et se consomma en guerres pour le maquerelage de Paris : l'enuie d'vn seul homme, vn despit, vn plaisir, vne ialousie domestique, causes qui ne deuroient pas esmouuoir deux harangeres a s'esgratigner, c'est l'ame et le mouuement de tout ce grand trouble. Voulons nous en croire ceus mesme qui en sont les principaux autheurs et motifs? oions le plus grand, le plus victorieus Empereur et le plus puissant qui fut onques, se iouant et metant en risée tres-plaisamment et tres-ingenieusement plusieurs batailles hazardées et par mer et par terre, le sang et la vie de cinq cens mille hommes qui suiuirent sa [1] fortune, et les forces et richesses des deus parties du monde espuisées pour le seruice de ses entreprinses :

Quod futuit Glaphyran Antonius, hanc mihi pœnam
Fuluia constituit, se quoque uti futuam.
Fuluiam ego ut futuam? Quid, si me Manius oret
Pædicem, faciam! Non puto, si sapiam.
Aut futue, aut pugnemus, ait. Quid, si mihi vita
Charior est ipsa mentula? Signa canant.

(I'vse en liberté de conscience de mon Latin auec le congé que vous m'en aués donné.) Or ce grand corps a tant de visages et de mouuemans [2] qui semble menasser le ciel et la terre*, ce furieux monstre a tant de

[1] *C* : « la ».
[2] *BC* : « qu'il ».

bras et a tant de testes, c'est tousiours l'homme foyble, calamiteus et miserable. Ce n'est qu'vne fourmilliere esmeue et eschaufée :

It nigrum campis agmen.

Vn soufle de vent contraire, le croassement d'vn vol de corbeaus, le faus pas d'vn cheual, le passage fortuite d'vne aigle, vn songe, vne voix, vn signe, vne brouée matiniere suffisent a le renuerser et porter par terre. Donnés luy seulement d'vn rayon de soleil par le visage, le voyla fondu et esuanouy; qu'on luy esuante seulemant vn peu de poussiere aus yeus, comme aus mouches a miel de nostre poëte, voila toutes nos enseignes, nos legions, et le grand Pompeius mesmes a leur teste, rompu et fracassé. Car ce fut luy, ce me semble, que Sertorius battit en Espaigne a tout ces belles armes* :

Hi motus animorum, atque hæc certamina tanta
Pulueris exigui iactu compressa quiescent [1].

Quand a la fidelité, il n'est animal au monde traistre au pris de l'homme : nos histoires racontent la* poursuite que certains chiens ont faict de la mort de leurs maistres. Le Roy Pyrrhus, ayant rencontré vn chien

[1] *BC aj. :* « *Les ames des Empereurs et des sauatiers sont iettées a mesme moule. Considerant l'importance des actions des Princes, et leur pois, nous nous persuadons qu'elles soient produites par quelques causes aussi poisantes et importantes. Nous nous trompons : ils sont poussez et retirez en leurs mouuemans, par les mesmes ressors que nous sommes aux nostres. La mesme raison qui nous faict tanser auec vn voisin dresse entre les Princes vne guerre; la mesme raison qui nous faict foiter vn lacquay, tumbant en vn Roy, luy fait ruiner vne nation entiere*. Pareilz appetits agitent vn ciron et vn elephant. » — *Vulg. met, dans l'avant-dernière phrase :* « vne prouince », *à la place de* « vne nation entiere ».

qui gardoit vn homme mort, et ayant entendu qu'il y auoit trois iours qu'il faisoit cet office, commanda qu'on enterrast ce corps, et mena ce chien quant et luy. Vn iour qu'il assistoit aus monstres generales de son armée, ce chien, apperceuant les meurtriers de son maistre, leur courut sus, auec grandz aboys et aspreté de courrous, et, par ce premier indice, achemina la vengeance de ce meurtre qui en fut faite bien tost aprez par la voye de la iustice. Autant en fit le chien du sage Hesiode, ayant conuaincu les enfans de Ganistor, Naupactien, du meurtre commis en la personne de son maistre. Vn autre chien, estant a la garde d'vn temple a Athenes, ayant aperceu vn larron sacrilege, qui en emportoit les plus beaus ioyaus, se mit a abayer contre luy tant qu'il peut : mais les marguilliers ne s'estant point esueillés pour cela, il se mit a le suiure, et, le iour estant venu, se tint vn peu plus esloigné de luy, sans le perdre iamais de veuë; s'il luy offroit a menger, il n'en vouloit pas, et, aus autres passans qu'il rencontroit en son chemin, il leur faisoit feste de la queüe, et prenoit de leurs mains ce qu'ilz luy donnoient a menger; si son larron s'arrestoit pour dormir, il s'arrestoit quant et quant, au lieu mesmes. La nouuelle de ce chien estant venue aus marguilliers de céte eglise, ilz se mirent a le suyure a la trace, s'enquerans des nouuelles du poil de ce chien, et en fin le rencontrerent en la ville de Cromyion, et le larron aussi, qu'ilz ramenerent en la ville d'Athenes, ou il fut puny; et les iuges, en recognoissance de ce bon office, ordonnerent, du public, certaine mesure de bled pour nourrir le chien, et aus prestres d'en auoir soin. Plutarque tesmoigne céte histoire comme chose tres-auerée et aduenue en son siecle.

Quant a la gratitude (car il me semble que nous auons besoin de mettre ce mot en vsage[1]), ce seul exemple y suffira, que Apion recite comme en ayant esté luy mesme spectateur. Vn iour, dict il, qu'on donnoit a Rome au peuple le plaisir du combat de plusieurs bestes estranges, et principalement de lions de grandeur inusitée, il y en auoit vn entre autres qui, par son port furieus, par la force et grosseur de ses membres, et vn rugissement hautain et espouuantable, attiroit a soy la veüe de toute l'assistance. Entre les autres esclaues qui furent presentez au peuple en ce combat des bestes, fut vn Androdus, de Dace, qui estoit a vn seigneur Romain de qualité consulaire. Ce lyon, l'ayant apperceu de loing, s'arresta premierement tout court, comme estant entré en admiration, et puis s'aprocha tout doucement, d'vne façon molle et paisible, comme pour entrer en recognoissance auec luy. Cela faict, et s'estant asseuré de ce qu'il cerchoit, il commença a batre de la queue, a la mode des chiens qui flatent leur maistre, et a baiser et lescher les mains et les cuisses de ce pauure miserable, tout transi d'effroy et hors de soy. Androdus ayant repris ses espritz par la courtoisie [2] de ce lyon, et rasseuré sa veuë pour le considerer et recognoistre, c'estoit vn singulier plaisir de voir les caresses et les festes qu'ils s'entrefaisoient l'vn a l'autre. Dequoy le peuple ayant esleué des cris de ioye, l'Empereur fit appeller cet esclaue pour entendre de luy le moyen d'vn si estrange euenement. Il luy recita vne histoire nouuelle et admirable. « Mon maistre, dict il, estant proconsul en Aphrique, ie fus contraint par la cruauté et rigueur qu'il me tenoit,

[1] *Vulg.* : « credit ».
[2] *Vulg.* : « benignité ».

me faisant iournellement batre, me desrober de luy et m'en fuir. Et, pour me cacher seurement d'vn personnage ayant si grande authorité en la prouince, ie trouuay mon plus court de gaigner les solitudes et les contrées sablonneuses et inhabitables de ce pays la; resolu, si le moyen de me nourrir venoit a me faillir, de trouuer quelque façon de me tuer moymesme. Le soleil estant extremement aspre sur le midi du iour, et les chaleurs insupportables, ayant rencontré vne cauerne cachée et inaccessible, ie me iettay dedans [1]. Bien-tost apres, y suruint ce lyon, ayant vne patte sanglante et blessée, tout plaintif et gemissant des douleurs qu'il y souffroit. A son arriuée, i'eus beaucoup de frayeur; mais luy, me voyant mussé dans vn coin de sa loge, s'aprocha tout doucement de moy, me presantant sa patte offencée, et me la monstrant, comme pour demander secours; ie luy ostay lors vn grand escot qu'il y auoit, et, m'estant vn peu apriuoisé a luy, pressant sa playe, en fis sortir l'ordure qui s'y amassoit, l'essuyay et nettoyay le plus proprement que ie peux. Luy, se sentant alegé de son mal et soulagé de céte douleur, se prit a reposer et a dormir ayant tousiours sa pate entre mes mains. Dela en hors, luy et moy vesquismes ensemble en céte cauerne trois ans entiers, de mesmes viandes : car, des bestes qu'il tuoit a sa chasse, il m'en [2] apportoit les meilleurs endroitz, que ie faisois cuyre au soleil, a faute de feu, et m'en nourrissois. A la longue, m'estant ennuyé de cete vie brutale et sauuage, ce lyon s'en estant alé vn iour a sa queste accoustumée, ie me partis de la, et, a ma troisiesme iournée, fus surpris par les soldatz qui

1 *Vulg. modifie cette phrase.*
2 *C :* « me ».

me menerent d'Affrique en céte ville, a mon maistre; lequel soudain me condamna a mort et a estre abandonné aux bestes. Or, a ce que ie voy, ce lyon fut aussi pris bien tost apres, qui m'a, a céte heure, voulu recompenser du bien-faict et guerison qu'il auoit receu de moy. » Voyla l'histoire qu'Androdus recita a l'Empereur, laquelle il fit aussi entendre de main a main au peuple. Par quoy, a la requeste de tous, il fut mis en liberté et absoubz de cére condamnation, et, par ordonnance du peuple, luy fut faict present de ce lyon. Nous voyons despuis, dit Apion, Androdus conduisant ce lyon a tout vne petite laisse, se promenant par les tauernes a Rome, receuoir l'argent qu'on luy donnoit; le lyon se laisser couurir des fleurs qu'on luy iettoit; et chacun dire, en les rencontrant : « Voyla le lyon hoste de l'homme! voila l'homme medecin du lyon! »*

Quant a la societé et confederation que les bestes dressent entre elles pour se liguer ensemble et s'entre-secourir, il se voit des bœufs, des porceaux et autres animaux, qu'au cry de celuy que vous offencez toute la troupe accourt a son aide et se ralie pour sa deffance. L'escare, quand il a aualé l'hameçon du pescheur, ses compaignons s'assemblent en foule autour de luy et rongent la ligne; et si, d'auanture, il y en a vn qui ait donné dedans la nasse, les autres luy baillent la queüe par dehors, et luy la serre tant qu'il peut, a belles dans, et eux le tirent ainsi au dehors, et l'entrainent. Les barbiers, quand l'vn de leurs compagnons est engagé, metent la ligne contre leur dos, dressant vne espine qu'ilz ont dentelée comme vne scie, a tout laquelle ilz la scient et coupent. Quant aux particuliers offices que chacun de nous retire pour le seruice de sa vie de certains animaux ou des hommes, il s'en void plusieurs pareils exemples parmy les bestes [1]. Ilz tiennent que la baleine ne marche iamais qu'elle n'ayt au deuant d'elle vn petit poisson semblable au gouyon de mer, qui s'apelle pour cela la guide; la baleine le suit, se laissant mener et tourner aussi facilement que le timon faict tourner [2] le nauire : et, en recompense aussi, au lieu que toute autre chose, soit beste ou vaisseau, qui entre dans l'horrible chaos de la bouche de ce monstre, est incontinant perdu et englouti, ce petit poisson s'y retire en toute seurté et y dort, et, pendant son someil, la baleine ne bouge; mais aussi tost qu'il sort, elle se met a le suiure sans cesse; et si, de fortune, elle l'escarte, elle va errant ça et là, et souuant se froissant contre les rochiers, comme vn vaisseau qui n'a point de gouuernail; ce que Plutarque tesmoigne auoir veu en l'isle d'Anticyre. Il y a vn pareil mariage entre le petit oyseau qu'on nomme le roytelet et le crocodile : le roytelet sert de sentinelle a ce grand animal, et si l'ichneaumon, son ennemy, aproche pour le combatre, ce petit oyseau, de peur qu'il ne le surprenne endormy, va, de son chant et a coups de bec, l'esueillant et l'aduertissant de son danger; il vit des demeurans de ce monstre, qui le reçoit familierement en sa bouche, et luy permet de becqueter dans ses machoueres et entre ses dents, et y receuillir les morceaus de cher qui y sont demeurez; et, s'il veut fermer la bouche, il l'aduertit premierement d'en sortir, en la serrant peu a peu, sans l'estreindre et l'offencer. Céte coquille qu'on nomme la nacre vit aussi ainsi auec le pinnothere, qui est vn petit animal de la sorte

1 *Vulg. modifie cette phrase.*
2 *BC :* « retourner ».

d'vn cancre, luy seruant d'huissier et de portier, assis a l'ouuerture de céte coquille, qu'il tient continuellement entrebaillée et ouuerte, iusques a ce qu'il y voye entrer quelque petit poisson propre a leur prises[1] : car lors il entre dans la nacre, et luy va pinsant la chaïr viue et la contreint de fermer sa coquille : lors eux deux ensemble mengent la proye enfermée dans leur fort. En la maniere de viure des tuns, on y remarque vne singuliere science de trois parties de la mathematique. Quand a l'astrologie, ilz l'enseignent a l'homme; car ilz s'arrestent au lieu ou le solstice d'hyuer les surprend, et n'en bougent iusques a l'equinoxe ensuiuant. Voyla pourquoy Aristote mesme leur concede volontiers céte science. Quand a la geometrie et arithmetique, ilz font tousiours leur bande de figure cubique, carrée en tout sens, et en dressent vn corps de bataillon solide, clos et enuironné tout a l'entour a six faces toutes egales; puis nagent en céte ordonnance carrée, autant large derriere que deuant, de façon que qui en void et comte vn visage, il peut aiséement nombrer toute la troupe, d'autant que le nombre de la profondeur est egal a la largeur, et la largeur a la longueur.

Quant a la magnanimité, il est malaisé de luy donner vn visage plus apparent que en ce faict du grand chien qui fut enuoyé des Indes au Roy Alexandre : on luy presenta premierement vn cerf pour le combatre, et puis vn sanglier, et puis vn ours; il n'en fit conte, et ne daigna se remuer de sa place; mais, quand il veid vn lion, qu'on luy presenta, alors[2] il se dressa incontinant sur ses piedz, monstrant manifestement qu'il declairoit celuy la seul digne d'entrer en combat

[1] *C :* « leurs prises »; *Vulg. :* « leur prise ».
[2] *Vulg. supp. :* « qu'on luy presenta, alors ».

auecques luy*. Quand a la clemance, on recite d'vn tygre, la plus inhumaine beste de toutes, que luy ayant esté baillé vn cheureau, il souffrit deux iours la faim auant que de le vouloir offencer, et, le troisiesme, il brisa la cage ou il estoit enfermé, pour aler cercher autre pasture, ne se voulant prendre au cheureau, son familier et compaignon. Et quant aux droitz de la familiarité et conuenance qui se dresse par la conuersation, il nous aduient ordinairement d'apriuoiser des chatz, des chiens et des lieures ensemble.

Mais ce que l'experiance aprend a ceux qui voyagent par mer, et notamment en la mer de Sicile, de la condition des halcyons, surpasse toute humaine cogitation. De quelle espece d'animaux a iamais nature tant honoré les couches, la naissance et l'enfantement? Car les poetes disent bien qu'vne seule isle de Delos, estant auparauant vagante, fut affermie pour le seruice de l'enfantement de Latone; mais Dieu a voulu que toute la mer fut arrestée, affermie et applanie, sans vagues, sans vents et sans pluye, ce pendant que l'halcyon faict ses petitz : qui est iustement enuiron le solstice, le plus court iour de l'an; et, par son priuilege, nous auons sept iours et sept nuictz, au fin cœur de l'hyuer, que nous pouuons nauiguer sans danger. Leurs femeles ne recognoissent autre masle que le leur propre; l'assistent toute leur vie sans iamais l'abandonner; s'il vient a estre debile et cassé, elles le chargent sur leurs espaules, le portent par tout, et le seruent iusques a la mort. Mais nulle suffisance n'a encores peu attaindre a la cognoissance de céte merueilleuse fabrique de quoy l'halcyon compose le nid pour ses petitz, et en deuiner la matiere. Plutarque, qui en a veu et manié plusieurs, pense que ce soit des arestes de quelque poisson qu'elle conioint et lie ensemble, les entrelassant les vnes de long, les autres de trauers, et adioustant des courbes et des arrondissemens, tellement qu'en fin elle en forme vn vaisseau rond, prest a voguer; puis, quand elle a paracheué de le construire, elle le porte au batement du flot marin, la ou la mer, le batant tout doucement, luy enseigne a radouber ce qui n'est pas bien lié, et a le [1] mieux fortifier aux endroitz ou elle void que sa structure se desment et se lache pour les coups de mer; et, au contraire, ce qui est bien ioint, le batement de la mer le vous estreint et vous le serre, de sorte qu'il ne se peut ny rompre, ny dissoudre ou endomager a coups de pierre ny de fer, si ce n'est a toute peine. Et ce qui plus est a admirer, c'est la proportion et figure de la concauité du dedans : car elle est composée et proportionnée de maniere qu'elle ne peut receuoir ny admetre autre chose que l'oyseau qui l'a bastye : car, a toute autre chose, elle est impenetrable, close et fermée, tellement qu'il n'y peut rien entrer, non pas l'eau de la mer seulement. Voila vne description bien claire de ce bastiment et empruntée de bon lieu; toutesfois il me semble qu'elle ne nous esclaircit pas encore suffisamment la difficulté de céte architecture. Or, de quelle vanité nous peut il partir de loger au dessoubz de nous et d'interpreter desdaigneusement les effectz que nous ne pouuons imiter ny comprendre?

Pour suiure encore vn peu plus loin céte equalité et correspondance de nous aux bestes, le priuilege dequoy nostre ame se glorifie, de ramener à sa condi-

[1] *BC supp.* : « le ».

tion tout ce qu'elle conçoit, de despouiller de qualitez mortelles et corporelles tout ce qui vient a elle, de renger les choses qu'elle estime dignes de son accointance a [1] deuestir et despouiller leurs conditions corruptibles, et leur faire laisser a part comme vestemens superfluz et viles l'espesseur, la longueur, la profondeur, le poids, la couleur, l'odeur, l'aspreté, la polisseure, la durté, la mollesse et tous accidens sensibles, pour les accommoder a sa condition immortelle et spirituelle, de maniere que Rome et Paris que i'ay en l'ame, Paris que i'imagine, ie l'imagine et le comprens sans grandeur et sans lieu, sans pierre, sans plastre et sans bois : ce mesme priuilege, dis-ie, semble estre bien euidamment aux bestes; car vn cheual acoustumé aux trompetes, aux harquebousades et aux combatz, que nous voyons tremousser et fremir en dormant, estendu sur sa littiere, comme s'il estoit en la meslée, il est certain qu'il conçoit en son ame vn son de taborin sans bruit, et vne armée sans armes et sans corps :

Quippe videbis equos fortes, cum membra iacebunt
In somnis, sudare tamen, spirareque sæpe,
Et quasi de palma summas contendere vires.

Ce lieure, qu'vn leurier imagine en songe, apres lequel nous le voyons haleter en dormant, alonger la queue, secouer les iarretz, et representer parfaitement les mouuemens de sa course : c'est vn lieure sans poil et sans os :

Venantumque canes in molli sæpe quiete
Iactant crura tamen subito, vocesque repente
Mittunt, et crebras reducunt naribus auras,

[1] *Nous suivons la leçon de BC; A donne :* « accointance, deuestir », *ce qui n'a pas de sens.*

Vt vestigia si teneant inuenta ferarum :
Expergefactique sequuntur inania sæpe
Ceruorum simulachra, fugæ quasi dedita cernant ;
Donec discussis redeant erroribus ad se.

Les chiens de garde, que nous voyons souuent gronder en songeant, et puis iapper tout a faict et s'esueiller en sursaut, comme s'ilz aperceuoient quelque estrangier arriuer : cet estrangier que leur ame void, c'est vn homme spirituel et imperceptible, sans dimension, sans couleur et sans estre :

Consueta domi catulorum blanda propago
Degere, sæpe leuem ex oculis volucremque soporem
Discutere, et corpus de terra corripere instant,
Proinde quasi ignotas facies atque ora tueantur.

Quand a la beauté du corps, auant passer outre, il me faudroit sçauoir si nous sommes d'accord de sa description. Il est vray-semblable que nous ne sçauons guiere que c'est que beauté en nature et en general, puisque, a l'humaine et nostre beauté, nous donnons tant de formes diuerses*. Les Indes la peignent noire et basannée, aux leures grosses et enflées, au nez plat et large*. Nous formerions ainsi la laideur. Les Italiens la façonnent grosse et massiue; les Espaignols vuidée et estrillée; et, entre nous, l'vn la fait blanche, l'autre brune; l'vn molle et delicate, l'autre forte et vigoreuse; qui y demande de la mignardise et de la douceur; qui de la fierté et magesté*. Mais, quoy qu'il en soit, nature ne nous a non plus priuilegez en cela qu'au demeurant sur ses loix communes. Et, si nous nous iugeons bien, nous trouuerons que, s'il est quelques animaus moins fauorisez en cela que nous, il y en a d'autres, et en grand nombre, qui le sont plus* :

car céte prerogatiue que les poetes font valoir de nostre stature droite, regardant vers le ciel son origine :

Pronaque cum spectent animalia cætera terram,
Os homini sublime dedit, cœlumque videre
Jussit, et erectos ad sydera tollere vultus ;

elle est vrayement poëtique : car il y a plusieurs bestioles qui ont la veüe renuersée tout a faict vers le ciel; et l'ancoleure des chameaux et des austruches, ie la trouue encore plus releuée et droite que la nostre*. Les bestes qui nous retirent le plus, ce sont les plus laides et les plus viles de toute la bande : car, pour l'aparence exterieure et forme de visage, ce sont les magotz * et les singes [1] ; pour le dedans et parties vitales et plus nobles, c'est, a ce que disent les medecins, le porceau [2]. Certes, quand i'imagine l'homme tout nud, et notamment en ce sexe qui semble auoir plus de part a la beauté, ses tares et ses defauts [3], sa suiection naturelle et ses imperfections, ie trouue que nous auons eu plus de raison que nul autre animal de nous cacher et [4] de nous couurir; nous auons esté excusables de despouiller [5] ceux que nature auoit fauorisé en cela plus qu'à nous, pour nous parer de leur beauté; et, puis que l'homme n'auoit pas dequoy se presenter nud a la veüe du monde, il a eu raison de se cacher soubz la despouille d'autruy, et se vestir de laine, de plume, de poil, de soye et autres commoditez empruntées [6].

1 *Vulg. supp.* : « et les singes ».
2 *Vulg. supp.* : « et plus nobles », *et* « a ce que disent les medecins ».
3 *Vulg. supp.* : « et ses defauts ».
4 *Vulg. supp.* : « de nous cacher et ».
5 *Vulg.* : « d'emprunter ».
6 *Vulg. abrège la fin de cette phrase.*

Remarquons, au demeurant, que nous sommes le seul animal duquel le defaut et les imperfections offencent noz propres compaignons, et seuls qui auons a nous desrober en nos actions naturelles de nostre espece. Vrayement, c'est aussi vn effect bien digne de consideration que les maistres du mestier ordonnent pour remede aux passions amoureuses l'entiere veüe et libre cognoissance [1] du corps qu'on recerche; que, pour refroidir l'amitié, il ne faille que voir librement ce qu'on aime :

Ille, quod obscœnas in aperto corpore partes
Viderat, in cursu qui fuit, hæsit amor.

Et encore que céte recepte puisse a l'auanture partir d'vne humeur vn peu delicate et desgoutée [2], si est ce vn merueilleux signe de nostre deffaillance que l'vsage et la iouissance [3] nous dégoute les vns des autres* [4] : la ou, en plusieurs animaux, il n'est rien d'eus que nous n'aimons et qui ne plaise a nos sens : de façon que, de leurs excremens mesmes et de leur descharge, nous tirons non seulement de la friandise au manger, mais noz plus riches ornements et parfums. Ce discours ne touche que nostre commun ordre, et n'est pas si temeraire [5] d'y vouloir comprendre ces diuines, supernatureles et extraordinaires beautez qu'on void par fois reluire entre nous, comme des astres soubz vn voyle corporel et terrestre.

[1] *Vulg. supp. :* « cognoissance ».
[2] *Vulg. :* « refroidie ».
[3] *Vulg. :* « cognoissance ».
[4] *BC aj. :*
« *Nec Veneres nostras hoc fallit; quo magis ipsæ*
Omnia summopere hos vitæ postscenia celant,
Quos retinere volunt, adstrictoque esse in amore ».
[5] *Vulg. :* « sacrilege ».

Au demeurant, la part mesme que nous faisons aux animaux des faueurs de nature, par nostre confession, elle leur est bien auantageuse. Nous nous attribuons des biens imaginaires et fantastiques, des biens futurs et a venir [1], desquelz l'humaine capacité ne se peut d'elle mesme respondre, ou des biens que nous nous attribuons faucement par la licence de nostre opinion, comme la raison, la science et l'honneur; et, a eux, nous leur laissons en partage des biens essentiels, maniables et palpables : la paix, le repos, la securité, l'innocence et la santé; la santé, dis-ie, le plus beau et le plus riche present que nature nous sache faire. De façon que la philosophie, voire la Stoique, ose bien dire que Heraclitus et Pherecides, s'ilz eussent peu eschanger leur sagesse auecques la santé, et se deliurer, par ce marché, l'vn de l'hydropisie, l'autre de la maladie pediculaire qui le pressoit, qu'ilz eussent bien faict. Par ou ilz donnent encore plus grand pris a la sagesse, l'accomparant et contrepoisant a la santé, qu'ilz ne font en céte autre proposition qui est aussi des leurs : ilz disent que, si Circé eust presenté a Vlysses deux breuuages, l'vn pour faire deuenir vn homme de fol sage, l'autre de sage fol, qu'Vlysses eust deu plus tost accepter celuy de la folie que de consentir que Circé eust changé sa figure humaine en celle d'vne beste : et disent que la sagesse mesme eust parlé a luy en céte maniere : « Quitte moy, laisse moy la, plustost que de me loger soubs la figure et corps d'vn asne ». Comment! céte grande et diuine sagesse, les philosophes la quittent donc pour ce masque corporel et terrestre? Ce n'est donc plus par la raison,

[1] *Vulg.* : « absents ».

par le discours et par l'ame que nous excellons sur les bestes : c'est par nostre beauté, nostre beau teint et nostre belle disposition de membres, pour laquelle il nous faut metre nostre intelligence, nostre prudence et tout le reste a l'abandon. Or i'accepte céte naifue et franche confession. Certes, ilz ont cogneu que ces parties la, dequoy nous faisons tant de feste, ce n'est que biffe et piperie [1]. Quand les bestes auroient donc toute la vertu, la science, la sagesse et suffisance Stoique*, elles ne seroient pas pourtant comparables a vn homme miserable, meschant et insensé. C'est donque toute nostre perfection que d'estre homme [2]*. Voyla comment ce n'est pas par vray discours, mais par vne fierté vaine et opiniatreté, que nous nous preferons aux autres animaux, et nous sequestrons de leur condition et societé.

Mais, pour reuenir a mon propoz, nous auons pour nostre part l'inconstance, l'irresolution, l'incertitude, le deuil, la superstition, la solicitude des choses a venir, voire apres nostre vie, l'ambition, l'auarice, la ialousie, l'enuie, les appetitz desreglez, forcenez et indomtables, la guerre, la mensonge, la desloyauté, la detraction et la curiosité. Certes, nous auons estrangement surpaié ce beau discours dequoy nous nous glorifions, et céte capacité de iuger et cognoistre, si nous l'auons achetée au pris de ce nombre infini de passions, ausquelles nous sommes incessamment en bute*. Au demeurant, de quel fruict pouuons nous estimer auoir esté a Varro et Aristote céte intelligence de tant de choses? Les a elle exemptez des incommoditez humaines? ont ilz esté deschargez des accidens

[1] *Vulg.* : « que vaine fantasie ».
[2] *Vulg. supp. cette phrase.*

qui pressent vn crocheteur? ont ilz tiré de la logique quelque consolation a la goute? Pour auoir sceu comme céte humeur se loge aux iointures, l'en ont ilz moins sentie? Sont ilz entrez en composition de la mort, pour sçauoir qu'aucunes nations s'en resiouissent, et du cocuage, pour sçauoir les femmes estre communes en quelques republiques [1]? Au rebours, ayant tenu le premier rang en sçauoir, selon la reputation, l'vn entre les Romains, l'autre entre les Grecz, et en la saison ou la science fleurissoit le plus en leur pays [2], nous n'auons pas pourtant apris qu'ilz ayent eu nulle particuliere excellence en leur vie. Voyre le Grecz a assez a faire a se descharger d'aucunes tasches notables en la sienne*. Qui contera les hommes par leurs actions et deportemens, il s'en trouuera plus grand nombre d'excellens entre les ignorans qu'entre les sçauans : ie dis, en toute sorte de vertu. La vieille Rome me semble auoir bien porté des hommes de plus grande valeur, et pour la paix, et pour la guerre, que céte Rome sçauante qui se ruina soy-mesmes. Quand le demeurant seroit tout pareil, aumoins la preud'homie et l'innocence demeureroit du costé de l'ancienne : car elle loge singulierement bien auec la simplicité. Mais ie laisse ce discours qui me tireroit plus loin que ie ne voudrois suiure. I'en diray seulement encore cela, que c'est la seule obeissance [3] qui peut effectuer vn homme de bien. Il ne faut pas laisser au iugement de chacun la cognoissance de son deuoir; il le luy faut prescrire, non pas le laisser choisir a son discours : autrement, selon l'imbecillité et varieté

1 *Vulg.* : « region ».
2 *Vulg. supp.* : « selon la reputation » *et* « en leur pays ».
3 *Vulg.* : « humilité et soubmission ».

infinie de nos raisons et opinions, nous nous forgerions en fin des deuoirs qui nous mettroient a nous manger les vns les autres, comme dict Epicurus.

La premiere loy que Dieu donna iamais a l'homme, ce fut vne loy de pure obeissance; ce fut vn conmendement* ou l'homme n'eust rien a conoistre et a raisonner [1]*. La peste de l'homme, c'est l'opinion de science. Voila pourquoy la simplicité et [2] l'ignorance nous sont tant recommandées par nostre religion, comme pieces propres et conuenables a la subiection, a la creance et a l'obeissance*. En cecy, pour le moins, y a il vne generale conuenance entre tous les philosophes de toutes sectes, que le souuerain bien consiste en la tranquillité de l'ame et du corps : la science ne nous decharge point de douleur, de crainte, de desir, et du reume [3] :

Ad summum sapiens vno minor est Ioue, diues,
Liber, honoratus, pulcher, rex denique regum;
Præcipue sanus, nisi cum pituita molesta est.

Il semble, a la verité, que nature, pour la consolation de nostre estat miserable et chetif, ne nous ait donné en partage que la presumption et la gloire [4]. C'est ce que dict Epictete, que l'homme n'a rien proprement sien que l'vsage de ses opinions. Nous n'auons que du vent et de l'inanité en partage*. Nous auons raison de faire valoir les forces de nostre imagination, car tous nos biens ne sont qu'en songe. Oyez brauer ce pauure et calamiteus animal : Il n'est rien, dict

[1] *Vulg. :* « causer ».
[2] *Vulg. supp. dans cette phrase :* « la simplicité et », *et* « et conuenables a la subiection ».
[3] *Vulg. change cette fin de phrase.*
[4] *Vulg. supp. :* « et la gloire ».

Cicero, si dous que l'occupation des lettres : de ces lettres, dis-ie, par le moyen desquelles l'infinité des choses, l'immense grandeur de nature, les cieus en ce monde mesme, et les terres, et les mers, nous sont descouuertes; ce sont elles qui nous ont apris la religion, la moderation, la grandeur de courage, et qui ont arraché nostre ame des tenebres, pour luy faire voir toutes choses hautes, basses, premieres, dernieres et moyennes; ce sont elles qui nous fournissent dequoy bien et heureusement viure, et nous guident a passer nostre aage sans desplaisir et sans offence. Cetuy cy ne semble il pas parler de la condition de Dieu tout-viuant et tout puissant? Et quant a l'effet, mille femmelettes ont vescu au village vne vie plus equable, plus douce et plus constante que ne fut la sienne [1]. De mesme impudence est* ce iugement de Chrisippus, que Dion estoit aussi vertueus que Dieu : et mon Seneca recognoit, dit il, que Dieu luy a donné le viure, mais qu'il a de soy, et aquis par ses estudes [2], le bien viure*. Il n'est rien si ordinaire que de rencontrer des traictz de pareille façon, et toutesfois ie reconnoy [3] qu'il n'y a nul de nous qui s'offence tant de se voir aparier a Dieu comme il fait de se voir de-

[1] *BC aj.* :

« *Deus ille fuit, Deus, inclute Memmi,*
Qui princeps vitæ rationem inuenit eam, quæ
Nunc appellatur sapientia, quique per artem
Fluctibus e tantis vitam, tantisque tenebris,
In tam tranquilla et tam clara luce locauit.

Voyla des parolles tres magnifiques et belles : mais vn bien legier accidant mist l'entendemant de cetuy-cy en pire estat que celuy du moindre bergier, nonobstant ce Dieu præcepteur et ceste diuine sapience ».

[2] *Vulg. supp.* : « et aquis par ses estudes ».

[3] *Vulg. supp.* : « et toutesfois ie reconnoy qu' ».

primer au reng des autres animaus : tant nous sommes plus ialous de nostre interest que de celuy de nostre Createur.

Mais il faut mettre aus pieds céte sote vanité, et secouer viuement et hardiment les fondemens ridicules surquoy ces fausses opinions se bastissent. Tant qu'il pensera auoir quelque moyen et quelque force de soy, iamais l'homme ne recognoistra ce qu'il doit a son maistre. Il fera tousiours de ses œufs poules, comme on dict; il le faut mettre du tout en chemise. Voyons quelque notable exemple de l'effet de sa sagesse. Possidonius, le philosophe, estant pressé d'vne si douloreuse maladie qu'elle luy faisoit tordre les bras et grincer les dents, pensoit bien faire la figue a la douleur, pour s'escrier contre elle : « Tu as beau faire, si ne diray-ie pas que tu sois mal ». Il sent les mesmes passions que mon laquay, mais il se gendarme sur ce qu'il contient au moins sa langue sous les lois de sa secte*. Ce n'est que vent et parolles [1]. Mais quand la science feroit par effect ce qu'ilz disent, de emousser et rabatre quelque chose des pointes de la douleur et de [2] l'aigreur des infortunes qui nous suyuent, que fait elle que ce que fait beaucoup plus purement l'ignorance, et plus euidemment? Le philosophe Pyrrho, courant en mer le hazart d'vne grande tourmente, ne presentoit a ceus qui estoient auec luy a imiter que la resolution et securité d'vn porceau qui voyageoit auecques eus, regardant céte tempeste sans effroi et sans a l'arme [3]. La philosophie, au bout de ses preceptes, nous renuoye aux exemples d'vn athlete et d'vn

[1] *Vulg. supp. :* « Ce n'est... et parolles ».
[2] *Vulg. supp. :* « quelque chose... et de
[3] *Vulg. supp. :* « resolution et », *et* « et sans a arme ».

muletier, ausquelz on void ordinairement beaucoup moins de ressentiment de mort, de douleurs et d'autres accidens, et plus de fermeté que la science n'en fournit onques a nul qui n'y fut nay et preparé de soy mesmes par habitude naturelle. Certes, la cognoissance nous esguise plus tost au ressentiment des maus qu'elle ne les alege [1]. Qui faict qu'on incise et taille les tendres membres d'vn enfant plus aisément que les nostres, et encore plus ceux d'vn cheual, si ce n'est l'ignorance? Combien en a rendu de malades la seule force de l'imagination? Nous en voyons ordinairement se faire seigner, purger et medeciner, pour guerir des maux qu'ilz ne sentent qu'en leur discours. Lors que les vrais maux nous faillent, la science nous preste les siens. Céte couleur et ce teint vous presagent quelque defluxion catarreuse; céte saison chaude vous menasse d'vne emotion fieureuse; céte coupeure de la ligne vitale de vostre main gauche vous aduertit de quelque notable et voisine indisposition; et en fin elle s'en adresse tout detroussément a la santé mesme : céte allegresse et vigueur de ieunesse ne peut arrester en vne assiete, il luy faut desrober du sang et de la force, de peur qu'elle ne se tourne contre vous mesmes. Comparez-la vie d'vn homme asseruy a telles imaginations a celle d'vn laboureur se laissant aler apres son appetit naturel, mesurant les choses au seul gout present, sans science et sans prognostique, qui n'a du mal que lors qu'il l'a, la ou l'autre a souuent la pierre en l'ame auant qu'il l'ait aux reins, comme s'il n'estoit point assez a temps pour souffrir le mal lors qu'il y sera, il l'anticipe par imagination, et luy court au

[1] *Vulg. supp. cette phrase.*

deuant. Ce que ie dy de la medecine, il se peut tirer par exemple generalement a toute science : d'ou est venue céte ancienne opinion des philosophes, qui logeoient le souuerain bien a la recognoissance de la foiblesse de nostre iugement. Mon ignorance me preste autant d'occasion d'esperance que de crainte, et n'aiant autre regle au discours [1] de ma santé que celle des exemples d'autruy et des euenemens que ie vois ailleurs en pareille occasion, i'en trouue de toutes sortes, et m'arreste aux comparaisons qui me sont les plus fauorables. Ie reçois la santé les bras ouuertz, libre, plaine et entiere, et esguise mon goust a la iouir, d'autant plus qu'elle m'est moins ordinaire et plus rare : tant s'en faut que ie trouble son repos et sa douceur par l'amertume d'vne nouuelle et contrainte forme de viure. Les bestes nous monstrent assez combien l'agitation de nostre esprit nous apporte de maladies et de foiblesse [2]. Les hommes engagés au seruice des Muses m'en sçauroient bien que dire [3]*. Et d'ou vient, ce qu'on trouue par experiance, que les plus grossiers et plus lourds se trouuent plus fermes et plus desirables aux executions amoureuses, et que l'amour d'vn muletier se rend souuent plus acceptable que celle d'vn galant homme, sinon qu'en cetuy cy l'agitation de l'ame trouble sa force corporelle, la rompt et la lasse? [4] Et si on me dict que

[1] *Vulg. supp. :* « au discours ».

[2] *Vulg. supp. :* « et de foiblesse ».

[3] *BC supp. cette phrase.*

[4] *BC aj. :* « comme elle lasse aussi et trouble ordinairement soy mesmes. Qui la desment, qui la iette plus coustumierement a la manie que sa promptitude, sa pointe, son agilité et en fin sa force propre?* Aux actions des hommes insansés nous voyons combien propremant s'auient la folie auec les plus vigoureuses

cete [1] commodité d'auoir le goust plus froid et plus mousse [2] aus douleurs et aus maus tire apres soy céte incommodité de nous rendre aussi par consequent moins delicatz et frians a la iouissance des biens et des plaisirs, cela est vray : mais la misere de nostre condition porte que nous n'auons pas tant a desirer qu'a creindre, et que l'extreme volupté ne nous touche pas comme vne legiere douleur*. Nous ne sentons pas l'entiere santé comme [3] la moindre des maladies :

Pungit
In cute vix summa violatum plagula corpus,
Quando valere nihil quemquam mouet. Hoc iuuat vnum
Quod me non torquet latus, aut pes : cætera quisquam
Vix queat aut sanum sese, aut sentire valentem.

operations de nostre ame. Outre cela, qui ne sçait combien est imperceptible le voisinage d'entre la folie auecq les gaillardes eleuations d'vne ame libre, et les effectz d'vne vertu supreme et extraordinaire? Platon dict les melancholiques plus disciplinables et excelleans : aussi n'en est il point qui aient tant de propencion a la folie. Infinis espris se treuuent ruinés par leur propre force et soupplesse. Quel saut vient de prendre de sa propre agitation et allegresse le plus iudicieux, le plus delicat, le plus formé a l'air de ceste bien antique, naïue et pure poisie qu'autre poëte Italien aie iamais esté? N'a il pas dequoy sçauoir gré a ceste sienne viuacité meurtriere, a ceste clarté qui l'a aueuglé, a ceste exacte et tendue apprehencion de la raison qui l'a mis sans raison, a la curieuse et labourieuse queste des sciences qui l'a conduit a la bestise, a ceste rare aptitude aux exercices de l'ame qui l'a randu sans exercice et sans ame? I'euz plus de despit encore que de compassion de le voir a Ferrare en si piteux estat, suruiuant a soy-mesmes, mesconnoissant et soy et ses ouurages, lesquels, sans son sceu, et toutesfois a sa veuë, on a mis en lumiere incorrigés et informes. — Voulez vous vn homme sain, le voulez vous reglé et en ferme et sure posture? affublez le de tenebres d'oisiueté et de pesanteur* ». — *Vulg. modifie quelques mots de ce passage.*

[1] *BC :* « la ».
[2] *BC :* « le goust froid et mousse ».
[3] *C :* « contre ».

Nostre bien estre, ce n'est que la priuation d'etre mal. Voila pourquoy la secte de philosophie qui a le plus fait valoir la volupté, et l'a montée a son plus haut pris [1], encore l'a elle rengée a la seule indolence. Le n'auoir point de mal, c'est le plus heureus bien estre que l'homme puisse esperer* : car ce mesme chatouillement et esguisement qui se rencontre en certains plaisirs, et semble nous enleuer au dessus de la santé simple et de l'indolence, céte volupté actiue, mouuante, et ie ne sçay comment cuisante et mordante, celle la mesme ne vise qu'a l'indolence comme a son but. L'appetit qui nous rauit a l'acointance des femmes, il ne cherche qu'a fuyr la peine que nous apporte le desir ardent et furieux, et ne demande qu'a l'assouuir, et se loger en repos et en l'exemption de céte fieure. Ainsi des autres. Ie dy donq que, si la simplesse nous achemine a point n'auoir de mal, elle nous achemine a vn tres-heureux estat selon nostre condition*.

C'est vn tresgrand auantage pour l'honneur de l'ignorance que la science mesme nous reiette entre ses bras, quand elle se trouue empeschée a nous tendre et [2] roidir contre la pesanteur des maus : elle est contrainte de venir a céte composition de nous lâcher la bride et donner congé de nous sauuer en son giron et nous mettre soubz sa faueur, a l'abri des coups et iniures de la fortune : car que veut elle dire autre chose, quand elle nous presche* de nous seruir pour consolation des maus presens de la souuenance des biens passés, et d'apeller a nostre secours vn contentement esuanouy et passé, pour l'opposer a ce qui

1 *Vulg. supp.* : « et l'a montée... pris ».
2 *Vulg. supp.* : « tendre et ».

nous presse et offence[1]?* si ce n'est que, ou la force luy manque, elle veut vser de ruse, et donner vn tour de souplesse et de iambe, ou la vigueur du corps et des bras vient a luy faillir. Car, non seulement a vn philosophe, mais simplement a vn homme rassis, quand il sent par effect l'alteration cuisante d'vne fieure chaude, quelle monnoie est ce de le payer de la souuenance de la douceur du vin Grec?* De mesme condition est cet autre conseil que la philosophie donne de maintenir en la memoire seulement le bon-heur passé, et d'en effacer les desplaisirs que nous auons souffertz, comme si nous auions en nostre puissance la science de l'oubly*. Comment la philosophie, qui me doit mettre les armes a la main pour combatre la fortune, qui me doit roidir le courage pour fouler aux pieds toutes les aduersités humaines, vient elle a céte mollesse de me faire couniller par ces destours vains[2] et ridicules? Car la memoire nous represente, non pas ce que nous choisissons, mais ce qui luy plaist. Voire, il n'est rien qui imprime si viuement quelque chose en nostre souuenance que le desir de l'oublier. C'est vne bonne maniere de donner en garde et d'empreindre en nostre ame quelque chose que de la solliciter de la perdre*. Et de qui est ce conseil, pourtant? de celuy*

Qui genus humanum ingenio superauit, et omnes
Præstrinxit, stellas exortus vti ætherius sol.

De vuyder et desgarnir la memoire, est-ce pas le vray et propre chemin a l'ignorance?* Nous voyons plusieurs pareils preceptes, par lesquels on nous permet

[1] *Vulg. supp.* : « et passé », *et* « et offence ».
[2] *Vulg.* : « couardz ».

d'emprunter du vulgaire des apparences friuoles, ou la raison viue et forte ne peut assez : pourueu qu'elles nous seruent de contentement et de consolation. Ou ils ne peuuent guerir la plaie, ilz sont contens de l'endormir et plastrer. Ie croy qu'ils ne me nieront pas cecy, que s'ils pouuoient adiouster de l'ordre et de la constance en vn estat de vie qui se maintint en plaisir et en tranquillité par quelque foiblesse et maladie de iugement, qu'ils ne l'acceptassent :

Potare, et spargere flores
Incipiam, patiarque vel inconsultus haberi.

Il se trouueroit plusieurs philosophes de l'aduis de Lycas : cetuy cy, ayant au demeurant ses meurs bien reglées, viuánt doucement et paisiblement en sa famille, ne manquant a nul office de son deuoir enuers les siens et les estrangiers, se conseruant tres-bien des choses nuisibles, s'estoit, par quelque alteration de sens, imprimé en la fantasie vne resuerie : c'est qu'il pensoit estre perpetuellement aus theatres, a y voir des passetemps, des spectacles et des plus belles comedies du monde. Guery qu'il fut par les medecins de céte humeur peccante, a peine qu'il ne les mit en proces pour le restablir en la douceur de ces vaines imaginations :

Pol, me occidistis, amici!
Non seruastis, ait, cui sic extorta voluptas,
Et demptus per vim mentis gratissimus error.

D'vne pareille resuerie a celle de Thrasilaus, fils de Pythodorus, qui se faisoit a croire que tous les nauires qui relaschoint du port de Pyrée, et y abordoient, ne trauailloint que pour son seruice : se resiouissant de la bonne fortune de leur nauigation, les receuillant auec feste et contentement. Son frere Crito l'ayant faict remettre en son meilleur sens, il regrettoit céte sorte de condition, en laquelle il auoit vescu plein de liesse et deschargé de toute sorte de desplaisir. C'est ce que dit ce vers ancien Grec, qu'il y a beaucoup de commodité a n'estre pas si auisé :

'Εν τῷ φρονεῖν γὰρ μηδέν, ἥδιστος βίος.

Et l'Ecclesiaste : En beaucoup de sagesse, beaucoup de desplaisir ; et qui acquiert science s'aquiert du trauail et tourment.

Cela mesme, a quoy toute la philosophie consent [1], céte derniere recepte qu'elle ordonne a toutes sortes de necessitez, qui est de mettre fin a la vie que nous ne pouuons supporter : *

Viuere si recte nescis, decede peritis ;
Lusisti satis, edisti satis, atque bibisti :
Tempus abire tibi est, ne potum largius æquo
Rideat et pulset lasciua decentius ætas ;

qu'est ce autre chose qu'vne confession de son impuissance et vn renuoy non seulement a l'ignorance, pour y estre a couuert, mais a la stupidité mesme, au non sentir, et au non estre?

Democritum postquam matura vetustas
Admonuit memorem motus languescere mentis,
Sponte sua leto caput obuius obtulit ipse.

C'est ce que disoit Antisthenes, qu'il falloit faire prouision ou de sens pour entendre, ou de licol pour se

[1] *Vulg.* : « a quoy la philosophie consent en general ».

pendre; et ce que Chrysippus aleguoit sur ce propos du poete Tyrtæus :

De la vertu, ou de mort approcher.

Comme la vie se rend par la simplicité plus plaisante, elle se [1] rend aussi plus innocente et meilleure, comme ie commençois tantost a dire. Les simples, dit S. Paul, et les ignorans s'esleuent et se saisissent du ciel, et nous, a tout nostre sçauoir, nous plongeons aux abysmes infernaus. Ie ne m'arreste ni a Valentian, ennemy declairé de la science et des lettres, ni a Licinius, tous deux Empereurs Romains, qui les nommoient le venin et la peste de tout estat politique, ny a Mahumet, qui a interdit la science a ses hommes. Mais l'exemple de ce grand Lycurgus et son authorité doit certes auoir quelque poids, et la reuerance de céte diuine police Lacedemoniene, si grande, si admirable et si long temps fleurissante en vertu et en bonheur, sans aucune institution ny exercice de letres. Ceux qui reuienent de ce monde nouueau, qui a esté decouuert du temps de nos peres,* ils nous peuuent tesmoigner combien ces nations sans magistrat et sans loy viuent plus legitimement et plus reglement [2] que les nostres, ou il y a plus d'officiers et de lois qu'il n'y a d'autres hommes et qu'il n'y a d'actions :

Di cittatorie piene e di libelli,
D'esamine e di carte di procure,
Hanno le mani e il seno, e gran fastelli
Di chiose, di consigli e di letture,
Per cui le facultà de' pouerelli
Non sono mai ne le città sicure ;

[1] *BC :* « s'en ».
[2] *C supp. :* « et plus reglement ».

Hanno dietro e dinanzi e d'ambi i lati,
Notai, procuratori ed aduocati.

C'estoit ce que disoit vn Senateur Romain des derniers siecles, que leurs predecesseurs auoint l'alaine puante a l'ail, et l'estomac musqué de bonne conscience; et qu'au rebours ceux de son temps ne sentoint au dehors que le parfum, puans au dedans a toute sorte de vices : c'est a dire, comme ie pense, qu'ilz auoient beaucoup de sçauoir et de suffisance, et grand faute de preudhommie. L'inciuilité, l'ignorance, la simplesse, la rudesse, s'acompaignent volontiers de l'innocence. La curiosité, le sçauoir, la subtilité trainent la malice a leur suite. L'humilité, la crainte, l'obeissance, la debonnaireté (qui sont les pieces principales pour la conseruation de la societé humaine), demandent vne ame vuyde, docile, et ne presument [1] rien [2] de soy. Les Chrestiens ont vne particuliere cognoissance, combien la curiosité est vn mal naturel et originel en l'homme : le soin de s'augmenter en sagesse et en science, ce fut la premiere ruine du genre humain; c'est la voye par ou il s'est precipité a la damnation eternelle. L'orgueil est sa perte et sa corruption : c'est l'orgueil qui iette l'homme a quartier des voyes communes, qui luy faict embrasser les nouueletez, et aymer mieux estre chef d'vne troupe errante et desuoyée au sentier de perdition, aymer mieux estre regent et precepteur d'erreur et de mensonge, que d'estre disciple en l'escole de verité, se laissant mener et conduire par la main d'autruy a la voye batue et droituriere. C'est, a l'auanture, ce que dit ce mot Grec ancien, que la superstition suit l'or-

[1] *BC :* « presumant ».
[2] *Vulg. :* « et presumant peu ».

gueuil et luy obeit comme a son pere : ἡ δεισιδαιμονία, καθάπερ πατρί, τῷ τυφῷ πείθεται*.

La saincte parole declare miserables ceux d'entre nous qui s'estiment. Bourbe et cendre! leur dit elle, qu'as tu a te glorifier? Et ailleurs : Dieu a faict l'homme semblable a l'ombre, de la quelle qui iugera, quand, par l'esloignement de la lumiere, elle sera esuanouye? Ce n'est rien a la verité que de nous.

Il s'en faut tant que nos forces conçoiuent la hauteur diuine, que, des ouurages de nostre Createur, ceux la portent mieux sa marque et sont mieux siens que nous entendons le moins. C'est aux Chrestiens vne occasion de croire que de rencontrer vne chose incroiable; elle est d'autant plus selon raison qu'elle est contre l'humaine raison*. Nous disons bien puissance, verité, iustice. Ce sont paroles qui signifient quelque chose de grand : mais céte chose la nous ne la voyons aucunement, ny ne la conceuons*. C'est a Dieu seul d'interpreter ses ouurages, et de se cognoistre*.

La participation que nous auons a la connoissance de la verité, quelle qu'elle soit, ce n'est pas par nos propres forces que nous l'auons acquise. Dieu nous a assés apris cela par les tesmoins qu'il a choisi du vulgaire, simples et ignorans, pour nous instruire de ses admirables secrets. Nostre foy, ce n'est pas nostre acquest : c'est vn pur present de la liberalité d'autruy. Ce n'est pas par discours [1], ou par nostre entendement, que nous auons receu nostre religion; c'est par authorité et par commandement estrangier. La foiblesse de nostre iugement nous y aide plus que la force, et nostre cecité [2] plus que nostre cler-voyance. C'est par

[1] *C* : « vn discours ».
[2] *BC* : « aueuglemant ».

l'entremise de nostre ignorance plus que de nostre science que nous sommes sçauans de ce diuin sçauoir. Ce n'est pas merueille, si nos moiens naturels et terrestres ne peuuent conceuoir céte connoissance supernaturelle et celeste : aportons y seulement, du nostre, l'obeissance et la subiection; car, comme il est escrit : Ie destruiray la sapience des sages, et abatray la prudence des prudens. Ou est le sage? ou est l'ecriuain? ou est le disputateur de ce siecle? Dieu n'a il pas abesty la sapience de ce monde? Car puis que le monde n'a point cogneu Dieu par sapience, il luy a pleu, par la vanité [1] de la predication, sauuer les croyans.

Si me faut il voir en fin s'il est en la puissance de l'homme de trouuer ce qu'il cerche; et si céte queste, qu'il y a employé depuis tant de siecles, l'a enrichi de quelque nouuelle force et de quelque verité solide. Ie croy qu'il me confessera, s'il parle en conscience, que tout l'aquest qu'il a retiré d'vne si longue poursuite, c'est d'auoir apris a reconnoistre sa vilité et [2] sa foiblesse. L'ignorance, qui estoit naturellement en nous, nous l'auons par long estude confirmée et auerée. Il est aduenu aus gens veritablement sçauans ce qui aduient aus espics de bled : ils vont s'esleuant et se haussant la teste droite et fiere tant qu'ils sont vuides, mais quand ils sont pleins et grossis de grain en leur maturité, ilz commencent a s'humilier et a baisser [3] les cornes. Pareillement, les hommes, ayant tout essayé et tout sondé, n'ayant trouué, en tout cet amas de science et prouision de tant de choses diuerses, rien

[1] *Vulg.* : « l'ignorance et simplesse ».
[2] *Vulg. supp.* : « sa vilité et ».
[3] *B* : « abaisser ».

de massif et de ferme, et rien que vanité, ilz ont renoncé a leur presumption et reconu leur condition naturelle*. Le plus sage homme qui fut onques (et qui, a l'auanture, n'eust nulle plus iuste occasion d'estre appelé sage que de céte sienne sentence [1]), quand on luy demanda ce qu'il sçauoit, respondit qu'il sçauoit cela, qu'il ne sçauoit rien. Il verifioit ce qu'on dit, que la plus grand part de ce que nous sçauons est la moindre de celles que nous ignorons; c'est a dire que ce mesme que nous pensons sçauoir, c'est vne piece, et bien petite, de nostre ignorance*; et Cicero mesmes, qui deuoit au sçauoir tout son vaillant, Valerius dict que, sur sa viellesse, il commença a desestimer les lettres*.

I'auroy trop beau ieu, si ie vouloy considerer l'homme en sa commune façon, et en gros; et le pourroy faire pourtant par sa regle propre, qui iuge la [2] verité, non par le poids des vois, mais par le nombre. Laissons la le peuple,

> *Qui vigilans stertit,*
> *Mortua cui vita est prope iam viuo atque videnti,*

qui ne se sent point, qui ne se iuge point, qui laisse la plus part de ses facultez naturelles oysiues. Ie veus prendre l'home en sa plus haute assiete. Considerons le en ce petit nombre d'hommes excellens et triez qui, ayant esté douez d'vne belle et particuliere force naturelle, l'ont encore roidie et esguisée par soin, par estude et par art, et l'ont montée au plus haut point* ou elle puisse ateindre. Ils ont manié leur ame a tout sens et a tout biais, l'ont appuyée et estançonnée de

[1] *Vulg. supp. toute cette parenthèse.*
[2] *BC :* « a la ».

tout le secours estrangier qui luy a esté propre, et enrichie et ornée de tout ce qu'ils ont peu emprunter pour sa commodité du dedans et dehors du monde : c'est en eus que loge la hauteur extreme de l'humaine nature. Ils ont reglé le monde de polices et de lois; ils l'ont instruit par arts et sciences, et instruit encore par l'exemple de leurs meurs admirables en reglement et en droiture [1]. Ie ne mettray en comte que ces gens la, leur tesmoignage et leur experience. Voyons iusques ou ils sont allés, et a quoy ils se sont resolus. Les maladies et les defauts que nous trouuerons en ce college la, le monde les pourra hardimant bien auoüer pour siens.

Quiconque cerche quelque chose, il en vient a ce point, ou qu'il dit qu'il l'a trouuée, ou qu'elle ne se peut trouuer, ou qu'il en est encore en queste. Toute la philosophie est departie en ces trois genres. Son dessein est de cercher la verité, la science et la certitude. Aristoteles, Epicurus, les Stoiciens et autres ont pensé l'auoir trouuée [2]. Ceus cy ont estably les arts et [3] les sciences que nous auons, et les ont traitées comme notices certaines. Clitomachus, Carneadés et les Academiciens ont desesperé de leur queste et iugé que la verité ne se pouuoit conceuoir par nos moyens. La fin de ceus cy, c'est la foiblesse et humaine ignorance. Ce party a eu la plus grande suyte; et les sectateurs les plus nobles. Pyrrho et autres Sceptiques ou Epechistes* disent qu'ils sont encore en cerche de la verité. Ceus cy iugent que ceus qui pensent l'auoir trouuée se trompent infiniment, et qu'il y a encore de

[1] *Vulg. supp.* : « en reglement et en droiture ».
[2] *Vulg. modifie le commencement de cette phrase.*
[3] *Vulg. supp.* : « les arts et ».

la vanité trop hardie en ce second degré, qui asseure que les forces humaines ne sont pas capables d'y atteindre. Car cela, d'establir la mesure de nostre puissance, de cognoistre et iuger la difficulté des choses, c'est vne grande et extreme science, de laquelle ils doutent que l'homme soit capable :

Nil sciri quisquis putat, id quoque nescit,
An sciri possit quo se nil scire fatetur.

L'ignorance qui se sçait, qui se iuge et qui se condamne, ce n'est pas vne entiere ignorance : pour l'estre, il faut qu'elle s'ignore soy-mesmes : de façon que la profession des Pyrrhoniens est de branler, douter et enquerir, ne s'asseurer de rien, ne se respondre de rien. Des trois actions de l'ame : l'imaginatiue, l'appetitiue et la consentante, ils en reçoiuent les deus premieres ; la derniere, ils la soustiennent et la maintiennent ambigue, sans inclination ny approbation d'vne part ou d'autre, tant soit elle legiere.* Or céte assiete de leur iugement, droite et inflexible, receuant tous obiectz sans application et consentement, les achemine a leur ataraxie, qui est vne condition de vie paisible, rassise, exempte des agitations que nous receuons par l'impression de l'opinion et science que nous pensons auoir des choses. D'ou naissent la crainte, l'auarice, l'enuie, les desirs immoderés, l'ambition, l'orgueil, la superstition, l'amour de nouueleté, la rebellion, la desobeissance, l'opiniatreté et la plus part des maux corporels. Voire ils s'exemptent par la de la ialousie de leur discipline : car ils debatent d'vne bien molle façon. Ils ne craignent point la reuanche a leur dispute. Quand ils disent que le poisant va contrebas, ils seroint bien marris qu'on les en creut, et cerchent qu'on les contredie, pour engendrer leur dubitation et surceance de iugement, qui est leur fin. Ils ne mettent en auant leurs propositions que pour combatre celles qu'ils pensent que nous aions en nostre creance. Si vous prenés la leur, ils prendront aussi volontiers la contraire a soustenir : tout leur est vn; ils n'y ont nul chois. Si vous establissez que la nege soit noire, ils argumentent au rebours qu'elle est blanche. Si vous dites qu'elle n'est ni l'vn ny l'autre, c'est a eus a maintenir qu'elle est tous les deus. Si, par certain iugement, vous establissés que vous n'en sçaués rien, ils vous maintiendront que vous le sçaués. Voire et si, par vn axiome affirmatif, vous asseurez que vous en doutez, ils vous iront debatant que vous n'en doutés pas, ou que vous ne pouuez iuger et establir que vous en doutez. Et, par céte extremité de doute qui se secoue soy mesme, ils se separent et se diuisent de plusieurs opinions, de celles mesmes qui ont maintenu en plusieurs façons le doute et l'ignorance.* Leurs façons de parler sont : Ie n'establis rien; il n'est non plus ainsi qu'ainsi, ou que ny l'vn, ny l'autre; ie ne le comprens point; les apparences sont egales par tout; la loy de parler et pour et contre est pareille.* Leur mot sacramental, c'est ἐπέχω, c'est a dire : ie soutiens, ie ne bouge. Voila leurs refreins, et autres de pareille substance. Leur effect, c'est vne pure, entiere et tres-parfaicte surceance* de iugement. Ils se seruent de leur raison pour enquerir et pour debatre, mais non pas pour rien arrester et choisir. Quiconque imaginera vne perpetuelle confession d'ignorance, vn iugement sans pente et sans inclination, a quelque occasion que ce puisse estre, il conçoit le Pyrrhonisme. I'exprime céte fantasie autant que ie puis, par ce que plusieurs la trouuent difficile a conceuoir, et les autheurs mesmes la representent vn peu obscurement et diuersement.

Quant aus actions de la vie, ils sont en cela de la commune façon. Ils se prestent et accommodent aus inclinations naturelles, a l'impulsion et contrainte des passions, aus constitutions des lois et des coustumes, et a la tradition des arts*. Ils laissent guider a ces choses la leurs actions communes, sans aucune opination ou iugement. Qui faict que ie ne puis pas bien assortir a ce discours ce que Laertius dict de la vie de Pyrrho [1], et a quoy Lucianus, Aulus Gellius et autres semblent s'incliner : car ils le peignent stupide et immobile, prenant vn train de vie farouche et inassociable, atendant le hurt des charretes, se presentant aus precipices, refusant de s'accommoder aus lois. Cela est encherir sur sa discipline [2]. Il n'a pas voulu se faire pierre ou souche; il a voulu se faire homme viuant, discourant et raisonnant, iouissant de tous plaisirs et commoditez naturelles, embesoignant [3] et se seruant de toutes ses pieces corporelles et spirituelles.* Les priuileges fantastiques, imaginaires et faus que l'homme s'est vsurpé, de iuger, de connoistre, de sçauoir, d'ordonner, d'establir, il les a de bonne foy renoncez et quittez [4]*.

Il n'est rien en l'humaine inuention, ou il y ayt tant de verisimilitude et d'apparance [5]. Céte cy presente l'homme nud et vuide, recognoissant sa foi-

[1] *Vulg.* : « ce qu'on dict de Pyrrho »; *et supp. à la suite* : « et a quoy... s'incliner : car ».
[2] *C* : « enchery sur sa discipline ».
[3] *Vulg. supp.* : « embesoignant ».
[4] *Vulg. modifie légèremen cette phrase.*
[5] *Vulg.* : « d'vtilité ».

blesse naturelle, propre a receuoir d'enhaut quelque force estrangere, desgarni d'humaine science, et d'autant plus apte a loger chez soy la diuine instruction et creance [1]* : n'establissant nul dogme*, et s'exemptant, par consequant, des veines et irreligieuses opinions introduites par les autres [2] sectes*. Accepte, dit l'Ecclesiaste, en bonne part les choses au visage et au goust qu'elles se presentent a toy du iour a la iournée : le demeurant est hors de ta connoissance*.

Voila comment, des trois generales sectes de philosophie, les deus font expresse profession de dubitation et d'ignorance, et, en celle des dogmatistes, qui est troisiesme, il est aysé a descouurir que la plus part n'ont pris le visage de l'asseurance que par contenance [3]. Ils n'ont pas tant pensé nous establir quelque certitude, que nous monstrer iusques ou ils estoint alez en céte chasse de la verité*. Aristote nous entasse ordinairement vn grand nombre d'autres opinions et d'autres creances, pour y comparer la sienne, et nous faire voir de combien il est allé plus outre, et combien il est approché de plus pres de la verisimilitude : car la verité ne se iuge point par authorité et tesmoignage d'autruy*. Cetuy-cy est le Prince des dogmatistes, et si nous aprenons de luy que le beaucoup sçauoir apporte l'occasion de plus doubter. On le void a escient (comme pour exemple sur le propos de l'immortalité de l'ame [4]) se couurir souuant d'obscurité si espesse et inextricable qu'on n'y peut rien choisir

[1] *Vulg. supp.* : « instruction et creance ».
[2] *Vulg.* : « faulces ».
[3] *Vulg.* : « que pour auoir meilleure mine ».
[4] *Vulg. supp. toute la parenthèse.*

de son opinion. C'est, par effet, vn Pyrrhonisme qu'il represente sous la forme de parler qu'il a entreprise [1]*. Chrisyppus disoit que, ce que Platon et Aristote auoint escrit de la logique, ils l'auoint escrit par ieu et par exercice, et ne pouuoit croire qu'ils eussent parlé a certes d'vne si vaine matiere. Ce que Chrisippus disoit de la logique, Epicurus l'eust encores dit de la rhetorique, et, ce croy ie, de la grammaire, et Socrates et Seneca de toutes les autres sciences, sauf celle qui traite des [2] meurs et de la vie : car la plus part des arts ont esté ainsi mesprisées par le sçauoir mesmes et par la philosophie. Mais ils n'ont pas pensé qu'il fut hors de propos d'exercer leur esprit es choses mesmes ou il n'y auoit nulle solidité profitable [3].

Au demeurant, les vns ont estimé Plato dogmatiste ; les autres, dubitateur et ne rien establissant [4]; les autres, en certaines choses l'vn, et en certaines choses l'autre*. Il est ainsi de la plus part des autheurs de ce tiers genre*. Ils ont vne forme d'escrire douteuse et irresolue, et vn stile enquerant plus tost qu'instruisant : encore qu'il entresement souuent des traitz de la forme dogmatiste. Chez qui se peut voir cela plus clairement que chez nostre Plutarque? combien diuersement discourt il de mesme chose? combien de fois nous presente il deus ou trois causes contraires de mesme suiet, et diuerses raisons, sans choisir celle que nous auons a suyure [5]?* que signifie ce sien re-

[1] *Vulg. modifie la fin de cette phrase.*
[2] *C :* « de ».
[3] *Vulg. remanie et développe tout ce passage.*
[4] *Vulg. supp. :* « et ne rien establissant ».
[5] *Vulg. remanie ce passage.*

frein : En vn lieu glissant et coulant, suspendons nostre creance? Car, comme dit Euripides :

Les œuures de Dieu en diuerses
Façons nous donnent des trauerses.

Il ne faut pas trouuer estrange si gens desesperés de la prise n'ont pas laissé de prendre plaisir a la chasse : l'estude estant de soy vne occupation plaisante et agreable, et si plaisante que, parmy les voluptez, les Stoiciens defendent aussi celle qui se prend de l'exercitation de l'esprit, et y veulent de la moderation.

Democritus, ayant mangé a sa table des figues qui sentoient au miel, commença soudain a cercher en son esprit d'ou leur venoit céte douceur inusitée, et, pour s'en esclarcir, s'aloit leuer de table pour voir l'assiete du lieu ou ces figues auoient esté cueillies. Sa chambriere, ayant entendu de luy la cause de ce remuement, luy dit, en riant, qu'il ne se penast plus pour cela, car c'estoit qu'elle les auoit mises en vn vaisseau ou il y auoit eu du miel. Il se despita et se mit en cholere[1] dequoy elle luy auoit osté l'occasion de céte recerche et desrobé la matiere a sa curiosité. « Va, luy dit il, tu m'as fait desplaisir : ie ne lairray pas pourtant d'en cercher la cause, comme si elle estoit naturelle »*. Céte histoire d'vn fameus et grand philosophe nous represente bien clairement céte passion studieuse qui nous amuse a la poursuite des choses de l'aquet desquelles nous sommes desesperez. Plutarque recite vn pareil exemple de quelqu'vn qui ne vouloit pas estre esclaircy de ce dequoy il estoit en doute, pour ne perdre le plaisir de le cercher : comme l'autre qui ne vouloit

[1] *Vulg. supp.* : « et se mit en cholere ».

pas que son medecin luy ostat l'alteration de la fieure, pour ne perdre le plaisir de l'assouuir en beuuant*.

Ie ne me persuade pas aisement qu'Epicurus, Platon et Pythagoras nous ayent donné pour argent content leurs atomes, leurs idées et leurs nombres. Ils estoient trop cler-voyans pour establir leurs articles de foy de chose si incertaine et si debatable. Mais, en céte obscurité et ignorance du monde, chacun de ces grands personnages s'est trauaillé d'apporter vne telle quelle image de lumiere, et ont esbatu leur ame a trouuer des inuentions qui eussent au moins vne plaisante et subtile apparence*.

Vn ancien, a qui on reprochoit qu'il faisoit profession de la philosophie, de laquelle pourtant, en son iugement, il ne faisoit pas grand conte, respondit que cela, c'estoit vraymant philosopher. Ils ont voulu considerer tout, balancer tout, et ont trouué céte occupation propre a la naturelle curiosité qui est en nous : aucunes choses, ilz les ont escrites pour l'vtilité publique, comme les religions : car il n'est pas defendu de faire nostre profit de la mensonge mesme, s'il est besoin [1]; et a esté raisonnable, pour céte consideration, que plusieurs opinions qui estoient sans apparence, ils n'ayent voulu les espelucher au vif, pour n'engendrer du trouble en l'obeissance des lois et coustumes de leur pais*.

Il y a d'autres subiectz qu'ils ont belutez [2], qui a gauche, qui a dextre, chacun se trauaillant a y donner quelque visage, a tort ou a droit : car, n'ayans rien trouué de si occulte, dequoy ils n'ayent voulu parler,

[1] *Vulg. supp.* : « car il n'est... s'il est besoin »; *et modifie le reste de la phrase.*

[2] *C* : « buletez ».

il leur est souuent force de forger des coniectures vaines et foibles : non qu'ilz les prinsent eux mesmes pour fondement, ne pour establir quelque verité, mais pour l'exercice de leur estude*. Et si on ne le prenoit ainsi, comment couuririons nous vne si grande inconstance, varieté et vanité d'opinions, que nous voyons auoir esté produites par ces ames excellentes et admirables? Car, pour exemple, qu'est-il plus vain que de vouloir* regler Dieu et le monde a nostre capacité et a nos loix? et nous seruir aux despens de la diuinité de ce petit eschantillon de sufficance qu'il luy a pleu despartir a notre naturelle condition? et, par ce que nous ne pouuons estendre nostre veüe iusques en son glorieux siege, l'auoir ramené ça bas a nostre corruption et a nos miseres?

De toutes les opinions humaines et anciennes touchant la religion, celle la me semble auoir eu plus de vray-semblance et plus d'excuse qui reconnoissoit Dieu comme vne puissance inconprehensible, origine et conseruatrice de toutes choses, toute bonté, toute perfection, receuant et prenant en bonne part l'honneur et la reuerance que les humains luy rendoient soubz quelque visage* et en quelque maniere que ce fut* : car les Deitez ausquelles l'homme, de sa propre inuention, a voulu donner vne forme, elles sont iniurieuses, pleines d'erreur et d'impieté[1]. Voila pourquoy, de toutes les religions que sainct Paul trouua en credit a Athenes, celle qu'ils auoint desdiée a vne Diuinité cachée et inconnue luy sembla la plus excusable*.

De celles ausquelles on a donné quelque corps, comme la necessité l'a requis, pour la conception du peuple[2],

[1] *Vulg. modifie cette fin de phrase.*

[2] *Vulg. supp. :* « pour la conception du peuple ».

parmy céte cecité vniuerselle, ie me fusse, ce me semble, plus volontiers ataché a ceux qui adoroint le soleil,

La lumiere commune,
L'œil du monde, et, si Dieu au chef porte des yeus,
Les rayons du Soleil sont ses yeux radieus,
Qui donnent vie a tous, nous maintiennent et gardent,
Et les faicts des humains en ce monde regardent;
Ce beau, ce grand Soleil qui nous fait les saisons,
Selon qu'il entre ou sort de ses douces [1] *maisons;*
Qui remplit l'vniuers de ses vertus connues;
Qui d'vn traict de ses yeux nous dissipe les nues;
L'esprit, l'ame du monde, ardent et flamboiant,
En la course d'vn iour tout le ciel tournoyant,
Plein d'immense grandeur, rond, vagabond et ferme;
Lequel tient dessous luy tout le monde pour terme;
En repos sans repos, oysif et sans seiour,
Fils aisné de nature, et le pere du iour.

D'autant qu'outre céte sienne grandeur et beauté, c'est la piece de céte machine que nous descouurons la plus esloignée de nous, et, par ce moyen, si peu connue qu'ils estoint excusables d'en entrer en admiration et espouuantement [2].

*Les choses les plus ignorées sont plus propres a étre deifiées. Car d'adorer celles de nostre sorte, maladifues, corruptibles et mortelles, comme faisoit toute l'ancienneté des hommes qu'elle auoit veu viure et mourir, et agiter de toutes nos passions, cela surpasse toute foiblese de discours [3]. I'eusse encore plus tost suyuy ceux qui adoroint le serpent, le chien et le bœuf : d'autant que leur nature et leur estre nous est

1 *BC :* « *douze* ».
2 *Vulg. :* « reuerence ».
3 *Vulg. abrége cette phrase.*

moins conu, et auons plus de loy d'imaginer ce qu'il nous plaict d'eus, et leur atribuer des facultez extraordinaires. Mais d'auoir faict des Dieux de nostre condition, de laquelle nous deuons cognoistre la foyblesse et l'imperfection; leur auoir attribué le desir, la colere, la vengeance, les mariages, les generations et les parenteles, l'amour et la ialousie, noz membres et noz os, noz fieures et noz plaisirs*, il faut que cela soit party d'vne merueilleuse yuresse de l'entendement humain*, comme d'auoir attribué la diuinité* a la peur, a la fieure et a la fortune, et autres accidens de nostre vie fresle et caduque*. Puis que l'homme desiroit tant de s'apparier a Dieu, il eust mieux faict, dict Cicero, de ramener a soy les conditions diuines et les atirer ça bas, que d'enuoyer la haut sa corruption et sa misere. Mais, a le bien prendre, il a fait, en plusieurs façons, et l'vn et l'autre de pareille vanité d'opinion.

Quand les philosophes espeluchent la hierarchie de leurs Dieux, et font les empressés a distinguer leurs aliances, leurs charges, leur puissance [1], ie ne puis pas croire qu'ilz parlent a certes. Quand Platon nous deschifre le vergier de Pluton, et les commoditez ou peines corporelles qui nous atendent encore apres la ruine et aneantissement de noz corps, et les accommode au sens et ressentiment que nous auons en céte vie :

Secreti celant colles et myrtea circum
Sylua tegit, curæ non ipsa in morte relinquunt;

quand Mahumet promet aus siens vn paradis tapissé, paré d'or et de piererie, garny de garses d'excellente beauté, de vins et de viures singuliers, ie voy bien

[1] *BC* : « et leur puissance ».

que ce sont des moqueurs qui s'accommodent a nostre goust et [1] a nostre bestise, pour nous emmieler et attirer par ces opinions et esperances qui sont selon nostre portée et selon nostre sens corporel et terrestre*. Croyons nous que Platon, luy qui a eu ses conceptions si celestes et autaines, et si grande accointance a la Diuinité que le surnom luy en est tresiustement demeuré, ait estimé que l'homme, céte ville creature, eut rien en luy accommodable et applicable a céte incomprehensible puissance? et qu'il ait creu que noz prises foybles et lâches fussent capables, ni la force de nostre goust assez ferme, pour participer a la beatitude ou peine eternelle [2]? Il faudroit luy dire, de la part de la raison humaine : Si les plaisirs que tu nous prometz en l'autre vie sont du goust de ceux que i'ay senti ça bas, cela n'a rien de commun auec l'infinité. Quand tous mes cinq sens de nature seroint combles de liesse, et céte ame saisie de tout le contentement qu'elle peut desirer et esperer, nous sçauons ce qu'elle peut, nous sçauons la foyblesse et incapacité de ses forces [3]. Cela, ce ne seroit encores rien. S'il y a quelque chose du mien, il n'y a rien de diuin. Si cela n'est tout autre que ce que ie sens et [4] ce qui peut apartenir a céte nostre condition presente, cela ne peut estre mis en compte*. La reconnoissance de nos parens, de noz enfans et de nos amis, si elle nous peut toucher et chatouiller en l'autre monde, si nous sommes capables d'vne telle sorte de plaisirs, nous sommes encore

[1] *Vulg. supp. :* « a nostre goust et », *et modifie la fin de la phrase.*
[2] *Vulg. modifie cette phrase.*
[3] *Vulg. supp. :* « nous sçauons la... de ses forces ».
[4] *Vulg. supp. :* « ce que ie sens et ».

dans les commoditez mortelles et finies. Nous ne pouuons dignement conceuoir la grandeur de ces hautes et diuines promesses, si nous les pouuons conceuoir. Pour dignement les imaginer, il les faut imaginer inimaginables, indicibles et incomprehensibles a l'homme [1*]. Oeuil ne sçauroit voir, dit S. Paul, et ne peut monter en cœur d'homme l'heur que Dieu a preparé aus siens. Et si, pour nous en rendre capables, on reforme et rechange nostre estre (comme tu dis, Platon, par tes purifications), ce doit estre d'vn si extreme changement, et si vniuersel, que, par la doctrine physique, ce ne sera plus nous*, ce sera quelque autre chose qui receura ces recompenses* : car, en la metempsicose de Pythagoras et changement d'habitation qu'il imaginoit aux ames, pensons nous que le lyon dans lequel est l'ame de Cæsar espouse les passions qui touchoint Cæsar, et qu'il souffre pour luy [2]?* et qu'es mutations qui se font des corps des animaux en autres de mesme espece, les noueaux venus ne soint autres que leurs predecesseurs? Des cendres d'vn phœnix s'engendre, dit on, vn ver, et puis vn autre phœnix : ce segond phœnix, qui peut imaginer qu'il ne soit autre que le premier? Les vers qui font nostre soye, on les void mourir [3] et assecher, et, de ce mesme corps, se produire vn papillon, et de la vn autre ver, qu'il seroit ridicule estimer estre encores le premier. Ce qui a cessé vne fois d'estre, n'est plus :

Nec, si materiam nostram collegerit ætas
Post obitum, rursumque redegerit, vt sita nunc est,
Atque iterum nobis fuerint data lumina vitæ,

[1] *Vulg. supp. :* « a l'homme ».
[2] *Vulg. :* « ny que ce soit luy ».
[3] *BC :* « void comme mourir ».

Pertineat quidquam tamen ad nos id quoque factum :
Interrupta semel cum sit repetentia nostra.

Et quand tu dis ailleurs, Platon, que ce sera la partie spirituelle de l'homme a qui il touchera de iouir des recompenses de l'autre vie, tu nous dis chose qui a encore aussi peu d'apparence* : car, a ce compte, ce ne sera plus l'homme, ny nous, par consequent, a qui touchera céte iouissance : car nous sommes bastis de deux pieces principales essentielles, desquelles la separation, c'est la mort et ruine de l'estre de l'homme*. Nous ne disons pas que l'homme soufre quand les vers luy rongent ses membres dequoy il viuoit, et que la terre les consomme :

Et nihil hoc ad nos, qui coitu coniugioque
Corporis atque animæ consistimus vniter apti.

Dauantage, sur quel fondement de leur iustice peuuent les Dieux reconnoistre et recompenser a l'homme, apres sa mort, ses operations bonnes et vertueuses, puis que ce sont eus mesmes qui les ont acheminées et produites en luy? Et pourquoy s'offencent ilz, et vengent sur nous les actions vitieuses, puis qu'ilz nous ont eux mesmes produitz en céte condition fautiere, et que, d'vn seul clin de leur volonté, ilz nous peuuent empescher de faillir? Epicurus oposeroit il pas cela a Platon auec grand apparence de l'humaine raison*? Elle ne faict que fouruoyer par tout, mais specialement quand elle se mesle des choses diuines. Qui le sent plus euidamment que nous? Car, encores que nous luy ayons donné des principes certains et infaillibles, encore que nous esclairions ses pas par la saincte lampe de la verité qu'il a pleu a Dieu nous communiquer : nous voyons pourtant iournellement, pour peu qu'elle se demente du sentier ordinaire, et qu'elle se destourne ou escarte de la voye tracée et batue par l'Esglise, comme tout aussi tost elle se perd, s'embarrasse et s'entraue, tournoyant et flotant dans céte mer vaste, trouble et ondoyante des opinions humaines, sans bride et sans arrest [1]. Aussi tost qu'elle pert ce grand et commun chemin, elle va se diuisant et se dissipant en mille routes diuerses.

L'homme ne peut estre que ce qu'il est, ni imaginer que selon sa portée*. L'ancienneté pensa, ce croy ie, faire quelque chose pour la grandeur diuine de l'apparier a l'homme, la vestir de son acoutrement [2], de ses facultez, et estrener de ses belles humeurs, tesmoin céte opinion si receüe des sacrifices, et que Dieu eust quelque plaisir a la vaniance, au meurtre et au tourment des choses par luy faictes, conseruées et creées, et qu'il se peut flater par le sang des ames innocentes, non seulement des animaux qui n'en peuuent mez, ains des hommes mesmes, comme plusieurs nations, et entre autres la nostre, auoint en vsage ordinaire [3]; et croy qu'il n'en est nulle exempte d'en auoir faict quelque essay*.

C'estoit vne estrange fantaisie de vouloir contenter et plaire a la iustice diuine par nostre torment et nostre peine : comme les Lacedemoniens qui caressoient leur Diane par le torment des enfans qu'ilz faisoint foiter deuant son autel, souuent iusques a la mort [4]. C'estoit vne humeur farouche de vouloir gra-

[1] *Vulg. :* « but ».
[2] *Vulg. supp. :* « de son acoutrement ».
[3] *Vulg. modifie et développe ce passage.*
[4] *Vulg. modifie cette phrase.*

tifier l'ouurier par la ruine de son ouurage, et [1] l'architecte par la subuersion de son bastiment; et de vouloir garentir la peine deüe aux coulpables par la punition des innocens, et que la poure Iphigenia, au port d'Aulide, par sa mort et par son sacrifice, deschargeat enuers Dieu l'armée Grecque des offences qu'elle auoit commises*. Ioint que ce n'est pas au criminel de se faire foiter a sa mesure et a son heure : c'est au iuge*; et puis, l'offance consiste en la volonté, non* aux espaules et au gosier*. Ainsi ramplissoint ils la religion mesme de plusieurs mauuais effectz :

Sæpius olim
Relligio peperit scelerata atque impia facta.

Or, rien du nostre ne se peut apparier ou raporter, en quelque façon que ce soit, a la nature diuine qui ne la tache et marque d'autant d'imperfection. Céte infinie beauté, puissance et bonté, comment peut elle soufrir quelque correspondance et similitude a vne si vile chose et si abiete que nous sommes, sans vn extreme interest et dechet de sa diuine grandeur?* Toutesfois nous luy prescriuons des bornes; nous tenons sa puissance assiegée par noz raisons (i'appelle raison noz resueries et noz songes, auec la dispanse de la philosophie qui dit le fol mesme et le meschant forcené [2] par raison, mais que c'est raison errante [3]); nous le voulons asseruir aus apparences vaines et foibles de nostre entendement, a [4] luy qui a faict et nous et nostre cognoissance. Par ce que rien ne se faict de

[1] *Vulg. supp.* : « l'ouurier... ouurage, et ».
[2] *BC* : « forcener ».
[3] *Vulg.* : « vne raison de particuliere forme ».
[4] *C et Vulg. supp.* : « a ».

rien, Dieu n'aura sçeu bastir le monde sans matiere. Quoy! Dieu nous a il mis en main les clefs et les derniers ressortz de sa puissance? S'est il obligé a n'outrepasser les bornes de nostre science? Metz le cas, o homme, que tu ays peu remarquer icy quelques traces de ses effets, penses tu qu'il y ait emploié tout ce qu'il a peu, et qu'il ait emploié toutes ses formes et toutes ses idées en cet ouurage? Tu ne vois que l'ordre et la police de ce petit caueau ou tu es logé : au moins si tu la voys. Sa diuinité a vne iurisdiction infinie au dela. Céte piece n'est rien au pris du tout :

Omnia cum cœlo, terraque, marique,
Nil sunt ad summam summaï totius omnem.

C'est vne loy municipale que tu allegues; tu ne sçay [1] quelle est l'vniuerselle. Atache toy a ce a quoy tu es subiect, mais non pas a luy [2]. Il n'est pas ton confraire, ou concitoyen, ou compaignon. S'il s'est aucunement communiqué a toy, ce n'est pas pour se raualer a ta petitesse, ny pour te donner le contrerolle de son pouuoir. Le corps humain ne peut voler aus nues : c'est pour toy. Le soleil bransle sans seiour sa course ordinaire; les bornes des mers et de la terre ne se peuuent confondre; l'eau est instable et sans fermeté; vn mur est* impenetrable a vn corps humain [3]; l'homme ne peut conseruer sa vie dans les flammes; il ne peut estre et au ciel, et en la terre, et en mile lieux ensemble corporelement : c'est pour toy qu'il a faict ces regles; c'est toy qu'elles atachent. Il a tesmoigné aux Chrestiens qu'il les a toutes franchies quand il luy a pleu.

[1] *BC :* « ne sçay pas ».
[2] *BC :* « mais non pas luy ».
[3] *Vulg. :* « corps solide ».

De vray, pourquoy, tout puissant comme il est, auroit il restreint ses forces a certaine mesure? En faueur de qui auroit il renoncé son priuilege? Ta raison n'a en nulle autre chose plus de verisimilitude et de fondement qu'en ce qu'elle te persuade la pluralité des mondes*. Les plus fameux et nobles [1] espritz du temps passé l'ont creue, et aucuns des nostres mesmes, forcez par la vaine apparence [2] de la raison humaine : d'autant qu'en ce bastiment que nous voyons, il n'y a rien seul et vn*, et que toutes les especes sont multipliées en quelque nombre. Par ou il semble n'estre pas vray-semblable que Dieu ayt faict ce seul ouurage sans compaignon; et que la matiere de céte forme eust esté toute employée en ce seul indiuidu*, notamment si c'est vn animant, comme ses mouuemens et actions le rendent fort croyable*. Or, s'il y a plusieurs mondes, comme Platon [3], Epicurus, et presque toute la philosophie a pensé, que sçauons nous si les principes et les regles de celuy cy [4] touchent* les autres? Ilz ont a l'auanture autre visage et autre police*. Nous voions en ce monde vne infinie dissemblance et varieté pour la seule distance des lieux. Ni le bled, ny le vin, ny nul de nos animaus n'est cogneu en ce nouueau coin du monde que nos peres ont descouuert : tout y est autre. Et*, qui en voudra croyre Pline et autres [5], il y a des natures et formes d'homes, en certains endroitz de la terre [6], qui ont fort peu de ressemblance a la nostre* : comme ceux que Plutarque dit estre en quel-

[1] *Vulg. supp.* : « et nobles ».
[2] *BC* : « par l'apparence ».
[3] *Vulg.* : « Democritus ».
[4] *BC* : « cetuy-cy ».
[5] *Vulg.* : « Herodote ».
[6] *Vulg. supp.* : « de la terre ».

que endroit des Indes, n'ayants point de bouche et se nourrissant de la senteur de certaines odeurs. S'il est ainsi, combien y a il de noz descriptions de l'homme fauces? il n'est plus risible, ny a l'auanture capable de raison et de societé; l'ordonnance et la cause de nostre bastiment interne seroint pour la plus part fauces [1].

Dauantage, combien y a il de choses en nostre cognoissance mesme, qui combatent ces belles regles que nous auons taillées et prescrites a nature? Et nous entreprandrons d'y atacher Dieu mesme? Combien de choses appellons nous miraculeuses et contre nature?* combien trouuons nous de proprietez ocultes et de quint'essences? Car, a ce que ie puis comprendre [2], aler selon nature, pour nous, ce n'est autre chose qu'aller selon nostre intelligence, autant qu'elle peut suyure et autant que nous y voyons : ce qui est au-dela est monstrueus et desordonné. Or, a ce conte, aux plus auisez et aux plus habiles, tout sera donc monstrueux. Car, a ceux la, la raison humaine a persuadé qu'elle n'auoit ny force, ny cognoissance [3], ny pied, ny fondemant quelconque, non pas seulement pour asseurer* si nous viuons, tesmoin Euripides, qui dit estre en doute si la vie que nous viuons est vie, ou i c'est ce que nous appellons mort qui soit vie :

> Τίς δ'οἶδεν εἰ ζῆν τοῦθ'ὃ κέκληται θανεῖν,
> τὸ ζῆν δὲ θνήσκειν ἐστί;

*Ie ne sçay si la doctrine en iuge autrement, et me soubzmets en tout et par tout a son ordonnance; mais [4]

[1] *Vulg.* : « hors de propos »,
[2] *Vulg. supp.* : « a ce que... comprendre ».
[3] *Vulg. supp.* : « ny force, ny cognoissance ».
[4] *Vulg. supp.* : « Ie ne sçay... ordonnance; mais ».

il m'a tousiours semblé qu'a vn homme Chrestien céte sorte de parler est pleine d'indiscretion et d'irreuerance : Dieu ne peut mourir; Dieu ne se peut desdire; Dieu ne peut faire cecy, ou cela. Ie ne trouue pas bon d'enfermer ainsi la puissance diuine sous les lois de nostre parole; et l'apparance qui s'offre a nous en ces propositions, il la faudroit representer plus reueramment et plus religieusement.

Nostre parler a ses foiblesses et ses defauts, comme tout le reste. La plus part des occasions des troubles du monde sont grammairiennes. Nos proces ne naissent que du debat de l'interpretation des loix, et la plus part des guerres, de céte impuissance d'auoir sceu clairement exprimer les conuentions et traictés d'accord des Princes. Combien de querelles, et combien importantes, a produit au monde le doute du sens de céte syllabe *Hoc!** Ie voi les philosophes Pyrrhoniens qui ne peuuent exprimer leur generale conception en nulle maniere de parler : car il leur faudroit vn nouueau langage. Le nostre est tout formé de propositions affirmatiues, qui leur sont du tout ennemies : de façon que, quand ils disent : Ie doubte, on les tient incontinent a la gorge pour leur faire auouër qu'au moins* sçauent ils cela qu'ils doutent. Ainsi on les a contraincts de se sauuer dans céte comparaison de la medecine, sans laquelle leur humeur seroit inexplicable; mais, quand ils prononcent : I'ignore; ou : Ie doubte; ils disent que céte proposition s'emporte elle mesme quant et quant le reste : ny plus ne moins que la rubarbe qui pousse hors les mauuaises humeurs, et s'emporte hors quant et quant elle mesmes*.

Voiés comment on se preuaut de céte sorte de parler

pleine d'irreuerence. Aus disputes qui sont a present en nostre religion, si vous pressés trop les aduersaires, ils vous diront tout destrousséement qu'il n'est pas en la puissance de Dieu de faire que son corps soit en paradis, et en la terre, et en plusieurs lieus ensemble. Et ce moqueur de Pline [1], comment il en fait son profit! Au moins, dit il, est ce vne non legiere consolation a l'homme de ce qu'il voit Dieu mesme ne pouuoir pas toutes choses : car il ne se peut tuer, quand il voudroit, qui est la plus grande faueur que nous auons en nostre condition; il ne peut faire les mortels immortels; ny reuiure les trespassés; ny que celuy qui a vescu n'ait point vescu; celuy qui a eu des honneurs ne les ait point eus : n'ayant autre droit sur le passé que de l'oubliance. Et affin que céte societé de l'homme a Dieu s'acouple encore par des exemples plaisans, il ne peut faire que deus fois dix ne soient vingt. Voila ce qu'il dict, et qu'il me semble [2] qu'vn Chrestien deuroit euiter de passer par sa bouche. La ou, au rebours, il semble que les hommes recerchent céte fole fierté de langage pour ramener Dieu a leur mesure :

Cras vel atra
Nube polum Pater occupato,
Vel sole puro : non tamen irritum
Quodcumque retro est efficiet, neque
Diffinget infectumque reddet
Quod fugiens semel hora vexit.

Quand nous disons que l'infinité des siecles, tant passez qu'auenir, n'est a Dieu qu'vn instant; que sa bonté, sapience, puissance sont mesme chose auecques

[1] *Vulg.* : « ce mocqueur ancien ».
[2] *Vulg. supp.* : « qu'il me semble ».

son essence, nostre parole le dict, mais nostre intelligence ne l'aprehende point. Et toutes-fois nostre outrecuidance veut faire passer la diuinité par nostre estamine; et de la s'engendrent toutes les resueries et erreurs desquelles le monde se trouue saisi, ramenant et poisant a sa balance chose si esloignée de sa suffisance [1]*. Les Stoiciens, par la, ont ataché Dieu a la destinée (a la mienne volonté qu'aucuns du surnom de Chrestiens ne le facent pas encore), et Thales, Platon et Pythagoras l'ont asserui a la necessité. Céte fierté de vouloir descouurir Dieu par nos yeus et mesurer a nostre mesure [2] a faict qu'vn grand personnage des nostres a attribué a la diuinité vne forme corporelle*. Les hommes, dict sainct Paul, sont deuenus fols, cuidans estre sages, et ont mué la gloire de Dieu incorruptible en l'image de l'homme corruptible*.

Voyons si nous auons quelque peu plus de clarté en la cognoissance des choses humaines et naturelles. N'est ce pas vne ridicule entreprinse, a celles ausquelles par nostre propre confession nostre science ne peut ateindre, leur aler forgeant vn autre corps et prestant vne forme fauce de nostre inuention : comme il se void au mouuemen [3] des planetes, auquel, d'autant que nostre esprit ne peut atteindre ny imaginer sa naturelle conduite, nous leur prestons du nostre des ressortz materielz, lourds et corporels :

Temo aureus, aurea summæ
Curuatura rotæ, radiorum argenteus ordo.

Vous diriez que nous auons eu des cochiers et des

[1] *Vulg. :* « de son poids ».
[2] *Vulg. supp. :* « et mesurer a nostre mesure ».
[3] *A :* « aus mouuemens », *ce qui est une erreur évidente*

charpentiers* qui sont alez dresser la haut des engins a diuers mouuemens*.

Tout ainsi que les femmes employent des dentz d'iuoire ou les leurs naturelles leur manquent, et, au lieu de leur vray teint, en forgent vn de quelque matiere estrangere, comme elles font des cuisses de drap et de feutre, et de l'embonpoint de coton, et, au veu et sceu d'vn chacun, s'embellissent d'vne beauté fauce et empruntée : ainsi fait la philosophie [1]*. Elle nous donne en payement et en presupposition les choses qu'elle mesmes nous aprend estre inuentées : car, ces epicycles excentriques, concentriques, dequoy l'astrologie s'aide a conduire le branle de ses estoiles, elle nous les donne pour le mieus qu'elle ayt sceu inuenter en ce suiet, comme aussi en la plus part du reste, la [2] philosophie nous presente non pas ce qui est, ou ce qu'elle croid, mais ce qu'elle forge ayant plus d'apparence et de lustre*.

Ce n'est pas au ciel seulement qu'elle enuoye ses cordages, ses engins et ses rouës. Considerons vn peu ce qu'elle dit de nous mesmes et de nostre contexture. Il n'y a pas plus de retrogradation, trepidation, accession, reculement, rauissement aus astres et corps celestes qu'ils en ont forgé en ce pauure petit corps humain. Vrayement ils ont eu, par la, raison de l'appeller le petit monde, tant ils ont employé de pieces, de ressortz [3] et de visages a le massonner et bastir. Pour accommoder les mouuemens qu'ils voyent en l'homme, les diuerses operations et facultez que nous sentons en nous, en combien de parties ont ils diuisé

[1] *Vulg.* : « la science ».
[2] *BC* : « reste : la ».
[3] *Vulg. supp.* : « de ressortz ».

nostre ame? en combien de sieges logée? a combien d'ordres et d'estages ont ils desparty ce pauure homme, outre les naturels et perceptibles? et a combien d'offices et de vacations? Ils en font vne chose publique imaginaire : c'est vn suiect qu'ils tiennent et qu'ils manient; on leur laisse toute puissance de le descoudre, renger, rassembler et estofer, chacun a sa fantasie; et si ne le possedent pas encore. Non seulement en verité, mais en songe mesmes, ils ne le peuuent regler qu'il ne s'y trouue quelque cadence ou quelque son qui eschape a leur architecture toute monstrueuse qu'elle est, et rapiecée de mille lopins faus et fantastiques*.

Ie sçay bon gré a la garce Milesienne, qui, voyant le philosophe Thales s'amuser continuellement a la contemplation de la voute celeste, et tenir tousiours les yeus esleuez contremont, luy mit en son passage quelque chose a le faire broncher, pour l'aduertir qu'il seroit temps d'amuser son pensement aus choses qui estoient dans les nues, quand il auroit pourueu a celles qui estoient a ses pieds : elle luy conseilloit certes bien de regarder plus tost a soy qu'au ciel*. Mais nostre condition porte que la cognoissance de ce que nous auons entre mains est aussi esloignée de nous, et aussi bien au dessus des nues, que celle des astres*.

Ces gens icy, qui trouuent les raisons de Sebond trop foibles, qui n'ignorent rien, qui gouuernent le monde, qui sçauent tout :

Quæ mare compescant causæ, quid temperet annum,
Stellæ sponte sua, iussæue, vagentur et errent,
Quid premat obscurum Lunæ, quid proferat orbem,
Quid velit et possit rerum concordia discors;

n'ont-ils pas quelques fois sondé, parmy leurs liures,

les difficultez qui se presentent a cognoistre leur estre propre? Nous voions bien que le doigt se meut, et que le pied se meut; qu'aucunes parties se branlent d'elles mesmes, sans nostre congé, et que d'autres nous les agitons par nostre ordonnance; que certaine aprehension engendre la rougeur, certaine autre la palleur; telle imagination agit en la rate seulement, telle autre au cerueau; l'vne nous cause le rire, l'autre le pleurer; telle autre transit et estonne tous nos sens, et arreste le mouuement de noz membres*: mais comme vne impression spirituelle face vne telle faucée dans vn suiect massif et solide, et la nature de la liaison et couture de ces admirables ressorts, iamais homme ne l'a sceu, comme dict Salomon [1]*. Et si ne le met on pas pourtant en doute : car la plus part [2] des opinions des hommes sont receues a la suite des creances anciennes par authorité et a credit, comme si c'estoit religion et loy; on reçoit comme vn iargon ce qui en est communement tenu; on reçoit céte verité auec tout son bastiment et atelage d'argumens et de preuues, comme vn corps ferme et solide qu'on n'esbranle plus, qu'on ne iuge plus. Au contraire, chacun a qui mieus mieus va plastrant et confortant céte creance receue de tout ce que peut sa raison, qui est vn vtil souple, contournable, et accommodable a toute figure. Ainsi se remplit le monde, et se confit en fadesse et en mensonge. Ce qui faict qu'on ne doute de guiere de choses, c'est que, les communes opinions, on ne les essaye iamais; on n'en sonde point le pied, ou gist la faute et la foiblesse; on ne se debat que sur les branches; on ne demande pas si cela est vray; mais s'il a esté ainsi ou

[1] *Vulg. supp. :* « comme dict Salomon ».
[2] *Vulg. supp. :* « la plus part ».

ainsi entendu; on ne demande pas si Galen a rien dit qui vaille, mais s'il a dit ainsin ou autrement. Vraymant, c'estoit bien raison que céte bride et contrainte de la liberté de nos iugements, et céte tyrannie de nos creances s'estandit iusques aus escoles et aus artz. Le Dieu de la science scolastique, c'est Aristote : c'est religion de debatre de ses ordonnances, comme de celles de Lycurgus a Sparte; sa doctrine nous sert de loy magistrale : qui est a l'auanture autant vaine [1] qu'vn'autre. Ie ne sçay pas pourquoy ie n'acceptasse autant volontiers ou les idées de Platon, ou les atomes d'Epicurus, ou le plain et le vuide de Leucippus et Democritus, ou l'eau de Thales, ou l'infinité de nature d'Anaximander, ou l'air de Diogenés, ou les nombres et symmetrie de Pythagoras, ou l'infini de Parmenides, ou l'vn de Musæus, ou l'eau et le feu d'Apollodorus, ou les parties similaires d'Anaxagoras, ou la discorde et amitié d'Empedocles, ou le feu de Heraclitus, ou toute autre opinion de céte confusion infinie d'aduis et de sentences que produit céte belle raison humaine par sa certitude et clair-voyance en tout ce dequoi elle se mesle, comme ie feroy l'opinion d'Aristote sur ce subiet des principes des choses naturelles; lesquelz principes, il bastit de trois pieces : matiere, forme et priuation. Car qu'est il plus vain que de faire la vanité et [2] inanité mesme cause de la production des choses? La priuation, c'est vne negatiue; de quelle humeur en a il peu faire la cause et origine des choses qui sont? Cela toutesfois ne s'auseroit esbranler aux escoles [3] que pour l'exercice de la

1 *Vulg.* : « faulse ».
2 *Vulg. supp.* : « vanité et ».
3 *Vulg. supp.* : « aux escoles ».

logique : on n'y debat rien pour le mettre en doute, mais pour defendre Aristote [1] des obiections estrangeres; son authorité, c'est le but au dela duquel il n'est pas permis de s'enquerir.

Il est bien aysé sur des fondemens auouez de bastir ce qu'on veut. Car, selon la loy et ordonnance de ce commancement, le reste des pieces du bastiment se conduit aysement, sans se démentir. Par céte voye, nous trouuons nostre raison bien fondée, et discourons a boule veüe : car nos maistres preoccupent et gaignent auant main autant de lieu en nostre creance qu'il leur en faut pour conclurre apres ce qu'ilz veulent, a la mode des geometriens par leurs demandes auouées, le consentement et approbation que nous leur prestons leur donnant dequoy nous trainer a gauche et a dextre, et nous pyroueter a leur volonté. Quiconque est creu de ses presuppositions, il est nostre maistre et nostre Dieu. Il prendra le plant de ses fondemens si ample et si aisé que, par iceux, il nous pourra monter, s'il veut, iusques aux nues. En céte pratique et negotiation de sciance, nous auons pris pour argent content le mot de Pythagoras, que chaque expert doit estre creu en son art. Le dialecticien se rapporte au grammairien de la signification des motz; le rhethoricien emprunte du dialecticien les lieux des arguments; le poete, du musicien les mesures; le geometrien, de l'arithmeticien les proportions; les metaphysiciens prenent pour fondement les coniectures de la physique : car chasque science a ses principes presupposez, par ou le iugement humain est bridé de toutes pars. Si vous venez a choquer céte

[1] *Vulg.* : « l'autheur de l'eschole ».

barriere, en laquelle gist la principale foiblesse et fauceté [1], ilz ont incontinent céte sentence en la bouche, qu'il ne faut pas debatre contre ceus qui nient les principes : or n'y peut il auoir des [2] principes aux hommes, si la diuinité ne les leur a reuelez. De tout le demeurant, et le commencement, et le milieu, et la fin, ce n'est que songe et fumée. A ceux qui combatent par presupposition [3], il leur faut presupposer au contraire le mesme axiome dequoy on debat. Car toute presupposition humaine et toute enunciation a autant d'hauthorité l'vne que l'autre, si la raison n'en faict la difference. Ainsi il les faut toutes metre a la balance, et, premierement, les generales et celles qui nous tyrannisent*. Il faut sçauoir si le feu est chaut, si la nege est blanche, s'il y a rien de dur ou de mol en nostre cognoissance.

Et, quand a ces responces dequoy il se faict des contes anciens; comme a celuy qui metoit en doute la chaleur, qu'on respondoit [4] qu'il se ietat dans le feu; a celuy qui nioit la froideur de la glace, qu'il s'en mit dans le sein : elles sont tres-indignes de la profession philosophique. S'ils nous eussent laissé en nostre estat naturel, receuant les apparences estrangieres, selon qu'elles se presentent a nous par nos sens, et nous eussent laissez aler apres nos appetitz simples et reglez par la condition de nostre naissance, ilz auroient raison de parler ainsi; mais c'est d'eus que nous auons apris de nous rendre iuges du monde; c'est d'eus que nous tenons céte creance [5],

[1] *Vulg.* : « la principale erreur ».
[2] *C* : « de ».
[3] *C* : « supposition ».
[4] *Vulg.* : « a qui on dict ».
[5] *Vulg.* : « fantasie ».

que la raison humaine est contrerolleuse generale de tout ce qui est au dehors et au dedans de la voute celeste, qui embrasse tout, qui peut tout; sans laquelle rien ne se sçait, rien ne se connoit, rien ne se void [1]. Céte response seroit bonne parmy les Cannibales, qui goutent l'heur d'vne longue vie, tranquille et paisible, sans les preceptes d'Aristote et sans la connoissance du nom de la philosophie [2]. Céte response vaudroit mieux a l'aduenture et auroit plus de fermeté que toutes celles qu'ilz emprunteront de leur raison et de leur inuention. De céte cy seroint capables auec nous tous les animaux et tout ce ou le commandement est encore pur et simple de la loy naturelle. Mais eux, ilz y ont renoncé. Il ne faut pas qu'ilz me dient : il est vrai : car vous le voyez et sentez ainsi. Il faut qu'ilz me dient si, ce que ie pense sentir, ie le sens pourtant en effect; et, si ie le sens, qu'ilz me dient apres pourquoy ie le sens, et comment, et quoy; qu'ilz me dient le nom, l'origine, les tenans et aboutissans de la chaleur, du froid, les qualitez de celuy qui agit et de celuy qui soufre; ou qu'ilz me quittent leur profession, qui est de ne receuoir ny aprouuer rien que par la voye de la raison. C'est leur touche a toutes sortes d'essays; mais, certes, c'est vne touche pleine de fauceté, d'erreur, de foyblesse et de deffaillance.

Par ou la voulons nous premierement essayer? sera ce pas par elle mesme? S'il ne la faut croire parlant de soy, a peine sera elle propre a iuger des choses estrangeres. Si elle connoit quelque chose, aumoins sera ce son étre et son domicille. Elle est l'ame et partie, ou

[1] *Vulg. modifie la fin de cette phrase.*
[2] *BC* : « la physique ».

effect d'icelle. Car la vraye raison et essentielle, de qui nous desrobons le nom a fauces enseignes, elle loge dans le sein de Dieu, c'est la son giste et sa retraite; c'est de la ou elle part, quand il plaist a Dieu nous en faire voir quelques rayons : comme Pallas saillit de la teste de son pere, pour se communiquer au monde.

Or voyons ce que l'humaine raison nous a apris de soi et de l'ame*. A Crates et Dicæarchus, qu'il n'i en auoit du tout point, mais que le corps s'esbransloit ainsi d'vn mouuement naturel; a Platon, que c'estoit vne substance se mouuant de soy mesme; a Thales, vne nature sans repos; a Asclepiades, vne exercitation des sens; a Hesiodus et Anaximander, chose composée de terre et d'eau; a Parmenides, de terre et de feu; a Empedoclez, de sang :

Sanguineam vomit ille animam;

a Possidonius, Cleantez et Galen, vne chaleur ou conplexion chaloureuse :

Igneus est ollis vigor, et cœlestis origo;

a Hyppocrates, vn esprit espandu par le corps; a Varro, vn air receu par la bouche, eschaufé au poulmon, attrempé au cœur, et espandu par tout le corps; a Zeno, la quinte-essence des quatre elemens; a Heraclides Ponticus, la lumiere; a Xenocrates et aux Aegyptiens, vn nombre mobile; aux Chaldées, vne vertu sans forme determinée*; n'oublions pas Aristote : ce qui naturellement faict mouuoir le corps, qu'il nomme entelechie, d'vne autant froide inuention que null'autre : car il ne parle ny de l'essence, ny de l'origine, ny de la nature de l'ame, mais en remerque seulement l'effect. Plusieurs autres plus sages parmy les dogmatistes, comme Cicero, Seneca, Lactance [1], ont confessé que c'estoit chose qu'ils n'entendoint pas*. Ie connoy par moy, dict saint Bernard, combien Dieu est incomprehensible, puis que, les pieces de mon estre propre, ie ne les puis comprendre*.

Il n'y a pas moins de dissention ny de debat a la loger. Hippocrates et Hierophilus la mettent au ventricule du cerueau; Democritus et Aristote, par tout le corps*; Epicurus, en l'estomac*; les Stoiciens, au tour et dedans le cœur; Erasistratus, ioignant la membrane de l'epicrane; Empedoclez, au sang; comme aussi Moyse, qui fut la cause pourquoy il defendit de menger le sang des bestes, auquel leur ame est iointe. Galen a pensé que chaque partie du corps ait son ame. Strato l'a logée entre les deux sourcils*. Mais la raison pourquoy Chrisyppus la met au tour du cœur, comme les autres de sa secte, n'est pas pour estre oubliée : c'est par ce, dit il, que, quand nous voulons asseurer quelque chose, nous mettons la main sur l'estomac; et quand nous voulons prononcer ἐγώ, qui signifie, en Grec [2], moy, nous baissons vers l'estomac la machouere d'embas. Ce lieu ne se doit pas passer sans remarquer la vanité d'vn si grand personnage : car, outre que ces considerations sont d'elles mesmes infinimant legeres, la derniere ne preuue que aus Grecz qu'ilz ayent l'ame en cet endroit la. Il n'est iugemant humain si tendu qui ne sommeille par fois*. Voila Platon qui definit l'homme vn animal a deus pieds, sans plume : fournissant a ceus qui auoient enuie de se moquer de luy vne plaisante occasion de

[1] *Vulg. modifie le commencement de cette phrase.*
[2] *Vulg. supp.* : « en Grec ».

ce faire : car, ayans plumé vn chapon vif, ilz l'aloint nommant l'homme de Platon.

Et quoy Epicurus [1]? de quelle simplicité estoit il alé premierement imaginer que ses [2] atomes, qu'il disoit estre des corps ayantz quelque pesanteur et vn mouuement naturel contre bas, eussent basti le monde; iusques a ce qu'il fut auisé par ses aduersaires que, par céte description, il n'estoit pas possible qu'elles se ioignissent et se prinsent l'vne a l'autre, leur cheute estant ainsi droite et perpendiculaire, et engendrant partout des lignes parallelles? parquoy, pour couurir céte faute [3], il fut force qu'il y adioustast despuis vn mouuement de costé, fortuite, et qu'il fournit encore a ses atomes des formes [4] courbes et crochues, pour les rendre aptes a s'atacher et se coudre*.

Il se void plusieurs [5] pareilz exemples, non d'argumens faus seulement, mais ineptes, ne se tenans point et accusans leurs autheurs non tant d'ignorance que d'imprudence, és reproches que les philosophes se font les vns aus autres sur les dissentions de leurs opinions et de leurs sectes; comme il s'en voit infinis, chez Plutarque, contre les Epicuriens et Stoiciens, et, en Seneque, contre les Peripateticiens [6]*. Iugeons par la ce que nous auons a estimer de l'homme, de son sens et de sa raison, puis qu'en ces grands personnages, et qui ont porté si haut l'humaine suffizance, il s'y trouue des defautz si apparens et si grossiers.

Moi, i'aime mieus croire qu'ilz ont traicté la science*

1 *Vulg.* : « les Epicuriens ».
2 *C* : « les ».
3 *Vulg. supp.* : « pour couurir céte faute ».
4 *Vulg.* : « queües ».
5 *Vulg.* : « infinis ».
6 *Vulg. supp.* : « comme il... les Peripateticiens ».

comme vn iouet a toutes mains, et se sont esbatus de la raison comme d'vn instrument vain et friuole, mettant en auant toutes sortes d'inuentions et de fantasies, tantost plus tendues, tantost plus lâches. Combien de fois leur voyons nous dire des choses diuerses et contraires? [1] Car ce mesme Platon, qui definit l'homme comme vne poule, il dit ailleurs, apres Socrates, qu'il ne sçait, a la verité, que c'est que l'homme, et que c'est l'vne des pieces du monde d'autant difficile intelligence. Par céte varieté et instabilité d'opinions, ilz nous menent comme par la main, tacitemant, a céte resolution de leur irresolution. Ilz font profession de ne presenter pas tousiours la verité [2] en visage descouuert et apparent. Ilz l'ont cachée tantost soubz des vmbrages fabuleus de la poësie, tantost soubz quelque autre masque. Car nostre imperfection porte encores cela, que la viande crue et naifue [3] n'est pas tousiours propre a nostre estomac; il la faut assecher, alterer et abastardir : ilz font de mesmes; ilz obscurcissent par fois leurs naifues opinions et iugemens*, pour s'accommoder a l'vsage publique. Ils ne veulent pas faire profession expresse d'ignorance et de l'imbecilité de la raison humaine*, mais ils nous la descouurent assez, soubz l'apparence d'vne science trouble et inconstante*.

Pour reuenir a nostre ame (car i'ay choisi ce seul exemple pour le plus commode a tesmoigner nostre foiblesse et vanité [4]), ce que Platon a mis la raison au cerueau, l'ire au cœur, et la cupidité au foye, il est

[1] *Vulg. supp* : « Combien de fois... et contraires ? »
[2] *Vulg.* : « leur aduis ».
[3] *Vulg. supp.* : « et naifue ».
[4] *Vulg. supp. toute cette parenthèse.*

vray semblable que ça esté plustost vne interpretation des mouuemens de l'ame, qu'vne diuision et separation qu'il en ayt voulu faire, comme d'vn corps en plusieurs membres. Et la plus vray-semblable de leurs opinions est que c'est tousiours vne ame, qui, par sa faculté ratiocine, se souuient, comprend, iuge, desire et exerce toutes ses autres operations par diuers instrumens du corps, comme le nocher gouuerne son nauire, selon l'experiance qu'il en a, ores tendant ou lâchant vne corde, ores haussant l'antene, ou remuant l'auiron, par vne seule puissance conduisant diuers effectz; et qu'elle loge au cerueau : ce qui apert de ce que les blessures et accidens qui touchent céte partie offancent incontinent les facultés de l'ame. De la, il n'est pas inconuenient qu'elle s'écoule par le reste du corps*, comme le soleil espand, du ciel en hors, sa lumiere et ses puissances, et en remplit le monde*.

Aucuns ont dit qu'il y auoit vne ame generale, comme vn grand corps, duquel toutes les ames particulieres estoient extraictes, et s'y en retournoient, se remeslant tousiours a céte matiere vniuerselle :

Deum namque ire per omnes
Terrasque, tractusque maris, cœlumque profundum :
Hinc pecudes, armenta, viros, genus omne ferarum,
Quemque sibi tenues nascentem arcessere vitas :
Scilicet huc reddi deinde, ac resoluta referri
Omnia : nec morti esse locum;

d'autres, qu'elles ne faisoient que s'y resioindre et ratacher; d'autres qu'elles estoient produites de la substance diuine; d'autres, par les anges, de feu et d'air; aucuns, de toute ancieneté; aucuns, sur l'heure mesme du besoin; aucuns les font descendre du rond de la lune, et y retourner; le commun des anciens, qu'elles sont engendrées de pere en filz d'vne pareille maniere et production que toutes autres choses naturelles, argumentantz par la ressemblance des enfans aux peres :

> *Instillata patris virtus tibi;*
> *Fortes creantur fortibus et bonis;*

et qu'on void escouler des peres aus enfans, non seulement les merques du corps, mais encores vne ressemblance d'humeurs, de complexions et inclinations de l'ame :

> *Denique cur acris violentia triste leonum*
> *Seminium sequitur? dolus vulpibus et fuga ceruis*
> *A patribus datur, et patrius pauor incitat artus?...*
> *Si non certa suo quia semine seminioque*
> *Vis animi pariter crescit cum corpore toto?*

que, sur ce fondement, s'establit la iustice diuine, punissant aus enfans la faute des peres : d'autant que la contagion des vices paternelz est aucunement empreinte en l'ame des enfans, et que le desreglement de leur volonté les touche. Dauantage, que si les ames venoint d'ailleurs que d'vne suite naturelle, et qu'elles eussent esté quelque autre chose hors du corps, elles auroient quelque recordation de leur estre premier, atendu les naturelles facultez qui luy sont propres de discourir, raisonner et se souuenir* : car, pour faire valoir la condition de nos ames, comme nous voulons, il les faut presupposer toutes sçauantes et pleines de suffisance [1], lors qu'elles sont en leur simplicité et

[1] *Vulg. supp.* : « et pleines de suffisance ».

pureté naturelle. Par ainsi, elles eussent esté telles estant exemptes de la prison corporelle, aussi bien auant que d'y entrer, comme nous esperons qu'elles seront apres qu'elles en seront sorties; et de ce sçauoir, de céte prudence et sapience [1], il faudroit qu'elles se ressouuinsent encore estantz au corps, comme disoit Platon, que ce que nous aprenions, ce n'estoit qu'vn ressouuenir de ce que nostre ame sçauoit au parauant; ce que chacun, par experience, peut maintenir estre faus; en premier lieu, d'autant qu'il ne nous ressouuient iustement que de ce qu'on nous apprend; et que, si la memoire iouoit son rolle simple, au moins nous fourniroit elle quelque traict outre l'aprentissage [2]; secondement, ce qu'elle sçauoit, estant en sa pureté, c'estoit vne vraye science, connoissant les choses comme elles sont, par sa diuine intelligence, la ou, icy, on luy fait receuoir la mensonge, la fauceté [3] et le vice, si on l'en instruit, en quoy elle ne peut emploier sa reminiscence, céte image et conception n'ayant iamais logé en elle. Et de dire que la prison corporelle estoufe de maniere ses facultez naifues qu'elles y sont toutes esteintes, cela est premierement contraire a céte autre creance philosophique [4]; de recognoistre ses forces si grandes, et les operations que les hommes en sentent en céte vie si admirables que d'en auoir conclud céte diuinité et æternité passée et l'immortalité a venir*.

Dauantage, c'est icy, chez nous, et non ailleurs, que doiuent etre considerées les forces et les effectz de

[1] *Vulg. supp.* : « de céte prudence et sapience ».
[2] *Vulg. modifie ce passage.*
[3] *Vulg. supp.* : « la fauceté ».
[4] *Vulg. supp.* : « philosophique ».

l'ame : tout le reste de ses perfections luy est vain et inutile : c'est de l'estat present que doit estre payée et reconnue toute son immortalité, et de la vie de l'homme qu'elle est comptable seulement; ce seroit iniustice de luy auoir retranché ses moyens et ses puissances, de l'auoir desarmée, pour, du temps de sa captiuité et de sa prison, de sa foiblesse et maladie, du temps ou elle auroit esté forcée et contrainte, tirer le iugement et condemnation d'vne durée infinie et perpetuelle, et de s'arrester a la consideration d'vn temps si court, qui est a l'auenture d'vne ou de deus heures, ou, au pis aler, de cent ans qui n'ont non plus de proportion a l'infinité qu'vn instant, pour, de ce moment d'interualle, ordonner et establir definitiuement de tout son estre. Ce seroit vne disproportion inique de tirer vne recompense eternele en consequance d'vne si courte vie*. Par ainsi, ilz iugeoint que sa generation suiuoit la commune condition des choses humaines, comme aussi sa vie et sa durée, par l'opinion d'Epicurus et de Democritus, qui a esté la plus receue aus siecles anciens [1], suiuant ces belles apparences : que on la voioit naistre a mesme que le corps en estoit capable; on voyoit esleuer ses forces comme les corporelles; on y reconoissoit la foiblesse de son enfance; et auec le temps sa vigueur et sa maturité, et puis sa declination et sa vieillesse, et en fin sa decrepitude*. Ils l'apperceuoint capable de diuerses passions et agitée de plusieurs mouuemens penibles, d'ou elle tomboit en lassitude et en douleur, capable d'alteration et de changement, d'alegresse, d'assopissement et de langueur [2], subiette a ses mala-

[1] *Vulg. supp. :* « et sa durée », *et* « aus siecles anciens ».
[2] *BC :* « de la langueur ».

dies et aus offences, comme l'estomac ou le pied*; esblouye et troublée par la force du vin; desmuée [1] de son assiete par les vapeurs d'vne fieure chaude; endormie par l'application d'aucuns medicamens, et reueillée par d'autres*; on lui voioit estonner et renuerser toutes ses facultez par la seule morsure d'vn chien malade, et n'y auoir nulle si grande fermeté de discours, nulle suffisance, nulle vertu, nulle resolution philosophique, nulle contention de ses forces, qui la peut exempter de la subiection de ces [2] accidens; la saliue d'vn chetif mastin versée sur la main de Socrates secouer toute sa sagesse et toutes ses grandes et si reglées imaginations, les aneantir de maniere qu'il ne restat nulle trace de sa connoissance premiere*, et ce venin ne trouuer non plus de resistance en céte ame qu'en celle d'vn enfant de quatre ans, venin capable de faire deuenir toute la philosophie, si elle estoit incarnée, furieuse et insensée; si que Caton, qui tordoit le col a la mort mesme et a la fortune, ne peut souffrir la veüe d'vn miroir ou de l'éau*, d'espouuantement et d'effroy, quand il seroit tombé, par la contagion d'vn chien enragé, en la maladie que les medecins nomment hydroforbie [3]*.

Or, quant a ce point, la philosophie a bien armé l'homme pour la souffrance de tous autres accidens, ou de patience, ou, si elle couste trop a trouuer, d'vne deffaite infallible, en se desrobant tout a fait de la vie [4]; mais ce sont moyens qui seruent a vne ame estant a soy et en ses forces, capable de discours et de

[1] *B :* « desmue », *et C :* « desmuē ».
[2] *C :* « ses ».
[3] *C :* « hydrofobie ».
[4] *Vulg. :* « du sentiment ».

deliberation, non pas a cet accident ou, chez vn philosophe, vne ame deuient l'ame d'vn fol, troublée, renuersée et perdue : ce que plusieurs occasions produisent, comme vne agitation trop vehemente que, par quelque forte passion, l'ame peut engendrer en soy mesme; ou vne blessure en certain endroit de la personne; ou vne exhalation de l'estomac nous iettant a vn esblouissement et tournoiement de teste*.

Les philosophes n'ont, ce me semble, guiere touché céte corde*. Céte ame pert le goust[1] du souuerain bien stoique, si constant et si ferme : il faut que nostre belle sagesse se rende en cet endroit et quitte les armes. Au demeurant, ilz consideroint, aussi par la vanité de l'humaine raison, que le meslange et societé de deus pieces si diuerses, comme est le mortel et l'immortel, est inimaginable :

Quippe etenim mortale æterno iungere, et vna
Consentire putare, et fungi mutua posse,
Desipere est : quid enim diuersius esse putandum est
Aut magis inter se disiunctum discrepitansque,
Quam mortale quod est, immortali atque perenni
Iunctum, in concilio sæuas tolerare procellas?

Dauantage, ilz santoient l'ame s'engager en la mort, comme le corps*, et ce qu'on aperceuoit en aucuns, sa force et sa vigueur se maintenir en la fin de la vie, ilz le rapportoient a la diuersité des maladies : comme on void les hommes, en céte extremité, maintenir, qui vn sens, qui vn autre, qui l'ouir, qui le fleurer, sans alteration, et ne se void point d'affoiblissement si vniuersel qu'il n'y reste quelques parties entieres et vigoureuses*.

[1] *Vulg.* : « l'vsage ».

Quant a l'opinion contraire de l'immortalité de l'ame*, c'est la partie de l'humaine science traictée auec plus de reseruation et de doute. Les dogmatistes les plus fermes sont contrainctz en cet endroit* de se reietter a l'abry des ombrages de l'Academie. Nul ne sçait encore [1] ce qu'Aristote a estably de ce suiet* : il s'est caché sous le nuage des paroles et sens difficiles et non intelligibles, et a laissé a ses sectateurs autant a disputer et [2] a debatre sur son iugement que sur la chose mesme.

Deus choses leur rendoient céte opinion plausible : l'vne, que, sans l'immortalité des ames, il n'y auroit plus dequoy asseoir les vaines esperances de la gloire et de la reputation [3], qui est vne consideration de merueilleus credit au monde; l'autre, que c'est vne tres vtile impression* que les vices, quand ilz se desroberont de la veüe et cognoissance de l'humaine iustice, demeurent tousiours en bute a la diuine, qui les poursuiura, voire apres la mort des coupables*. Mais les plus ahurtez a céte * persuasion*, c'est merueille comme ilz se sont trouuez courtz et impuissans a l'establir par leurs humaines forces*. L'homme peut reconnoistre, par ce tesmoignage, qu'il doit a la fortune et au rencontre la verité qu'il descouure luy seul, puis que, lors mesme qu'elle luy est tombée en main, il n'a pas dequoy la saisir et la maintenir, et que sa raison n'a pas la force de s'en preualoir. Toutes choses produites par nostre propre discours et suffisance, autant vraies que fauces, sont suietes a agitation et debat. C'est pour le chatiement de nostre fierté, et

[1] *Vulg. supp.* : « encore ».
[2] *Vulg. supp.* : « a disputer et ».
[3] *Vulg. supp.* : « et de la reputation ».

instruction de nostre misere et incapacité, que Dieu produisit le trouble et la confusion de l'ancienne tour de Babel. Tout ce que nous entreprenons sans son assistance, tout ce que nous voyons sans la lampe de sa grace, ce n'est que vanité et folie; l'essence mesme de la verité, qui est vniforme et constante, quand la fortune nous en donne la possession, nous la corrompons et abastardissons par nostre foiblesse. Quelque train que l'homme preigne de soy, Dieu permet qu'il arriue tousiours a céte mesme confusion dequoi il nous represente si viuement l'image par le iuste chatiement dequoy il batit l'outrecuidance de Nembrot, et aneantit les vaines entreprinses du bastiment de sa pyramide*. La diuersité d'idiomes et de langues, dequoy il troubla cet ouurage, qu'est ce autre chose que céte infinie et perpetuelle altercation et discordance d'opinions et de raisons qui acompaigne et embrouille le vain bastiment de l'humaine science?*

Mais, pour reuenir a mon propos, c'estoit vrayement bien raison que nous fussions tenus a Dieu seul, et au benefice de sa grace, de la verité d'vne si noble creance, puis que, de sa seule liberalité, nous receuons le fruit de l'immortalité, lequel consiste en la iouissance de la beatitude eternelle*.

Or, la foiblesse des argumens humains sur ce suiet, elle se cognoit euidemmant [1] par les fabuleuses circonstances qu'ilz ont adioustées a la suite de céte opinion, pour trouuer de quelle condition étoit céte notre immortalité*. La plus vniuerselle et plus receue opinion [2], et qui dure iusques a nous*, ç'a esté celle de laquelle on faict autheur Pythagoras, non qu'il en fut

[1] *Vulg. :* « singulierement ».
[2] *Vulg. :* « fantasie ».

le premier inuenteur, mais d'autant qu'elle receut beaucoup de pois et de credit par l'authorité de son approbation : c'est que les ames, au partir des corps [1], ne faisoient que rouler de l'vn corps a vn autre, d'vn lyon a vn cheual, d'vn cheual a vn Roy, se promenants ainsi sans cesse de maison en maison*. Socrates, Platon, et quasi tous ceux qui ont voulu croire l'immortalité des ames, se sont laissez emporter a céte inuention, et plusieurs nations, comme entre autres la notre et nos Druides [2]. Mais ie ne veus oublier l'obiection qu'y font les Epicuriens, car elle est plaisante. Ils demandent quel ordre il y auroit, si la presse des mourans venoit a estre plus grande que des naissans : car il aduiendroit que [3] les ames deslogées de leur giste seroient a se presser a qui prendroit place la premiere dans ce nouueau corps [4]; et demandent aussi a quoy elles passeroient leur temps ce pendant qu'elles atendroint qu'vn logis leur fut apresté. Ou, au rebours, s'il naissoit plus d'animaux qu'il n'en mourroit, ilz disent que les corps seroient en [5] mauuais party, atendant l'infusion de leur ame, et en aduiendroit qu'aucuns corps se mourroïent auant que d'auoir esté viuans :

Denique connubia ad veneris, partusque ferarum
Esse animas præsto, deridiculum esse videtur;
Et spectare immortales mortalia membra
Innumero numero, certareque præproperanter
Inter se, quæ prima potissimaque insinuetur.

D'autres ont ataché l'ame aux corps des trespassez,

[1] *Vulg.* : « de nous ».
[2] *Vulg. remplace cette phrase par un long développement.*
[3] *Vulg. supp.* : « il aduiendroit que ».
[4] *Vulg.* : « nouuel estuy ».
[5] *A omet* : « en », *donné par BC.*

pour en animer les serpens, les vers et autres bestes qu'on dit s'engendrer de la corruption de noz membres, voire et de nos cendres; d'autres la diuisent en vne partie mortelle et l'autre immortelle; autres la font corporelle, et ce neantmoins immortelle; aucuns la font immortelle, sans science et sans cognoissance. Il y en a aussi qui ont estimé que, des ames des condamnez, il s'en faisoit des diables[1] : comme Plutarque pense qu'il se face des Dieus de celles qui sont sauuées; car il est peu de choses que cet autheur la establisse d'vne façon de parler si resolue qu'il faict céte cy, maintenant par tout ailleurs vne maniere dubitatrice et ambigue. Il faut estimer (dit il) et croire fermement que les ames des hommes vertueux selon nature et selon iustice diuine deuiennent d'hommes saintz, et de saintz demy-dieux, et de demi-dieux, apres qu'ilz sont parfaictement, comme es sacrifices de purgation, netoyez et purifiez, estans deliurez de toute passibilité et de toute mortalité, ilz deuiennent, non par aucune ordonnance ciuile, mais a la verité et selon raison vray-samblable, Dieux entiers et parfaicts, en receuant vne fin tresheureuse et tresglorieuse. Mais qui voudra voir cet autheur, qui est des plus retenus pourtant et moderez de la bande, s'escarmoucher auec plus de hardiesse, et nous conter ses miracles sur ce propos, ie le renuoye a son discours de la Lune et du Dæmon de Socrates, la ou, aussi euidemment qu'en nul autre lieu, il se peut aduerer les mysteres de la philosophie auoir beaucoup d'estrangetez communes auec celles de la poesie, l'entendement humain se troublant et se mettant au rouet, voulant [1] sonder et contreroller

[1] *Vulg.* : « humain se perdant a vouloir ».

toutes choses* : tout ainsi comme, lassez et trauaillez de la longue course de nostre vie, nous retombons en enfantillage. Voyla les belles et certaines instructions que nous tirons de la science humaine sur le subiect de nostre ame.

Il n'y a point moins de temerité en ce qu'elle nous aprend des parties corporelles. Choisissons en vn ou deux exemples, car autrement nous nous perdrions dans cete mer trouble et vaste des erreurs medecinales. Sçachons si on s'accorde au moins en ceci, de quelle matiere les hommes se produisent les vns des autres*. Pithagoras dict nostre semance estre l'escume de nostre meilleur sang; Platon l'escoulement de la moelle de l'espine du dos : ce qu'il argumente de ce que cet endroit se sent le premier de la lasseté de la besongne; Alcmeon, partie de la substance du cerueau, et qu'il soit ainsi, dit il, les yeux troublent a ceux qui se trauaillent outre mesure a céte occupation; Democritus, vne substance extraite de toute la masse corporelle; Epicurus, extraite de l'ame et du corps; Aristote, vn excrement tiré de l'aliment du sang, le dernier qui s'espand en nos membres; autres, du sang cuit et digeré par la chaleur des genitoires : ce qu'ilz iugent de ce qu'aus extremes effortz on rend des goutes de pur sang : enquoy il semble qu'il y ayt plus d'apparence, si on peut tirer quelque apparence d'vne confusion si infinie. Or, pour mener a effect céte semence, combien en font ilz d'opinions contraires? Aristote et Democritus tiennent que les femmes n'ont point de sperme, et que ce n'est qu'vne sueur qu'elles eslancent par la chaleur du plaisir et du mouuement, qui ne sert de rien a la generation; Galen, au contraire, et ses suyuans, que, sans la rencontre des semences, la generation ne se peut faire. Voyla les medecins, les philosophes, les iurisconsultes et les theologiens aux prises, pesle mesle auecques noz femmes, sur la dispute a quelz termes les femmes portent leur fruict. Et moy, ie secours, par l'exemple de moy mesme, ceux d'entre eux qui maintiennent la grossesse d'onze moys. Le monde est basty de céte experiance, il n'est si simple femmelete qui ne puisse dire son aduis sur toutes ces contestations, et si nous n'en sçarions estre d'accord.

En voyla assez pour verifier que l'homme n'est non plus instruit de la connoissance de soy en la partie corporelle qu'en la spirituelle. Nous l'auons proposé luy mesmes a soy, et sa raison a sa raison, pour voir ce qu'elle nous en diroit. Il me semble assez auoir monstré combien peu elle s'entend elle mesme*.

Vous, pour qui i'ay pris la peine d'estendre vn si long corps, contre ma coustume, ne refuyrés point de maintenir vostre Sebond par la forme ordinaire d'argumenter dequoy vous estes tous les iours instruite, et exercerez en cela vostre esprit et [1] vostre estude : car ce dernier tour d'escrime icy, il ne le faut employer que comme vn extreme remede ; c'est vn coup desesperé, auquel il faut abandonner voz armes, pour faire perdre a votre aduersaire les siennes ; c'est vn tour secret, duquel il se faut seruir rarement et reserueement : c'est vne grande temerité que de vous vouloir perdre vous mesmes, pour perdre quant et quant autrui [2]*. Nous secouons icy les limites et dernieres clotures des sciences, ausquelles l'extremité est vitieuse,

[1] *Vulg. supp.* : « vostre esprit et ».
[2] *Vulg. modifie cette phrase.*

comme en la vertu [1]. Ie vous conseille en voz opinions et en voz discours, autant qu'en voz mœurs et en toute autre chose, la moderation, et l'attrempance, et la fuite de la nouueleté et de l'estrangeté. Toutes les voyes extrauagantes me fachent. Vous qui, par l'authorité que vostre grandeur vous apporte, et encores plus par les auantages que vous donnent les qualitez plus vostres, pouuez d'vn clin d'œil commander a qui il vous plaist, deuiez donner céte charge a quelqu'vn qui fit profession des [2] lettres, qui vous eust bien autrement appuyé et enrichy céte fantasie, et qui se fut seruy a faire son amas d'autres que de nostre Plutarque [3]. Toutesfois en voycy assez pour ce que vous en auez a faire.

Epicurus disoit des lois, que les pires nous estoint si necessaires que, sans elles, les hommes s'entremangeroint les vns les autres*. Nostre esprit est vn vtil desreglé, dangereux et temeraire : il est malaisé d'y ioindre l'ordre et la mesure; et, de mon temps, tous les esprits [4] qui ont quelque rare excellance au dessus des autres, et quelque viuacité extraordinere, nous les voions quasi tous desreglez et [5] desbordez en licence d'opinions et de meurs : c'est miracle s'il s'en rancontre vn rassis et sociable. On a raison de donner a l'esprit humain les barrieres les plus contraintes qu'on peut. En l'estude, comme au reste, il luy faut comter et regler ses pas. Il luy faut tailler, par industrie

[1] *BC aj.* : « Tenez vous dans la route commune; il ne faict mie bon estre si subtil et si fin. Souuienne vous de ce que dict le prouerbe Thoscan :

Chi troppo s'assottiglia si scauezza. »

[2] *C* : « de ».

[3] *Vulg. supp.* : « et qui... Plutarque ».

[4] *Vulg. modifie légèrement cette phrase.*

[5] *Vulg. supp.* : « desreglez et ».

et [1] par art, les limites de sa chasse [2]. Parquoy il vous siera mieux de vous reserrer dans le train acoutumé, quel qu'il soit, que de ietter vostre iugement a céte liberté desreglée [3]. Mais si quelqu'vn de ces noueaus docteurs entreprend de faire l'ingenieux, en vostre presence, aux despens de son salut et du vostre, pour vous deffaire de céte dangereuse peste, qui se respand tous les iours parmy [4] voz cours, ce preseruatif a l'extreme necessité empeschera que la contagion de ce venin n'offencera ny vous, ny vostre assistance.

La liberté [5] et viuacité des esprits anciens produisoit, en la philosophie et sciences humaines, plusieurs sectes et pars [6] d'opinions differentes, chacun entreprenant de iuger et de choisir pour prendre party. Mais, a present que* nous receuons les ars par authorité et ordonnance, et que nostre institution est prescrite et bridée [7], on ne regarde plus ce que les monnoyes poisent et valent, mais chacun, a son tour, les reçoit selon le pris que l'approbation commune et le cours leur donne : on ne plaide pas de l'alloy, mais de l'vsage. Ainsi se mettent esgalement toutes choses : on reçoit la medecine comme la geometrie; et les batelages, les enchantemens, les liaisons, le commerce

[1] *Vulg. supp.* : « par industrie et ».

[2] *BC aj.* : « On le bride et garrote de religions, de loix, de coustumes, de sciance, de preceptes, de peines et recompanses mortelles et immortelles : encores voit on que, par sa volubilité et sa desbauche, il eschappe a toutes ces liaisons. C'est vn corps vain qui n'a par ou estre saisi et assené, vn corps monstrueux, diuers et difforme, auquel on ne peut assoir neud ny prise* ». — *Dans la première phrase, B donne par erreur* : « la bride ».

[3] *Vulg. modifie la fin de cette phrase.*

[4] *BC* : « en ».

[5] *BC* : « La liberté donq ».

[6] *Vulg. supp.* : « et pars ».

[7] *Vulg. modifie ce passage.*

des espritz trespassez, les prognostications, les domifications, et iusques a cête ridicule poursuyte de la pierre philosophale, tout se met sans contredit. Il ne faut que sçauoir que le lieu de Mars loge au milieu du triangle de la main; celuy de Venus, au pouce; et de Mercure, au petit doigt; et que, quand la mensale coupe le tubercle de l'enseigneur, c'est signe de cruauté; quand elle faut soubs le mitoyen, et que la moyenne naturelle fait vn angle auec la vitale, soubs mesme endroit, que c'est signe d'vne mort miserable; que si, a vne femme, la naturelle est ouuerte, et ne ferme point l'angle auec la vitale, cela denote qu'elle sera mal chaste. Ie vous appelle vous mesmes a tesmoin, si auec céte science vn homme ne peut passer auec reputation et faueur parmy toutes compaignies.

Theophrastus disoit que l'humaine cognoissance acheminée par les sens pouuoit iuger des causes des choses iusques a certaine mesure, mais que, estant arriuée aux causes extremes et premieres, il faloit qu'elle s'arrestat, et qu'elle rebouchat, a cause ou de sa foyblesse, ou de la difficulté des choses. C'est vne opinion moyenne et douce que nostre suffizance nous peut conduire iusques a la cognoissance d'aucunes choses, et qu'elle a certaines mesures de puissance, outre lesquelles c'est temerité de l'employer. Cete opinion est plausible et introduite par gens de composition; mais il est malaisé de donner bornes a nostre esprit : il est curieus et auide, et n'a nulle occasion de s'arrester plus tost a mile pas qu'a cinquante. Ayant essayé, par experience, que ce a quoy l'vn s'estoit failly, l'autre y est arriué, et que ce qui estoit inconu a vn siecle, le siecle suyuant l'a esclaircy, et que les sciences et les arts ne se iettent pas en moule, ains se forment et figurent peu a peu, en les maniant et polissant a plusieurs fois, comme les ours façonnent leurs petitz, en les lechant et formant [1] a loysir : ce que ma force ne peut descouurir, ie ne laisse pas de le sonder et essayer; et, en retastant et pestrissant céte nouuelle matiere, la remuant et l'eschaufant, i'ouure a celuy qui me suit quelque facilité pour en iouir plus a son ayse, et la luy rendz plus souple et plus maniable :

Vt Hymettia sole
Cera remollescit, tractataque pollice, multas
Vertitur in facies, ipsoque fit vtilis vsu :

autant en fera le segond au tiers, qui fait que la dificulté ne me doit pas desesperer, ny aussi peu mon impuissance, car ce n'est que la mienne.

L'homme est capable de toutes choses, comme d'aucunes; et s'il aduoüe, comme dit Theophrastus, l'ignorance des causes premieres et des principes, qu'il me quitte hardiment tout le reste de sa science; si le fondement luy faut, son discours est par terre : le disputer et l'enquerir n'a autre but et arrest que les principes. Si céte fin n'arreste son cours, il se iette a vne irresolution infinie*. Or il est vray-semblable que si l'ame sçauoit quelque chose, elle se sçauroit premierement elle mesme; et si elle sçauoit quelque chose hors d'elle, ce seroit son corps et son estuy, auant toute autre chose. Si on void iusques au iourd'huy les dieus de la medecine se debatre de nostre anatomie,

Mulciber in Troiam, pro Troia stabat Apollo,

quand atendons nous qu'ils en soient d'acord, s'ilz ne

1 *Vulg. supp.* : « et formant ».

le sont meshui apres tant de siecles [1]? Nous nous sommes plus voisins que ne nous est la blancheur de la nege ou la pesanteur de la pierre : si l'homme ne se connoit, comment connoit il ses operations et ses forces? Il n'est pas alauanture que quelque notice veritable ne loge chez nous, mais c'est par hazard. Et d'autant que, par mesme voye, mesme façon et conduite, les erreurs se reçoiuent en nostre ame, elle n'a pas dequoy les distinguer, ny dequoy choisir la verité de la mensonge.

Les Academiciens receuoint quelque inclination de iugement et trouuoint trop crud de dire qu'il n'estoit pas plus vray-semblable que la nege fut blanche que noire, et que nous ne fussions non plus asseurez du mouuement d'vne pierre qui part de nostre main que de celuy de la huictiesme sphere. Et, pour euiter céte difficulté et estrangeté, qui ne peut, a la verité, loger en nostre imagination que malaisement, quoy qu'ilz establissent que nous n'estions capables de rien sçauoir, et que la verité est engoufrée dans des profonds abysmes ou la veüe humaine ne peut penetrer, si auouoint ilz les vnes choses plus vray-semblables que les autres, et receuoint en leur iugement céte faculté de se pouuoir incliner plus tost a vne apparence qu'a vn' autre. Ilz luy permetoint céte propension, luy defandant toute resolution. L'aduis des Pyrrhoniens est plus hardy, et quant et quant beaucoup plus veritable et plus ferme [2] : car céte inclination Academique et céte propension a vne proposition plus tost qu'a vne autre, qu'est ce autre chose que la recognoissance de quelque plus apparente verité en céte cy qu'en celle la? Si nostre entendement est capable de la forme, des linea-

[1] *Vulg. supp.* : « s'ilz ne le... siecles ? »
[2] *Vulg.* : « quant plus vraysemblable ».

mens, du port et du visage de la verité, il la verroit entiere aussi bien que demie, naissante et imperfecte. Céte apparence de verisimilitude qui les faict pendre plus tost a gauche qu'a droite, multipliez la [1], augmentez la; céte once de verisimilitude qui incline la balance, augmentez la de cent, de mile onces, il en auiendra en fin que la balance prendra party tout a faict, et arrestera vn chois et vne verité entiere. Mais comment se laissent ilz plier a la vray-semblance, s'ilz ne cognoissent point le vray? Comment cognoissent ilz la semblance de ce dequoy ilz ne cognoissent pas le corps et [2] l'essence? Ou nous pouuons iuger tout a faict, ou tout a faict nous ne le pouuons pas. Si noz facultez intellectuelles et sensibles sont sans fondement et sans pied, si elles ne font que floter et vanter, pour neant nous laissons nous emporter nostre iugement a nulle partie de leur operation, quelque apparence qu'elle semble nous presenter; et la plus seure assiete de nostre entendement, et la plus heureuse, ce seroit celle la, ou il se maintiendroit rassis, droit, inflexible, sans bransle et sans agitation*. Que les choses ne logent pas chez nous en leur forme et en leur essence, et n'y facent leur entrée de leur force propre et authorité, nous le voyons assez : par ce que, s'il estoit ainsi, nous les receurions de mesme façon : le goust du [3] vin seroit tel en la bouche du malade qu'en la bouche du sain; celuy qui a des creuasses aus doits, ou qui les a gourdes, trouueroit vne pareille durté au bois ou au fer qu'il manie, que fait vn autre. Les subiectz estrangiers se rendent donc a nostre

[1] *Vulg. modifie légèrement ce passage.*
[2] *Vulg. supp.* : « le corps et ».
[3] *Vulg. supp.* : « goust du ».

mercy; ilz logent chez nous, comme il nous plaist. Or, si, de nostre part, nous receuions quelque chose sans alteration, si les prises humaines estoint assez capables et fermes pour saisir la verité par noz propres moyens, ces moyens estans communs a tous les autres [1] hommes, céte verité se reiecteroit de main en main, de l'vn a l'autre, car la verité n'est iamais qu'vne [2]. Et au moins se trouueroit il vne chose au monde, de tant qu'il y en a, qui se croiroit par les hommes d'vn consentement vniuersel. Mais ce qu'il ne se void nulle proposition qui ne soit debatue et controuerse [3] entre nous, ou qui ne le puisse estre, montre bien que nostre iugement naturel ne saisit pas bien clairement ce qu'il saisit : car mon iugement ne le peut pas faire receuoir au iugement de mon compaignon : qui est signe que ie l'ay saisi par quelque autre moyen que par vne naturelle puissance qui soit en moy et en tous les hommes.

Laissons a part céte infinie confusion d'opinions qui se void entre les philosophes mesmes, et ce debat perpetuel et vniuersel en la connoissance des choses; car cela est presuposé tres-veritablement que, de nulle chose, les hommes, ie dy les sçauans, les mieux nais, les plus suffisans, ne sont d'accord, non pas que le ciel soit sur nostre teste : car ceus qui doutent de tout doutent aussi de cela, et ceux qui nient que nous puissions rien comprendre disent que nous n'auons pas compris que le ciel soit sur nostre teste; et ces deus opinions sont, en nombre, sans comparaisons les plus fortes.

Outre cete diuersité et diuision infinie, par le trouble que nostre iugement nous donne a nous mesmes,

[1] *Vulg. supp. :* « autres ».
[2] *Vulg. supp. :* « car la verité... qu'vne ».
[3] *B :* « controuersée ».

et l'incertitude que chacun sent en soy, il est aysé a voir qu'il a son asiete vn peu [1] bien mal assurée. Combien diuersement iugeons nous des choses? combien de fois changeons nous nos fantasies? Ce que ie tiens au iourdhuy et ce que ie croy, ie le tiens et le croy de toute ma croyance; tous mes vtilz et tous mes ressortz saisissent [2] céte opinion et m'en respondent sur tout ce qu'ils peuuent; ie ne sçaurois ambrasser nulle verité, ny conseruer auec plus de force que ie fay céte cy. I'y suis tout entier, i'y suis voirement : mais ne m'est il pas aduenu, non vne fois, mais cent, mais mille, et tous les iours, d'auoir ambrassé quelque autre chose, a tout ces mesmes instrumens, en céte mesme condition que despuis i'aye iugée fauce? Au moins faut il deuenir sage a ses propres despans. Si ie me suis trouué souuent trahy sous céte mesme coleur, si ma touche se trouue ordinairement fauce et ma balance inegale et iniuste, quelle asseurance en puis-ie prendre a cete fois plus qu'aus autres? N'est ce pas sotise de me laisser tant de fois piper a vn mesme guide? Toutes-fois, que la fortune nous remue cinq cens fois de place; qu'elle ne face que vuider et remplir sans cesse, comme dans vn vaisseau, dans nostre croiance, autres et autres opinions, tousiours la presente et la derniere c'est la certaine et l'infaillible : pour céte cy il faut abandonner les biens, l'honneur, la vie, et le salut, et tout :

Posterior........... res illa reperta
Perdit et immutat sensus ad pristina quæque.

* Aumoins deuroit nostre condition fautiere nous

[1] *BC supp.* : « vn peu ».
[2] *Vulg.* : « empoignent ».

faire porter plus moderemant et retenuement en noz changemens. Il nous deuroit souuenir, quoy que nous receussions en l'entendement, que nous receuons souuent des choses fauces, et que c'est par ces mesmes vtilz qui se démentent et qui se trompent souuent.

Or, n'est il pas merueille s'ilz se démentent, estans si aysez a incliner et a tordre par bien legeres occurrences. Il est certain que nostre aprehension, nostre iugement et les facultés de nostre ame en general, elles [1] souffrent selon les mouuemens et alterations du corps; lesquelles alterations sont continuelles. N'auons nous pas l'esprit plus esueillé, la memoire plus prompte, le discours plus vif en la santé qu'en la maladie? La ioye et la gayeté ne nous font elles pas receuoir les subietz qui se presentent a nostre ame d'vn tout autre visage que le chagrin et la melancolie? Pensez vous que les vers de Catulle ou de Sapho rient a vn vieillart auaritieus et rechigné comme a vn ieune homme vigoreus et ardent?* En la chicane de nos palais, ce mot est en vsage, qui se dit des criminels qui rencontrent les iuges en quelque bonne trampe, douce et debonnaire : *gaudeat de bona fortuna,* qu'il iouisse de ce bon heur [2]; car il est certain que les iugemens se rencontrent par fois plus tendus a la condamnation, plus espineus et plus aspres, tantost plus faciles, aysez, et enclins a l'excuse. Tel qui raporte de sa maison la douleur de la goute, la ialousie, ou le larcin de ses valetz, ayant toute l'ame teinte et abreuuée de colere, il ne faut pas douter que son iugement ne s'en altere vers céte part la*. L'air mesme et la

[1] *BC supp. :* « elles ».
[2] *Vulg. supp. :* « qu'il iouisse de ce bon heur ».

serenité du ciel nous apporte quelque mutation, comme dit ce vers Grec, en Cicero :

Tales sunt hominum mentes, quali pater ipse
Iuppiter auctifera lustrauit lampade terras.

Ce ne sont pas seulement les fieures, les breuuages et les grandz accidens qui renuersent nostre iugement : les moindres choses du monde agissent contre luy [1]. Et ne faut pas douter, encores que nous ne le sentions pas, que si la fieure continue peut renuerser nostre ame, que la tierce n'y apporte quelque alteration, selon sa mesure et proportion ; si l'apoplexie assoupit et esteint tout a fait la veüe de notre intelligence, il ne faut pas douter que le morfondement ne l'esblouisse ; et, par consequent, a peine se peut il rencontrer vne seule heure en la vie ou nostre iugement se trouue en sa deue assiete, nostre corps estant subiect a tant de continuelles alterations, et estofé de tant de sortes de ressortz, que i'en croy les medecins combien il est malaisé qu'il n'y en ait tousiours quelqu'vn qui cloche.

Au demeurant, céte maladie ne se descouure pas si aysement, si elle n'est du tout extreme et irremediable : d'autant que la raison va tousiours, et torte, et boiteuse, et deshanchée. Elle va et de tort et de trauers [2], et auec le mensonge comme auec la verité. Par ainsi, il est malaisé de descouurir son mesconte et desreglement. I'appelle tousiours raison céte apparence de discours que chacun forge en soy. Céte raison, de la condition de laquelle il y en peut auoir cent contraires autour d'vn mesme suiet, c'est vn

1 *Vulg.* : « le tourneuirent ».
2 *Vulg. supp.* : « Elle va et de tort et de trauers ».

instrument de plomb et de cire, alongeable, ployable et accommodable a tout biais et a toutes mesures; il ne reste que la suffisance de le sçauoir contourner. Quelque bon dessein qu'ait vn iuge, s'il ne s'ecoute de prez, a quoy peu de gens s'amusent, l'inclination a l'amitié, a la parenté, a la beauté, a la vengeance, et non pas seulement choses si poisantes, mais cet instint fortuite, qui nous faict fauoriser vne chose plus qu'vne autre, et qui nous donne, sans le congé de la raison, le chois en deus pareilz subiectz, où quelque vmbrage de pareille vanité, peuuent insinuer insensiblement en son iugement la recommandation ou deffaueur d'vne cause, et donner pente a la balance.

Moy qui m'espie de plus prez, qui ay les yeus incessamment tendus sur moy, comme celuy qui n'ay pas fort a-faire ailleurs,

Quis sub Arcto
Rex gelidæ metuatur oræ,
Quid Tyridatem terreat, vnice
Securus,

a peine oseroy-ie dire la vanité et la foiblesse que ie trouue chez moy : i'ay le pied si instable et si mal assis, ie le trouue si aisé a croler et si prest au mouuement et [1] au branle, et ma veüe si desreglée, que, a ieun, ie me trouue autre qu'apres le repas; si ma santé me rid, et la clarté d'vn beau iour, me voila honneste homme; si i'ay vne dureté [2] qui me presse l'orteil, me voila refroigné, mal plaisant et inacessible*. Tantost ie suis a tout faire, tantost a rien faire : ce qui m'est plaisir a céte heure me sera tantost

[1] *Vulg. supp.* : « au mouuement et ».
[2] *BC* : « vn cor ».

peine [1]. Quand ie pren des liures, i'aray apperceu en tel passage des graces excellentes et qui auront feru mon ame : qu'vn autre fois i'y retombe, i'ay beau le tourner et virer en cent visages [2], i'ay beau le plier et le manier, c'est vne masse inconnue et informe pour moy*.

Les secousses et esbranlemens que nostre ame reçoit par les passions corporeles peuuent beaucoup en elle; mais encore plus les siennes propres, ausquelles elle est si fort en bute qu'il est, a l'aduanture, soustenable qu'elle n'a nulle autre alleure et mouuement que du soufle de ces ventz, et que, sans leur agitation, elle resteroit sans action, comme vn nauire en pleine mer que les ventz abandonnent de leur secours. Et qui maintiendroit cela*, ne nous feroit pas beaucoup de tort, puis qu'il est auoué par la philosophie que la plus part des plus reglées actions de l'ame et plus nobles procedent et ont besoin de céte impulsion des passions [3]. La vaillance, disent ilz, ne se peut parfaire sans l'assistance de la colere*; la compassion sert d'aiguillon a la liberalité et a la iustice [4] *; et nulle eminente et gaillarde vertu en fin n'est sans quelque agitation desreglée. Seroit-ce pas l'vne des raisons qui auroit meu les Epicuriens a descharger Dieu de tout soin et sollicitude de nos affaires, d'autant que les effects mesmes de sa bonté ne se pouuoient exercer

[1] *BC aj. :* « Il se faict mille agitations chez moy, sans le congé du iugement : tantost l'humeur melancholique me sesit, tantost la cholerique; et, de son authorité priuée, a cetheure le chagrin predomine en moy, a cetheure l'alegresse ». — *Vulg. modifie légèrement ce passage.*

[2] *Vulg. supp. :* « en cent visages ».

[3] *Vulg. modifie cette phrase.*

[4] *Vulg. :* « aiguillon a la clemence ».

en [1] nous sans esbranler son repos et sa tranquillité [2], par le moyen des passions, qui sont comme des piqueures et sollicitations qui acheminent l'ame aus operations vertueuses? Au moins cecy ne sçauons nous que trop, que les passions produisent infinies et perpetuelles mutations en nostre ame, et la tyrannysent merueilleusement. Le iugement d'vn homme courroucé, ou de celuy qui est en crainte, est ce le iugement qu'il aura tantost quand il sera rassis [3]?

Quelles differences de sens et de raison, quelle contrarieté d'imaginations nous presente la diuersité de nos passions? Quelle asseurance pouuons nous donq prendre de chose si instable et si mobile, subiecte par sa condition a la maistrise du desreglement et de la cecité [4]?* Si nostre iugement est en main a la fauceté mesmes et a l'erreur, si c'est de la folie et de la mensonge qu'il est tenu de receuoir l'impression des choses, quelle seurté pouuons nous atendre de luy [5]?*

Ie n'ay point grande experience de ces agitations vehementes, estant d'vne complexion molle et poisante, desquelles la plus part surprennent subitement nostre ame, sans lui donner loisir de se cognoistre. Mais céte passion qu'on dict estre produite par l'oysiueté au cœur des ieunes hommes, quoy qu'elle s'achemine auec loisir et d'vn progrez mesuré, elle represente bien euidemment, a ceus qui ont quelque fois essayé de s'opposer a son effort, la force de céte

1 *BC :* « enuers ».
2 *Vulg. supp. :* « et sa tranquillité ».
3 *Vulg. modifie et développe les deux dernières phrases de ce paragraphe.*
4 *Vulg. :* « maistrise du trouble ».
5 *Vulg. modifie cette phrase.*

conuersion et alteration que nostre iugement souffre. I'ay autres-fois entrepris de me tenir bandé pour la soustenir et rabatre; car il s'en faut tant que ie sois de ceus qui conuient les vices, que ie ne les suys pas seulement, s'ilz ne m'entrainent : ie la sentois naistre, croistre et s'augmenter en desepit de ma resistance, et en fin, tout voyant et viuant, me saisir et posseder, de façon que, comme d'vnè yuresse, l'image des choses me commençoit a paroistre autre que de coustume. Ie voiois euidemment grossir et croistre les auantages du subiet que i'alois desirant, et* agrandir et enfler par le vent de mon imagination; les difficultez de mon entreprinse s'ayser et se planir; mon discours et ma conscience se tirer arriere : mais, ce feu estant euapouré, tout a vn instant, comme de la clarté d'vne eloise [1], mon ame reprendre vne autre sorte de veüe, autre estat et autre iugement : les difficultez de la retraite me sembler grandes et inuincibles, et les mesmes choses de bien autre goust et visage que la chaleur du desir ne me les auoit presentées. Lequel plus veritablement? Pyrrho n'en sçait rien. Nous ne sommes iamais sans maladie. Les fieures ont leur chaut et leur froid : des effectz d'vne passion ardente, nous retombons aus effectz d'vne passion frileuse*.

Or, de la cognoissance de céte mienne volubilité et imperfection, i'ay par accident engendré en moy quelque constance et fermeté d'opinions, et n'ay guiere alteré les miennes premieres et naturelles [2]. Car, quelque apparence qu'il y ait en la nouueleté, ie ne

[1] *Vulg.* : « d'vn esclair ».

[2] *Vulg. supp. dans cette phrase* : « et imperfection » *et* « et fermeté ».

change pas aisement, de peur que i'ay de perdre au change : et puis que ie ne suis pas capable de choisir, ie pren le chois d'autruy, et me tiens en l'assiete ou Dieu m'a mis; autrement ie ne me sçauroy pas garder de rouler sans cesse [1]. Les escritz des anciens, ie dis les bons escritz, pleins et solides, ilz me persuadent et me remuent comme ilz veulent [2] : celuy que i'oy me semble tousiours le plus roide. Ie les trouue auoir raison chacun a son tour, quoy qu'ilz maintiennent des propositions contraires [3]. Céte aysance que les bons espritz ont de rendre ce qu'ils veulent vraysemblable, et qu'il n'est rien si estrange a quoy ilz n'entreprenent de donner assez de couleur pour tromper vne simplicité pareille a la mienne, cela monstre euidemment la foyblesse de leur preuue. Le ciel et les estoiles ont branlé trois mill'ans : tout le monde l'auoit ainsi creu, iusques a ce qu'il y a enuiron quinze cents ans que quelqu'vn s'auisa de maintenir que c'estoit la terre qui se mouuoit [4]*. Et, de nostre temps, Copernicus a si bien fondé céte doctrine, qu'il s'en sert tres-regléement a toutes les consequances astrologiennes. Que prendrons nous de la, sinon qu'il n'y a guiere d'asseurance ny en l'vn, ny en l'autre? Car qui sçait qu'vne tierce opinion, d'icy a mille ans, ne renuerse les deux precedentes [5]?

[1] *BC aj. :* « Ainsi me suis ie, par la grace de Dieu, conserué pur et entier, sans agitation et trouble de conscience, aux anciennes creances de nostre religion, au trauers de tant de sectes et de diuisions que nostre siecle a produites ». — *Vulg. supp. :* « pur et » *au commencement de ce passage.*

[2] *B :* « ils me tentent et me remuent quasi ou ils veulent ». — *C suit B en mettant* « tendent » *à la place de* « tentent ».

[3] *BC :* « quoy qu'ils se contrarient ».

[4] *Vulg. modifie ce passage.*

[5] *Vulg. modifie légèrement la fin de ce paragraphe.*

Sic voluenda ætas commutat tempora rerum :
Quod fuit in pretio, fit nullo denique honore;
Porro aliud succedit, et e contemptibus exit,
Inque dies magis appetitur, floretque repertum
Laudibus, et miro est mortales inter honore.

Ainsi, quand il se presente a nous quelque doctrine nouuelle, nous auons grande occasion de nous [1] deffier et de considerer qu'auant qu'elle fut produite sa contraire estoit en credit et authorité [2], et, comme elle a esté renuersée par céte cy, il pourra a l'aduenir naistre vne tierce inuention qui choquera de mesme la seconde. Auant que les principes qu'Aristote a introduitz de matiere, forme et priuation [3], fussent en credit, d'autres principes contentoint la raison humaine, comme ceux cy nous contentent a céte heure. Quelles lettres ont ceux cy, quel priuilege particulier, que le cours de nostre inuention s'arreste a eux, et qu'a eux appartient pour tout le temps aduenir la possession de nostre creance? ilz ne sont non plus exempts du boute-hors qu'estoint leurs deuanciers. Quand on me presse d'vn nouuel argument, c'est a moy a estimer que, ce a quoy ie ne puis satisfaire, vn autre y satisfaira; car, de croire toutes les apparences desquelles nous ne pouuons nous deffaire, c'est vne grande simplesse : il en auiendroit par la que tout le vulgaire et le commun aroint leur [4] creance contournable comme vne girouete : car son ame, estant molle et sans resistance, seroit forcée de receuoir sans cesse autres et autres impressions, la derniere effaçant

[1] *BC :* « nous en ».
[2] *Vulg. :* « estoit en vogue ».
[3] *Vulg. supp. :* « de matiere, forme et priuation ».
[4] *Vulg. :* « vulgaire, et nous sommes tous du vulgaire, auroit sa ».

tousiours la trace de la precedente. Celuy qui se trouue foible, il doit respondre, suyuant la pratique, qu'il en parlera a son conseil, ou s'en raporter aux plus sages desquelz il a receu son aprentissage. Combien y a il que la medecine est au monde? On dit qu'vn nouueau venu, qu'on nomme Paracelse, change et renuerse tout l'ordre des regles anciennes, et maintient que, iusques a céte heure, elle n'a serui qu'a faire mourir les hommes. Ie croy qu'il verifiera aisement cela : mais de metre ma vie a la mercy de sa nouuelle experiance, ie treuue que ce ne seroit pas grand sagesse [1]. Vn homme de céte profession de nouuelletez et de reformations* me disoit, il n'y a pas long temps, que tous les anciens s'estoint euidemment mescontez en la nature et mouuemens des ventz; ce qu'il me fairoit treseuidemment toucher a la main, si ie voulois entendre son discours. Aprez que i'euz eu vn peu de patience a ouir ses argumens, qui auoint tout plein de verisimilitude : « Comment donc, luy fis-ie, ceux qui nauigeoint soubs les lois de Theophraste aloint ilz en occident, quand ilz tiroint en leuant? aloint ilz a costé ou a reculons? » « C'est la fortune, me respondit il : tant y a qu'ils se mescontoint. » Ie luy repliquay lors que i'aimoy mieux suyure les effetz que la raison. Or ce sont choses qui se choquent souuent. Et m'a l'on dit qu'en la geometrie (qui pense auoir gaigné le haut point de certitude parmy les sciences), il se trouue des demonstrations ineuitables subuertissans la verité de l'experience : comme Iaques Peletier me disoit, chez moy, qu'il auoit trouué deus lignes s'acheminans l'vne vers l'autre

[1] *BC aj. :* « Il ne faut pas croire a chacun, dict le precepte, par ce que chacun peut dire toutes choses ».

pour se ioindre, qu'il verifioit toutesfois ne pouuoir iamais iusques a l'infinité, arriuer a se toucher. Et les Pyrrhoniens ne se seruent de leurs argumens et de leur raison que pour combatre et [1] ruiner l'apparence de l'experience; et c'est merueille iusques ou la souplesse de nostre raison les a suyuis a ce dessein de combatre l'euidence des effectz : car ilz verifient que nous ne nous mouuons pas, que nous ne parlons pas, qu'il n'y a point de pesant ou de chaut, auecques vne pareille force et subtilité d'argumentations que nous verifions les choses les [2] plus vray semblables. Ptolemeus, qui a esté vn grand personnage, auoit estably les bornes de nostre monde. Tous les philosophes anciens ont pensé en tenir la mesure, sauf quelques isles escartées qui pouuoient eschaper a leur cognoissance. C'eust eté Pyrrhoniser, il y a mille ans, que de metre en doute la science de la cosmographie, et les opinions qui en estoint receues d'vn chacun*. Voila, de nostre siecle, vne grandeur infinie de terre ferme, non pas vne isle ou vne contrée particuliere, mais vne partie esgale a peu prez en grandeur a celle que nous cognoissions, qui vient d'estre descouuerte. Les geographes d'a céte heure ne faillent pas d'asseurer que meshuy tout est trouué et que tout est veu :

Nam quod adest præsto, placet, et pollere videtur.

Sçauoir mon, si Ptolomée s'y est trompé autresfois sur les fondemens de sa raison, si ce ne seroit pas sottise de me fier maintenant a ce que ceus cy en disent* [3].

[1] *Vulg.* : « combatre et ».
[2] *Vulg. supp.* : « les ».
[3] *BC aj.* : « Aristote dict que toutes les opinions humaines ont esté par le passé et seront a l'aduenir infinies autres fois;

Il me semble, entre autres tesmoignages de nostre imbecillité, que celuy cy ne merite pas d'estre oublié : que, par desir mesmes, l'homme ne sçache trouuer ce qu'il luy faut; que, non par iouissance, mais par imagination et par souhet, nous ne puissions étre d'accord de ce dequoy nous auons besoin pour nous contenter. Laissons a nostre pensée tailler et coudre a sa poste, elle ne pourra pas seulement desirer ce qui luy est propre*. C'est pourquoy* le Chrestien, plus humble et plus sage, et mieux recognoissant que c'est que de luy, se raporte a son Createur de choisir et ordonner ce qu'il lui faut; il ne le suplie d'autre chose, sinon que sa volonté soit faite : autrement il luy aduiendroit a l'auanture ce que les poetes feignent du Roy Midas [1]. Il requist les Dieux que tout ce qu'il toucheroit se conuertit en or; sa priere fut exaucée : son vin fut or, son pain or, et la plume de sa couche, et d'or sa chemise et son vestement : de façon qu'il se trouua accablé soubs la iouissance de son desir, et estrené d'vne commodité insuportable : il luy falut desprier ses prieres :

Attonitus nouitate mali, diuesque, miserque,
Effugere optat opes, et quæ modo vouerat odit.

*Dieu pourroit nous ottroier les richesses, les hon-

Platon, qu'elles ont a renoueller et reuenir en estre apres trente six mill' ans. — Si nature enserre dans les termes de son progrés ordinaire, comme toutes autres choses, aussi les creances, les iugemens et opinions des hommes; si elles ont leur reuolution, leur saison, leur naissance, leur mort, comme les chous; si le ciel les agite et les roule a sa poste; quelle magistrale authorité et permanante leur allons nous attribuant?* » — *Vulg. remplace la première phrase de cette addition par un long développement.*

[1] *Vulg. remanie cette phrase.*

neurs, la vie et la santé mesme quelque fois a nostre dommage : car tout ce qui nous est plaisant ne nous est pas tousiours salutaire. Si, au lieu de la guerison, il nous enuoye la mort ou l'empirement de nos maux*, il le fait par les raisons de sa prouidence, qui regarde bien plus certainement ce qui nous est deu que nous ne pouuons faire. Et le deuons prendre en bonne part, comme d'vne main tres-sage et tres-amie*.

Il n'est point de combat si violent entre les philosophes, et si aspre, que celuy qui se dresse sur la question du souuerain bien de l'homme* :

Tres mihi conuiuæ prope dissentire videntur
Poscentes vario multum diuersa palato :
Quid dem? quid non dem? renuis tu quod iubet alter ;
Quod petis, id sane est inuisum acidumque duobus.

Nature deuroit ainsi respondre a leurs contestations et [1] a leurs debatz. Les vns disent nostre bien estre loger en la vertu ; d'autres, en la volupté ; d'autres, au consentir a nature; qui, en la science*; qui, a ne se laisser emporter aus apparences; et a céte fantasie semble retirer cét' autre* :

Nil admirari, prope res est vna, Numaci,
Solaque quæ possit facere et seruare beatum ;

qui est la fin de la secte Pirrhonienne*. Et disoit Archesilas les soutenemens et l'estat droit et inflexible du iugement estre les biens ; mais les consentemens et applications estre les vices et les maus. Il est vray qu'en ce qu'il l'establisoit par axiome certain, il se departoit du Pirrhonisme. Les Pirrhoniens, quand

[1] *Vulg. supp.* : « a leurs contestations et ».

ils disent que le souuerain bien c'est l'ataraxie, qui est l'immobilité du iugement, ils ne l'entendent pas dire d'vne façon affirmatiue, mais le mesme bransle de leur ame qui leur faict fuir les precipices et se mettre a couuert du serein, celuy la mesme leur presente céte fantasie et leur en faict refuser vn autre*.

Au demeurant, si c'est de nous que nous tirons le reglement de nos mœurs, a quelle confusion nous reiettons nous? Car, ce que nostre raison nous y conseille de plus vray-semblable, c'est generalement a châcun d'obeir aux lois de son pais*. Et par la, que veut elle dire, sinon que nostre deuoir n'a autre regle que fortuite? La verité doit auoir vn visage pareil et vniuersel. La droiture et la iustice, si l'homme en cognoisoit qui eust corps et veritable essence, il ne l'atacheroit pas a la condition des coustumes de céte contrée ou de celle la : ce ne seroit pas de la fantasie des Perses ou des Indes que la vertu prendroit sa forme. Il n'est rien subiect a plus continuelle agitation que les lois. Despuis que ie suis nay, i'ay veu trois ou quatre fois rechanger celles des Anglois, noz voisins, non seulement en subiect politique, qui est celuy qu'on veut dispenser de constance, mais au plus important subiect qui puisse estre, a sçauoir de la religion. Dequoy i'ay honte et despit, d'autant plus que c'est vne nation a laquelle ceux de mon quartier ont eu autrefois vne si priuée acointance, qu'il me reste encore* aucunes traces de nostre ancien cousinage*. Que nous dira donc, en céte necessité, la philosophie? que nous suiuons les loix de nostre pays? c'est a dire céte mer flotante des opinions d'vn peuple ou d'vn Prince, qui me peindront la iustice d'autant de couleurs, et la reformeront en autant de visages qu'il y aura en eus de changemens d'humeurs. Ie ne puis pas auoir le iugement si flexible. Quelle bonté est ce, et quelle droiture que ie voyois hier en credit, qui, en l'espace d'vn iour, a peu receuoir vn si estrange changement d'estre deuenu vice [1]?

Mais ilz sont plaisans, quand, pour donner quelque certitude aux loix, ilz disent qu'il y en a aucunes fermes, perpetuelles et immuables, qu'ilz nomment naturelles, qui sont empreintes en l'humain genre par la condition de leur propre essence; et, de celles-la, qui en faict le nombre de trois, qui de quatre, qui plus, qui moins : signe que c'est vne marque aussi douteuse que le reste. Or, ilz sont si defortunez (car comment puis i'autrement nommer cela que deffortune, que, d'vn nombre de lois si infiny, il ne s'en rencontre aumoins vne que la fortune* ayt permis estre vniuersellement receüe par le consentement de toutes les nations?), ils sont, dis-ie, si mal heureux que, de ces trois ou quatre lois choisies, il n'en y a vne seule qui ne soit contredite et desauoüée, non par vne nation, mais par plusieurs. Or, c'est la seule enseigne vray-semblable par laquelle ilz puissent argumenter aucunes lois naturelles que l'vniuersité de l'approbation : car, ce que nature nous auroit veritablement ordonné, nous l'ensuiurions sans doute d'vn commun consentement; et non seulement toute nation, mais tout homme particulier ressentiroit la force et la violence que luy feroit celuy qui le voudroit pousser au contraire de céte loy. Qu'ilz m'en monstrent, pour voir, vne de céte condition. Protagoras et Ariston ne

[1] *Vulg. modifie cette fin.*

donnoient autre essence a la iustice des lois que l'authorité et opinion du legislateur, et que, cela mis a part, le bon et l'honneste perdoient leurs qualitez et demeuroient des noms vains de choses indifferentes. Thrasimacus, en Platon, estime qu'il n'y a point d'autre droit que la commodité du superieur. Il n'est nulle chose en quoy le monde soit si diuers qu'en coustumes et loix. Telle chose est ici abominable, qui apporte recommandation ailleurs : comme en Lacedemone la subtilité de desrober. Les mariages entre les proches sont capitalement defendus entre nous; ils sont ailleurs en honneur :

Gentes esse feruntur,
In quibus et nato genitrix, et nata parenti
Iungitur, et pietas geminato crescit amore.

Le meurtre des enfans, meurtre des [1] peres, communication de femmes, trafique de voleries, licence a toutes sortes de voluptés, il n'est rien, en somme, si extreme, qui ne se trouue receu par l'vsage de quelque nation. *Toutes les choses du monde, tous [2] les subiets, ils ont diuers lustres et diuerses considerations; c'est de la que s'engendre principalement céte diuersité d'opinions. Vne nation regarde vn subiect par vn visage, et s'arreste a celuy la; l'autre, par vn autre.

Il n'est rien si horrible a imaginer que de menger son pere : les peuples qui auoient anciennement céte coustume la prenoient toutesfois pour tesmoignage de pieté et de bonne affection, cerchant par la à donner a leurs progeniteurs la plus digne et honorable sepulture, logeant en eux mesmes, et comme en leurs

[1] *BC :* « de ».
[2] *Vulg. supp. :* « Toutes les choses du monde, tous ».

moelles, les corps de leurs peres et leurs reliques, les viuifiant aucunement et regenerant par la transmutation en leur chair viue, par le moyen de la digestion et du nourrissement. Il est aisé a considerer quelle cruauté et abomination c'eust esté, a des hommes abreuuez et imbus de céte superstition, de ietter la despouille des parens a la corruption de la terre et nourriture des bestes et des vers.

Licurgus considera au larrecin la viuacité, diligence, hardiesse et adresse qu'il y a à surprendre quelque chose de son voisin, et l'vtilité qui reuient au public, que chacun en regarde plus curieusement a la conseruation de ce qui est sien; et estima que, de céte double institution a assaillir et a defendre, il s'en tiroit du fruit a la discipline militaire (qui estoit la principale science et vertu a quoy il vouloit duire céte nation), de plus grande consideration que n'estoit le desordre et l'iniustice de se preualoir de la chose d'autrui.

Dionysius le tyran offrit a Platon vne robe a la mode de Perse, longue, damasquinée et parfumée; Platon la refusa, disant qu'estant nay homme, il ne se vestiroit pas volontiers de robe de femme; mais Aristippus l'accepta auec céte responce, que nul accoutrement ne pouuoit corrompre vn chaste courage* : voila comment ilz auoint tous deux raison de diuers effectz [1]. Il aduient de céte diuersité de visages que les iugemens s'appliquent diuersement au chois des choses [2]*. Nous portons les oreilles percées; les Grecz tenoient cela pour vne marque de seruitude. Nous nous cachons pour iouir de nos femmes : les Indiens le font en public. Les Scytes immoloient les estran-

[1] *Vulg. modifie cette fin.*
[2] *Vulg. supp. cette phrase.*

giers en leurs temples; ailleurs les temples seruent de franchise*.

I'ay ouy parler d'vn iuge, lequel, ou il rencontroit quelque aspre conflit entre Bartolus et Baldus, et quelque matiere agitée de plusieurs contrarietez, mettoit au marge de son liure : « Question pour l'amy »; c'est a dire que la verité estoit si embrouillée et debatue, qu'en pareille cause il pourroit fauoriser a celle des parties que bon luy sembleroit. Il ne tenoit qu'a faute d'esprit et de suffisance qu'il ne peut mettre quasi par tout : « Question pour l'amy ». Les aduocatz et les iuges corrompus [1] de nostre temps trouuent a toutes causes assez de biais pour les accommoder ou bon leur semble. A vne science si infinie, dépandant de l'authorité de tant d'opinions et d'vn subiet si arbitraire, il ne peut estre qu'il n'en naisse vne confusion extreme de iugemens. Aussi n'est il guiere si cler procez auquel les aduis ne se trouuent diuers. Ce qu'vne compagnie a iugé, l'autre le iuge au contraire; et elle mesmes, a l'aduenture, encores [2] au contraire vn'autre fois. Dequoi nous voyons des exemples ordinaires, par céte licence qui tasche merueilleusement la cerimonieuse authorité et lustre de nostre iustice, de ne s'arrester aux arrestz, et courir des vns aux autres iuges, pour decider d'vne mesme cause.

Quant a la licence [3] des opinions philosophiques touchant le vice et la vertu, c'est chose ou il n'est besoin de s'estendre, et ou il se trouue plusieurs discours qui valent mieux teus que publiez*.

Les lois prennent leur authorité de la possession et

[1] *Vulg. supp.* : « corrompus ».
[2] *Vulg. supp.* : « a l'aduenture, encores ».
[3] *BC* : « liberté ».

de l'vsage : il est dangereus de les ramener a leur naissance : elles grossissent et s'ennoblissent en roulant, comme noz riuieres. Suyuez les contremont iusques a leur source, ce n'est qu'vn petit surion d'eau, a peine reconnoissable, qui s'enorgueillit ainsi et se fortifie en vieillissant. Voyés les anciennes considerations qui ont donné le premier branle a ce fameus torrent, plein de dignité, d'horreur et de reuerance : vous les trouuerés si legeres et si delicates que ces gens icy, qui poisent tout et ramenent [1] a la raison, et qui ne reçoiuent rien par authorité et a credit, il n'est pas merueille s'ils ont leurs iugemens souuent tres-esloignés des iugements publiques. Gens qui prennent pour patron l'image premiere de nature, il n'est pas merueille si, en la plus part de leurs opinions, ils gauchissent a la voie commune et ordinaire [2]. Comme pour exemple, peu d'entre eus eussent aprouué les conditions et formes de nos mariages* : ils refusoient et desdaignoient la plus part de [3] nos ceremonies. Chacun a ouy parler de la des-hontée façon de viure des philosophes Cynicques [4] : Chrisippus disoit qu'vn philosophe fera vne dousaine de culebutes en public, voire sans haut de chausses, pour vne dousaine d'olives*. Et céte honnesteté et reuerance, que nous appellons, de couurir et cacher aucunes de nos actions naturelles et legitimes, de n'oser nommer les choses par leur nom, de craindre a dire ce qu'il nous est permis de faire, n'eussent ils pas peu dire auecq raison que c'est plustost vne affeterie et mollesse inuentée

[1] *BC :* « et le ramenent ».
[2] *Vulg. supp. :* « et ordinaire ».
[3] *Vulg. supp. :* « et desdaignoient la plus part de ».
[4] *Vulg. supp. cette phrase.*

aus cabinets mesmes de Venus, pour donner pris et pointe a ces ieus? N'est ce pas vn alechement, vne amorce et vn aigueillon a la volupté? car l'vsage nous fait sentir euidemment que la ceremonie, la vergoigne et la difficulté, ce sont esguisemens et alumetes a ces fieures la [1]. C'est ce que disent aucuns, que d'oster les bordels publiques, c'est non seulement espandre par tout la paillardise, qui estoit assignée a ce lieu la, mais encore aisguillonner les hommes vagabonds et oysifs a ce vice, par la malaisance.

Mœchus es Aufidiæ, qui vir, Coruine, fuisti,
Riualis fuerat qui tuus, ille vir est :
Cur aliena placet tibi, quæ tua non placet vxor?
Nunquid securus non potes arrigere?

Céte experience se diuersifie en mile exemples :

Nullus in vrbe fuit tota qui tangere vellet
Vxorem gratis, Cæciliane, tuam,
Dum licuit : sed nunc, positis custodibus, ingens
Turba fututorum est. Ingeniosus homo es.

On demenda a vn philosophe, qu'on surprit a mesme, ce qu'il faisoit; il respondit tout froidement : « Ie plante vn homme »; ne rougissant non plus d'estre rencontré en céte action que si on l'eust trouué plantant des chous.

Solon fut, a ce qu'on trouue, le premier qui donna par ses lois liberté aux femmes de faire profit publique de leurs corps; et celle de toutes les sectes de philosophie qui a le plus honoré la vertu, elle n'a en somme posé autre bride a l'vsage des voluptez de toutes sortes

1 *Vulg. remanie les deux phrases précédentes.*

que la moderation et la conseruation de la liberté d'autruy; et plusieurs ses sectateurs se sont licentiez d'en escrire et publier des liures hardis outre mesure [1].

Heraclitus et Protagoras, de ce que le vin semble amer au malade et gratieus au sain, l'auiron tortu dans l'eau, et droit a ceux qui le voient hors de la, et de pareilles apparences contraires qui se trouuent aux subiectz, argumenterent que tous subiectz auoient en eux les causes de ces apparences, et qu'il y auoit au vin quelque amertume, qui se rapportoit au goust du malade, l'auiron certaine qualité courbe, se rapportant a celuy qui le regarde dans l'eau; et ainsi de tout le reste. Qui est dire que tout est en toutes choses, et par consequent rien en nulle : car rien n'est ou tout est.

Céte opinion me ramentoit l'experience que nous auons, qu'il n'est nul sens ni visage, ou droit, ou amer, ou doux, ou courbe, que l'esprit humain ne trouue aux escrits qu'il entreprend de fouiller. En la parole la plus nette, pure et parfaite qui puisse estre, combien de faucеté et de mensonge a l'on faict naistre? Quelle heresie n'y a trouué des fondemens assez et tesmoignages pour entreprendre et pour se maintenir? C'est pour cela que les autheurs de telles erreurs ne se veulent iamais despartir de céte preuue du tesmoignage de l'interpretation des motz. Vn personnage de grande dignité, me voulant aprouuer par authorité céte queste de la pierre philosophale, ou il est tout plongé, m'allegua dernierement cinq ou sis passages de la Bible, sur lesquelz il disoit s'estre premierement fondé pour la descharge de sa conscience (car il est de

1 *Vulg. remplace ce paragraphe par un autre.*

profession ecclesiastique), et, a la verité, l'inuention n'en estoit pas seulement plaisante, mais encore bien proprement accommodée a la deffance de cete belle science.

Par cete voye se gaigne le credit des fables diuinatrices, d'autant que, nous proposant par finesse vn stile ambigu et difficile [1], il n'est prognostiqueur, s'il a céte authorité qu'on le daigne fuilleter, et recercher curieusement tous les plis et lustres de ses paroles, a qui on ne face dire tout ce qu'on voudra, comme aus Sybilles : car il y a tant de moyens d'interpretation qu'il est malaisé que, de biais ou de droit fil, vn esprit ingenieus ne rencontre en tout subiect quelque air qui lui serue a ce qu'il voudra*. C'est ce qui a faict valoir plusieurs choses de neant, qui a ennobly et mis en credit plusieurs escrits, et enrichy de toute sorte de matiere qu'on a voulu, vne mesme chose receuant mile et mille, et autant qu'il nous plaist d'interpretations diuerses [2].

Homere est aussi grand qu'on voudra, mais il n'est pas possible qu'il ayt pensé a representer tant de formes qu'on luy donne : les legislateurs y ont diuiné des instructions infinies, pour leur faict; autant les gens de guerre; et autant ceux qui ont traité des arts [3]. Quiconque a eu besoin d'oracles et de predictions en a [4] trouué pour son seruice. Vn fort gentil [5] personnage sçauant, et de mes amis, c'est merueille quelz rencontres, et combien admirables, il

[1] *Vulg. supp. :* « d'autant que... et difficile ».
[2] *Vulg. modifie légèrement cette phrase.*
[3] *Vulg. modifie le commencement de ce paragraphe.*
[4] *BC :* « en y a ».
[5] *Vulg. supp. :* « fort gentil ».

y trouue [1] en faueur de nostre religion; et ne se peut aysement despartir de cete opinion que ce ne soit le dessein d'Homere (si luy est cet autheur aussi familier qu'a homme de nostre siecle). D'autres religions y ont trouué aussi autreffois leur appuy [2]*. Sur ce mesme fondement qu'auoit Heraclitus et cete sienne sentence, que toutes choses auoint en elles les visages qu'on y trouuoit, Democritus en tiroit vne toute contraire conclusion, c'est que les subiects n'auoint du tout rien de ce que nous y trouuions; et, de ce que le miel estoit dous a l'vn et amer a l'autre, il argumentoit qu'il n'estoit ny dous ny amer. Les Pirrhoniens diroint qu'ilz ne sçauent s'il est dous ou amer, ou ny l'vn ny l'autre, ou tous les deux; car ceux cy gaignent tousiours le haut point de la dubitation*.

Ce propos m'a porté sur la consideration des sens, ausquels gist le plus grand fondement et preuue de nostre ignorance. Tout ce qui se connoist, il se connoist sans doubte par la faculté du cognoissant : car, puis que le iugement vient de l'operation de celuy qui iuge, c'est raison que, céte operation, il la parface par ses moyens et volonté, non par la contreinte d'autruy, comme il aduiendroit, si nous connoissions les choses par la force et selon la loy de leur essence. Or, toute cognoissance s'achemine en nous par les sens : ce sont nos maistres*. La science commence par eux et se resout en eux. Apres tout, nous ne sçaurions non plus qu'vne pierre, si nous ne sçauions qu'il y a son, odeur, lumiere, saueur, mesure, pois, molesse, durté, apreté, couleur, polisseure, largeur, profondeur. Voyla le plant et les principes de tout le bastiment de nostre

[1] *Vulg.* : « il y faict naistre ».
[2] *Vulg. modifie cette fin.*

science*. Quiconque me peut pousser a contredire les sens, il me tient a la gorge; il ne me sçauroit faire reculer plus arriere. Les sens sont le commencement et la fin de l'humaine cognoissance :

Inuenies primis ab sensibus esse creatam
Notitiam veri, neque sensus posse refelli...
Quid maiore fide porro quam sensus haberi
Debet?

Qu'on leur atribue le moins qu'on pourra, tousiours faudra il leur donner cela que, par leur voye et entremise, s'achemine toute nostre instruction. Cicero dict que Chrisippus, ayant essaié de rabatre de la force des sens et de leurs vertus, se representa a soy mesmes des argumens au contraire et des oppositions si vehementes qu'il n'y peut satis-faire; surquoy Carneades, qui maintenoit le contraire party, se vantoit de se seruir des armes mesmes et parolles de Chrisippus, pour le combatre, et s'escrioit, a céte cause, contre luy : « O miserable, ta force t'a perdu! ». Il n'est nul absurde, selon nous, plus extreme que de maintenir que le feu n'eschaufe point, que la lumiere n'esclaire point, qu'il n'y a point de pesanteur au fer, ny de fermeté, qui sont notices que nous apportent les sens, ny nulle creance ou science en l'homme qui se puisse comparer a celle la en certitude.

La premiere consideration que i'ay sur le subiet des sens, c'est que ie metz en doute que l'homme soit pourueu de tous sens naturelz. Ie voy plusieurs animaus qui viuent vne vie entiere et parfaicte, les vns sans la veüe, autres sans l'ouye. Qui sçait si, en nous aussi, il ne manque pas encore vn, deus, trois et plusieurs autres sens : car, s'il en manque quelqu'vn, nul discours n'en peut découurir le defaut. C'est le priuilege des sens d'estre l'extreme borne de nostre science[1] : il n'y a rien au dela d'eus qui nous puisse seruir a les descouurir, voire ny l'vn sens n'en peut descouurir l'autre*. Ilz font trestous la ligne extreme de nostre faculté :

Seorsum cuique potestas
Diuisa est ; sua vis cuique est.

Il est impossible de faire conceuoir a vn homme naturellement aueugle qu'il n'y void pas ; impossible de luy faire desirer la veüe et regreter son defaut. Parquoy nous ne deuons prendre nulle asseurance de ce que nostre ame est contente et satisfaicte de ceux que nous auons : veu qu'elle n'a pas dequoy sentir en cela sa maladie et son imperfection, si elle y est. Il est impossible de dire chose a cet aueugle, par discours, argument ny similitude, qui loge en son imagination nulle apprehension de lumiere, de couleur et de veüe. Il n'y a rien plus arriere qui puisse pousser le sens en euidence. Les aueugles nais, qu'on void desirer a y voir, ce n'est pas pour entendre ce qu'ilz demandent : ilz ont apris de nous qu'ilz ont adire quelque chose, qu'ilz ont quelque chose a desirer, qui est en nous* ; mais ilz ne sçauent pourtant pas que c'est, ny ne l'aprehendent, ny prez, ny loin.

I'ay veu vn gentil'homme de bonne maison, aueugle naturel, aumoins aueugle de tel aage qu'il ne sçait que c'est que de veüe. Il entend si peu ce qui luy manque, qu'il vse et se sert comme nous des paroles propres au voir, et les applique d'vne mode toute sienne et parti-

[1] *Vulg.* : « apperceuance ».

culiere. On luy presentoit vn enfant duquel il estoit parrain; l'ayant pris entre ses bras : « Mon Dieu, dict il, le bel enfant; qu'il le faict beau voir; qu'il a le visage guay ». Il dira, comme l'vn d'entre nous : « Céte sale a vne belle veüe; il faict beau voir cecy ou cela [1] ». Il faict plus; car, par ce que ce sont noz exercices que la chasse, la paume, la bute, et qu'il l'a ouy dire, il s'y affectionne et s'y embesoigne, et croid sans doute y auoir la mesme part que nous y auons; il s'y pique et s'y plaist, et ne les goute pourtant que par les oreilles [2]. On luy crie que voila vn lieure, quand on void quelque belle splanade ou il puisse piquer; et puis on luy dict encore que voila vn lieure pris; le voila aussi fier de sa prise comme il oyt dire aux autres qu'ilz le sont. L'esteuf, il le prend a la main gauche et le pousse de la droite [3] a tout sa raquette. De la harquebouse, il en tire a l'aduanture, et se paye de ce que ses gens luy disent qu'il est ou haut ou costié.

Que sçait on si le genre humain faict quelque sottise pareille, a faute de quelque sens, et que, par ce defaut, la plus part du visage des choses nous soit caché? Que sçait on si les difficultez que nous trouuons en plusieurs ouurages de nature viennent de la, et si plusieurs effectz des animaux, qui excedent nostre capacité, sont produitz par la faculté de quelque sens que nous ayons a dire, et si aucuns d'entre eux ont vne vie plus pleine par ce moyen, et entiere que la nostre? Nous saisissons la pomme quasi par tous nos sens : nous y trouuons de la rougeur, de la polisseure, de l'odeur et de la douceur; outre cela, elle peut auoir

[1] *Vulg. modifie cette fin.*
[2] *Vulg. modifie légèrement cette phrase.*
[3] *Vulg. supp. :* « de la droite ».

d'autres vertus, comme d'assecher ou restreindre, ausquelles nous n'auons point de sens qui se puisse rapporter. Les proprietez que nous appellons occultes, en plusieurs choses, comme a l'aimant d'atirer le fer, n'est il pas vray-semblable qu'il y a des facultez sensitiues en nature propres a les iuger et a les apperceuoir, et que l'absence [1] de telles facultez nous apporte l'ignorance de la vraie essence de telles choses? C'est, a l'aduanture, quelque sens particulier qui descouure aus coqs l'heure du matin et de la minuict, et les esmeut a chanter*; et qui achemine le cerf* ou le chien [2] a la cognoissance de certaine herbe propre a leur guerison. Il n'y a nul sens qui n'ayt vne grand' domination, et qui n'aporte, par son moyen, vn nombre infini de cognoissances. Si nous auions a dire l'intelligence des sons de l'harmonie et de la voix, cela apporteroit vne confusion inimaginable a tout le reste de nostre science. Car, outre ce qui est ataché au propre effect de chaque sens, combien d'argumens, de consequences et de conclusions tirons nous aux autres choses, par la comparaison de l'vn sens a l'autre? Qu'vn homme sçauant imagine l'humaine nature produite originellement sans la veüe, et discoure combien d'ignorance et de trouble luy apporteroit vn tel defaut, combien de tenebres, de cecité [3] et d'aueuglement en nostre ame : on verra par la combien nous importe, a la cognoissance de la verité, la priuation d'vn autre tel sens, ou de deus, ou de trois, si elle est en nous. Nous auons formé vne verité par la consultation et concurrence de nos cinq cens : mais, a

[1] *BC :* « le defaut ».
[2] *Vulg. supp. :* « ou le chien ».
[3] *Vulg. supp. :* « de cecité ».

l'aduanture, faloit il l'accord de huit ou de dix sens, et leur contribution, pour l'apperceuoir certainement et en son essence.

Les sectes qui combatent la science de l'homme, elles la combatent principalement par l'incertitude et foiblesse de noz sens : car, puis que toute cognoissance vient en nous par leur entremise et moien, s'ilz faillent au rapport qu'ilz nous font, s'ils corrompent ou alterent ce qu'ils nous charrient du dehors, si la lumiere qui par eux s'écoule en nostre ame est obscurcie au passage, nous n'auons plus que tenir. De céte extreme difficulté sont nées toutes ces fantasies : que chaque subiet a en soy tout ce que nous y trouuons; qu'il n'a rien de ce que nous y pensons trouuer; et celle des Epicuriens, que le soleil n'est non plus grand que ce que nostre veüe le iuge*; que les apparences, qui representent vn corps grand a celuy qui en est voisin, et plus petit a celuy qui en est esloigné, sont toutes deux vraies*; et resolument qu'il n'y a nulle tromperie aus sens; qu'il faut passer a leur mercy, et cercher ailleurs des raisons pour excuser la difference et contradiction que nous y trouuons; voire inuenter toute autre mensonge et resuerie (car ilz en viennent iusques la) plus tost que d'accuser les sens* : car, de toutes les absurditez, la plus absurde, c'est, disent ilz, de les desauoüer[1] :

Proinde quod in quoque est his visum tempore verum est;
Et, si non potuit ratio dissoluere causam
Cur ea quæ fuerint iuxtim quadrata, procul sint
Visa rotunda, tamen præstat rationis egentem
Reddere mendose causas vtriusque figuræ,

[1] *Vulg. modifie cette fin.*

Quam manibus manifesta suis emittere quoquam,
Et violare fidem primam, et conuellere tota
Fundamenta, quibus nyxatur vita salusque ;
Non modo enim ratio ruat omnis, vita quoque ipsa
Concidat extemplo, nisi credere sensibus ausis,
Præcipitesque locos vitare, et cætera quæ sint
In genere hoc fugienda.

Quant a l'erreur et incertitude de l'operation des sens, chacun s'en peut fournir autant d'exemples qu'il luy plaira : car la faute et tromperie qu'ilz nous font, elle est quasi ordinaire. Au rabat d'vn valon, le son d'vne trompete semble venir deuant nous, qui vient d'vne lieue derriere. A manier vne balle d'arquebouse soubz le second doigt, celuy du milieu estant entrelassé par dessus, il faut extremement se contraindre pour auouër qu'il n'y en ait qu'vne : tant le sens nous en represente deus. Car que les sens soint maintesfois maistres du discours, et le contreignent de receuoir des impressions qu'il sçait et iuge estre fauces, il se void a tous les coups. Ie laisse a part celuy de l'atouchement, qui a ses operations plus voisines, plus viues et substantielles, qui renuerse tant de fois, par l'effet de la douleur qu'il apporte au corps, toutes ces belles resolutions Stoiques, et contraint de crier au ventre celuy qui a estably en son ame ce dogme, auec toute resolution, que la colique, comme toute autre maladie et douleur, est chose indifferente, n'ayant la force de rien rabatre du souuerain bonheur et felicité, en laquelle le sage est logé par sa vertu. Il n'est cœur si mol que le son de nos tabourins et de nos trompetes n'eschaufe; ny si dur que la douceur de la musique n'esueille et ne chatouille; ny ame si reuesche qui ne se sente touchée de quelque religieuse [1] reuerence a considerer céte vastité sombre de nos eglises, la diuersité d'ornemens et ordre de nos ceremonies, et ouyr le son deuotieus de nos orgues et la harmonie si douce [2], posée et religieuse de nos voix. Ceux mesmes qui y entrent auec mespris, ilz sentent quelque frisson dans le cœur, et quelque horreur qui les met en deffiance de leur opinion*. A quoy faire, ceux mesmes qui se sont donnez la mort, d'vne certaine resolution, destournoient ilz le visage [3], ou couuroient leurs yeux pour ne voir le coup qu'ilz se faisoint donner? et ceuz qui, pour leur santé, desirent et commendent qu'on les incise et cauterise, cachent leur visage et ne [4] peuuent soustenir la veuë des aprets, vtils et operation du chirurgien? atendu que la veüe ne doit auoir nulle participation a céte douleur. Cela ne sont ce pas propres exemples a verifier l'authorité que le sens a [5] sur le discours? Nous auons beau sçauoir que ces tresses sont empruntées d'vn page ou d'vn laquay, que céte rougeur est venue d'Espaigne, et céte blancheur et polisseure, de la mer Oceane, encore faut il que la veüe nous force d'en trouuer le subiect plus aimable et plus agreable, contre toute raison : car en cela il n'y a rien du sien :

Auferimur cultu; gemmis auroque teguntur
Crimina; pars minima est ipsa puella sui;
Sæpe, vbi sit quod ames, inter tam multa requiras :
Decipit hac oculos Ægide diues amor.

[1] *Vulg. supp.* : « religieuse ».
[2] *Vulg. supp.* : « douce ».
[3] *Vulg.* : « la face », *et supp.* : « ou couuroient leurs yeux ».
[4] *Vulg.* : « cauterise, pourquoy ne peuuent ils ».
[5] *BC* : « les sens ont ».

Combien donnent a la force des sens les poëtes, qui font Narcisse esperdu de l'amour de son ombre?

Cunctaque miratur, quibus est mirabilis ipse :
Se cupit imprudens, et qui probat ipse probatur;
Dumque petit petitur; pariterque accendit et ardet ;

et l'entendement de Pygmalion, si troublé par l'impression de la veüe de sa statue d'iuoire, qu'il l'aime et la serue pour viue?

Oscula dat, reddique putat, sequiturque, tenetque,
Et credit tactis digitos insidere membris,
Et metuit pressos veniat ne liuor in artus.

Qu'on loge vn philosophe dans vne cage de menus filetz de fer fort cler-semez, qui soit suspendue au haut des tours nostre Dame de Paris, il verra par raison euidente qu'il est impossible qu'il en tombe : et si ne se sçaroit garder (s'il n'a acoustumé le mestier des recouureurs) que la veüe de céte hauteur extreme ne l'espouuante et ne le transisse; car nous auons assez affaire de nous asseurer aux galeries qui sont aux cimes de nos [1] clochiers, si elles sont façonnées a iour, encores qu'elles soint de pierre : il y en a qui n'en peuuent pas seulement porter la pensée. Qu'on iette vne poutre entre ces deux tours, d'vne largeur [2] telle qu'il nous la faut a nous promener dessus, il n'y a sagesse philosophique de si grande fermeté qui puisse nous donner courage d'y marcher comme nous ferions si elle estoit a terre. I'ay souuent essayé cela a [3] noz montaignes de deça) et si suis de

[1] *Vulg. :* « sont en nos ».
[2] *BC :* « grosseur ».
[3] *BC :* « en ».

ceux qui s'effrayent aussi peu de telles choses), que ie ne pouuoy soufrir la veue de cete profondeur infinie, sans horreur et tramblement de iarretz et de cuisses, encores qu'il s'en fallut bien ma longueur que ie ne fusse du tout au bort, et n'eusse sçeu choir, si ie ne me[1] fusse porté a escient au dangier. I'y remerquay aussi, quelque hauteur qu'il y eust, pourueu qu'en céte pente il s'y presentast quelque arbre, ou quelque bosse de rochier, pour soustenir un peu la veüe et la diuiser, que cela nous amuse[2] et donne asseurance, comme si c'estoit chose dequoy, a la cheute, nous peussions receuoir quelque secours; mais que les precipices coupés et vnis, nous ne les pouuons pas seulement regarder sans tournoyement de teste* : qui est vne euidente piperie et[3] imposture de la veue. Ce fut pourquoy ce beau philosophe se creua les yeux, pour descharger l'ame de la desbauche et impression[4] qu'elle en receuoit, et pouuoir philosopher plus en liberté. Mais, a ce comte, il se deuoit aussi faire estouper les oreilles*, et se priuer en fin de tous les autres sens, c'est a dire de son estre et de sa vie : car ilz ont tous céte puissance de commander nostre discours et nostre ame*. Les medecins tiennent qu'il y a certaines complexions qui s'agitent, par aucuns sons et instrumens, iusques a la fureur. I'en ay veu qui ne pouuoint ouir ronger vn os soubz leur table sans perdre patience; et n'est guiere homme qui ne se trouble a ce bruit aigre et poignant que font les limes en raclant le fer; comme, a ouir mascher prez de nous, ou ouyr parler

[1] *B :* « ie me ».
[2] *Vulg. :* « allege ».
[3] *Vulg. supp. :* « piperie et ».
[4] *Vulg. supp. :* « et impression ».

quelqu'vn qui ait le passage du gosier ou du nez empesché, plusieurs s'en esmeuuent iusques a la colere et la haine. Ce fleuteur, protocole de Gracchus, qui amollissoit, roidissoit et contournoit la vois de son maistre, lors qu'il haranguoit a Rome, a quoy seruoit il, si le mouuement et qualité du son n'auoit quelque force a esmouuoir et alterer le iugement des auditeurs? Vrayement il y a bien dequoy faire si grande feste de la fermeté de céte belle piece, qui se laisse manier et changer au branle et accidens d'vn si legier vent!

Céte mesme piperie que les sens apportent a nostre entendement, ilz la reçoiuent a leur tour : nostre ame par fois s'en reuenche de mesme*. Ce que nous voyons et oyons, agitez de colere, nous ne l'oions pas tel qu'il est :

Et solem geminum, et duplices se ostendere Thebas.

L'obiet que nous aimons nous semble plus beau qu'il n'est*; et plus laid celuy que nous auons a contrecœur. A vn homme ennuyé et affligé, la clarté du iour semble obscurcie et tenebreuse. Nos sens sont non seulement alterez, mais souuent hebetez du tout par les passions de l'ame. Combien de choses voyons nous, que nous n'apperceuons pas, si nous auons nostre esprit empesché ailleurs?

In rebus quoque apertis noscere possis,
Si non aduertas animum, proinde esse, quasi omni
Tempore semotæ fuerint, longeque remotæ.

Il semble que l'ame retire au dedans et amuse les operations [1] des sens. Par ainsi, et le dedans et le

[1] *Vulg.* : « puissances ».

dehors de l'homme est plein de fauceté [1], de foiblesse et de mensonge*.

Si les sens sont noz premiers iuges, ce ne sont pas les nostres qu'il faut seuls appeller au conseil : car, en céte faculté, les animaux ont autant ou plus de droit que nous. Il est certain qu'aucuns ont l'ouye plus aigue que l'homme, d'autres la veüe, d'autres le sentiment, d'autres l'atouchement ou le goust. Democritus disoit que les Dieus et les bestes auoint les facultez sensitiues beaucoup plus parfaictes que l'homme. Or, entre les effectz de leurs sens et nostres, la difference est extreme. Nostre saliue nettoye et asseche nos playes ; elle tue le serpent :

Tantaque in his rebus distantia differitasque est
Vt, quod aljs cibus est, alijs fuat acre venenum;
Sæpe etenim serpens, hominis contacta saliua,
Disperit, ac sese mandendo conficit ipsa.

Quelle qualité donrons nous a la saliue? ou selon nous? ou selon le serpent? Par quel des deux sens verifierons nous sa veritable essence, que nous cerchons? Pline dit qu'il y a aux Indes certains lieures marins, qui nous sont poison, et nous a eux : de maniere que, du seul atouchement, nous les tuons. Qui sera veritablement poison? ou l'homme? ou le poisson? A qui en croirons nous? ou au poisson de l'homme? ou a l'homme du poisson?* Ceus qui ont la iaunisse, ilz voyent toutes choses iaunatres et plus pasles que nous* ; ceux qui ont céte maladie que les medecins nomment *Hyposphragma,* qui est vne suffusion de sang sous la peau, voyent toutes choses

[1] *Vulg. supp. :* « de faucetė ».

rouges et sanglantes : ces humeurs qui changent ainsi les operations de nostre veüe, que sçauons nous si elles predominent aux bestes et leur sont ordinaires? Car nous en voyons les vnes qui ont les yeux iaunes, comme noz malades de iaunisse, d'autres qui les ont sanglans de rougeur; a celles la, il est vray-semblable que la couleur des obiectz paroit autre qu'a nous : laquelle couleur sera la vraye [1]? Car il n'est pas dict que l'essence des choses se raporte a l'homme seul. La durté, la blancheur, la profondeur et l'aigreur touchent le seruice et science des animaux, comme la nostre : nature leur en a donné l'vsage comme a nous. Quand nous pressons l'œil, les corps que nous regardons, nous les aperceuons plus longs et estendus; plusieurs bestes ont l'œil ainsi pressé; céte longueur est donc, a l'auanture, la veritable forme de ce corps, non pas celle que nos yeux luy donnent en leur assiete ordinaire*. Si nous auons les oreilles empeschées de quelque chose, ou le passage de l'ouye resserré, nous receuons le son autre que nous ne faisons ordinairement; les animaux qui ont les oreilles velues, ou qui n'ont qu'vn bien petit trou au lieu de l'oreille, ilz n'oyent, par consequent, pas ce que nous oyons, et reçoiuent le son autre. Nous voyons, aus festes et aus theatres, que, opposant a la lumiere des flambeaux vne vitre teinte de quelque coleur, tout ce qui est en ce lieu nous appert ou vert, ou iaune, ou violet*. Il est vray semblable que les yeux des animaux, que nous voyons estre de diuerse coleur, leur produisent les apparences des corps de mesmes leurs yeux.

Pour le iugement de l'operation des sens, il faudroit

[1] *Vulg. modifie la fin de cette phrase.*

donc que nous en fussions premierement d'accord auec les animaux; secondement, entre nous mesmes : ce que nous ne sommes aucunement, et entrons en debat tous les coups de ce que l'vn oit, void, ou goute quelque chose autrement qu'vn autre; et debatons, autant que de nulle autre chose, de la diuersité des images que les sens nous raportent. Autrement oit et void, par la regle ordinaire de nature, et autrement gouste vn enfant qu'vn homme de trente ans; et cetuy cy autrement qu'vn sexagenaire. Les sens sont aux vns plus obscurs et plus sombres, aux autres plus ouuerts et plus aiguz. Les malades prestent de l'amertume aux choses douces [1]. Par ou il nous appert que nous ne receuons pas les choses comme elles sont, mais autres et autres, selon que nous sommes et qu'il nous semble. Or, nostre sembler estant si incertain et controuerse, ce n'est plus miracle si on nous dict que nous pouuons auoüer que la nege nous apparoit blanche, mais que, d'establir si, de son essence, elle est telle, et a la verité, nous ne nous en sçaurions respondre; et, ce commencement esbranlé, toute la science du monde s'en va necessairement a vau l'eau. Quoy, que nos sens mesmes s'entr'empeschent l'vn l'autre? Vne peinture, elle semble esleuée a la veüe; au maniment, elle semble plate. Dirons nous que le musc soit agreable ou non, qui resiouit nostre sentiment, et offence nostre goust? Il y a des herbes et des vnguens propres a vne partie du corps, qui en offencent vn'autre. Le miel est plaisant au goust, mal plaisant a la veüe. Ces bagues qui sont entaillées en forme de plumes, qu'on appelle en deuise pennes

[1] *Vulg. supp. :* « Les malades... choses douces », *et modifie la phrase suivante.*

sans fin, il n'y a œil qui en puisse discerner la largeur, et qui se sceut defendre de céte piperie que d'vn costé elle n'aille en eslargissant, et s'apointant et estressissant par l'autre, mesmes quand on la roule autour du doigt; toutesfois, au maniment, elle vous semble equable en largeur, et par tout pareille*. Sont ce noz sens qui prestent au suiect ces diuerses conditions, et que les subiects n'en ayent pourtant qu'vne? comme nous voyons du pain que nous mangeons : ce n'est que pain, mais nostre vsage en faict des os, du sang, de la chair, des poils et des ongles*; l'humeur que succe la racine d'vn arbre, elle se faict tronc, feuille et fruit; et l'air n'estant qu'vn, il se faict, par l'application a vne trompete, diuers en mille sortes de sons : sont ce, dis-ie, noz sens qui façonnent de mesme de diuerses qualitez ces subiectz, ou s'ilz les ont telles? Et, sur ce doubte, que pouuons nous resoudre de leur veritable essence? Dauantage, puis que les accidens des maladies, de la resuerie ou du sommeil, nous font paroistre les choses autres qu'elles ne paroissent aux sains, aux sages et a ceux qui veillent; puis que cet estat la a force de donner aux choses vn autre estre que celuy qu'elles ont; puis qu'vne humeur iaunatre nous change toutes choses en iaune [1]; n'est il pas vray-semblable que nostre assiete ordinaire et noz humeurs naturelles sont aussi capables de donner vn estre aux choses se rapportant a leur condition, et de les accommoder a soy, comme font les humeurs desreglées; et nostre santé aussi capable de leur donner quelque visage comme nostre maladie [2]?* Or, nostre estat accommodant les choses a soy, et les

[1] *Vulg. supp. :* « puis que cet estat la... en iaune ».
Vulg. modifie légèrement la fin de cette phrase.

transformant selon soy, nous ne sçauons plus quelles sont les choses en verité, ni quelle est leur nature [1] : car rien ne vient a nous que falsifié et alteré par noz sens. Ou le compas, l'esquarre et la regle sont gauches, toutes les proportions qui s'en tirent, tous les bastimens qui se dressent a leur mesure sont aussi necessairement manques et defaillans. L'incertitude de noz sens rend incertain tout ce qu'ilz produisent :

Denique, vt in fabrica, si praua est regula prima,
Normaque si fallax rectis regionibus exit,
Et libella aliqua si ex parte claudicat hilum,
Omnia mendose fieri, atque obstipa necessum est,
Praua, cubantia, prona, supina atque absona tecta ;
Iam ruere vt quædam videantur velle, ruantque
Prodita iudiciis fallacibus omnia primis ;
Hic igitur ratio tibi rerum praua necesse est
Falsaque sit, falsis quæcumque a sensibus orta est.

Au demeurant, qui sera propre a iuger de ces differences? Comme nous disons, aux debats de la religion, qu'il nous faut vn iuge non ataché a l'vn ny a l'autre party, exempt de chois et d'affection, ce qui ne se peut parmy les Chrestiens, il aduient de mesme en cecy : car, s'il est vieil, il ne peut iuger du sentiment de la vieillesse, estant luy mesme partie en ce debat; s'il est ieune, de mesme; sain, de mesme; de mesme, malade, dormant et veillant. Il nous faudroit quelqu'vn exempt de toutes ces qualitez, afin que, sans preocupation de iugement, et sans inclination ou chois [2], il iugeast de ces propositions comme a luy indifferentes; et, a ce conte, il nous faudroit vn iuge qui ne fut pas.

Pour iuger des apparences que nous receuons des

1 *Vulg. supp.* : « ni quelle est leur nature ».
2 *Vulg. supp.* : « et sans inclination ou chois ».

subiectz, il nous faudroit vn instrument iudicatoire; pour verifier cet instrument, il nous y faut de la demonstration; pour verifier la demonstration, vn instrument : nous voyla au rouet. Puis que les sens ne peuuent arrester nostre dispute, estans pleins eux mesmes d'incertitude, il faut que ce soit la raison; nulle raison ne s'establira sans vne autre raison : nous voyla a reculons iusques a l'infini. Nostre fantasie ne s'applique pas aux choses estrangieres, ains elle est conceue par l'entremise des sens; et les sens ne comprenent pas le subiect estrangier, ains seulement leurs propres passions : et, par ainsi, la fantasie et apparence n'est pas du subiect, ains seulement de la passion et souffrance du sens; laquelle passion et subiect sont choses diuerses. Parquoy, qui iuge par les apparences iuge par chose autre que le subiect. Et de dire que les passions des sens rapportent a l'ame la qualité des subiectz estrangiers par ressemblance, comment se peut l'ame et l'entendement asseurer de céte ressemblance, n'ayant de soy nul commerce auec les subiectz estrangiers? Tout ainsi comme qui ne cognoit pas Socrates, voyant son portraict, ne peut dire qu'il luy ressemble. Or, qui voudroit toutesfois iuger par les apparences? Si c'est par toutes, il est impossible : car elles s'entr'empeschent par leurs contrarietez et discrepances, comme nous voyons par experiance. Sera ce qu'aucunes apparences choisies reglent les autres? il faudra verifier céte choisie par vne autre choisie; la segonde par la tierce; et, par ainsi, ce ne sera iamais faict. Finablement, il n'y a nulle constante existence, ny de nostre estre, ny de celuy des obiectz. Et nous, et nostre iugement, et toutes choses mortelles vont coulant et roulant sans cesse; ainsi il ne se peut establir rien de certain de l'vn a l'autre, et le iugeant et le iugé estans en continuelle mutation et branle.

Nous n'auons aucune communication a l'estre, par ce que toute humaine nature est tousiours au milieu entre le naistre et le mourir, ne baillant de soy qu'vne obscure apparence et ombre, et [1] vne incertaine et debile opinion. Et si, de fortune, vous fichez vostre pensée a vouloir prendre son estre, ce sera ne plus ne moins que qui voudroit empoigner l'eau : car, tant plus il serrera et pressera ce qui, de sa nature, coule par tout, tant plus il perdra ce qu'il vouloit tenir et empoigner. Ainsi, estans toutes choses subiectes a passer d'vn changement en autre, la raison, y cerchant vne reelle subsistance, se trouue deceüe, ne pouuant rien apprehender de subsistant et permanant, par ce que tout ou vient en estre, et n'est pas encore du tout, ou commence a mourir auant qu'il soit nay. Platon disoit que les corps n'auoint iamais existence, ouy bien naissance*; Pythagoras, que toute matiere estoit fluide [2]; les Stoiciens, qu'il n'y auoit point de temps present, et que ce que nous appellions present n'estoit que la iointure et assemblage du futur et du passé; Heraclitus, que iamais homme n'estoit deus fois entré en mesme riuiere*, et qu'il ne se pouuoit trouuer vne substance mortelle deux fois en mesme estat : car, par soudaineté et legiereté de changement, tantost elle dissipe, tantost elle rassemble; elle vient, et puis s'en va; de maniere que ce qui commence a naistre ne paruient iamais iusques a perfection d'estre, pour autant que ce naistre n'acheue iamais, et iamais n'arreste, comme estant a bout, ains, depuis la semence, va

[1] *C* : « a ».
[2] *Vulg.* : « est coulante et labile ».

tousiours se changeant et muant d'vn a autre : comme, de semence humaine se fait premierement, dans le ventre de la mere, vn fruict sans forme; puis, vn enfant formé; puis, estant hors du ventre, vn enfant de mamelle; apres, il deuient garson; puis consequemment, vn iouuenceau; apres, vn homme faict; puis, vn homme d'aage; a la fin, decrepité vieillard : de maniere que l'aage et generation subsequente va tousiours deffaisant et gastant la precedente*. Et puis, nous autres sottement craignons vne sorte de mort, la ou nous en auons desia passé et en passons tant d'autres : car, non seulement, comme disoit Heraclitus, la mort du feu est generation de l'air, et la mort de l'air generation de l'eau, mais encor plus manifestement le pouuons nous voir en nous mesmes. La fleur d'aage se meurt et passe quand la vieillesse suruient, et la ieunesse se termine en fleur d'aage d'homme faict; l'enfance, en la ieunesse; et le premier aage meurt en l'enfance; et le iour de hier meurt en celuy du iour-d'huy, et le iour-d'huy mourra en celuy de demain; et n'y a rien qui demeure, ne qui soit tousiours vn. Car, qu'il ne [1] soit ainsi, si nous demeurons tousiours mesmes et vns, comment est ce que nous nous esiouissons maintenant d'vne chose, et maintenant d'vne autre? comment est ce que nous aymons choses contraires, ou les haissons; nous les louons, ou nous les blasmons? comment auons nous differentes affections, ne retenant plus le mesme sentiment en la mesme pensée? Car il n'est pas vray-semblable que, sans mutation, nous prenions autres passions; et ce qui soufre mutation ne demeure pas vn mesme; et, s'il n'est pas vn mesme,

[1] *BC supp.* : « ne ».

il n'est donc pas aussi; ains, quant et l'estre tout vn, change aussi l'estre simplement, deuenant tousiours autre d'vn autre; et par consequent se trompent et mentent les sens de nature, prenans ce qui apparoit pour ce qui est, a faute de bien sçauoir que c'est qui est. Mais qu'est ce donc qui est veritablement? Ce qui est eternel : c'est a dire qui n'a iamais eu de naissance, ny n'aura iamais fin, a qui le temps n'apporte iamais aucune mutation. Car c'est chose mobile que le temps, et qui apparoit comme en ombre auec la matiere coulante et fluante tousiours, sans iamais demeurer stable ny permanente, a qui apartiennent ces motz : deuant et apres, et a esté ou sera; lesquelz, tout de prime face, monstrent euidamment que ce n'est pas chose qui soit; car ce seroit grande sottise et faucеté toute apparente de dire que cela soit, qui n'est pas encore en estre, ou qui desia a cessé d'estre. Et quand a ces motz : present, instant, maintenant, par lesquelz il semble que principalement nous soustenions et fondons l'intelligence du temps, la raison la [1] descouurant le destruit tout sur le champ : car il [2] le fend incontinant, et le part en futur et en passé, comme le voulant voir necessairement mesparty en deux. Autant en aduient il a la nature, qui est mesurée, comme au temps qui la mesure : car il n'y a non plus en elle rien qui demeure, ne qui soit subsistant; ains y sont toutes choses ou nées, ou naissantes, ou mourantes. Au moyen dequoy, ce seroit peché de dire de Dieu, qui est seul qui est, que il fut ou il sera : car ces termes la sont declinaisons, passages ou vicissitudes de ce qui ne peut durer ny demeurer en estre.

[1] *BC :* « le ».
[2] *BC :* « elle ».

Par quoy il faut conclure que Dieu seul est, et est [1] non point selon aucune mesure de temps, mais selon vne eternité immuable et immobile, non mesurée par temps, ny subiecte a aucune declinaison : deuant lequel rien n'est, ny ne sera apres, ni plus nouueau ou plus recent, ains vn realement estant, qui par vn seul maintenant emplit le tousiours, et n'y a rien qui veritablement soit, que luy seul; sans qu'on puisse dire il a esté ou il sera; sans commencement et sans fin.

A céte conclusion si religieuse d'vn homme payen, ie veux ioindre seulement ce mot d'vn tesmoin de mesme condition, pour la fin de ce long et ennuyeus discours qui me fourniroit de la matiere sans fin : O la vile chose, dit-il, et abiecte que l'homme, s'il ne s'esleue au dessus de l'humanité! Il n'est nul mot en toute sa secte Stoique plus veritable que celuy la; mais [2] de faire la poignée plus grande que le poing, la brassée plus grande que le bras, et d'esperer eniamber plus que de l'estandue de noz iambes, cela est impossible et monstrueus : ny que l'homme se monte au dessus de soy et de l'humanité; car il ne peut voir que de ses yeus, ny saisir que de ses prises. Il s'esleuera, si Dieu luy preste* la main; il s'esleuera abandonnant et renonçant a ses propres moyens, et se laissant hausser et soubsleuer par la grace diuine; mais non autrement [3]*.

[1] *BC supp.* : « et est ».
[2] *Vulg. change ce commencement de phrase.*
[3] *Vulg. modifie cette fin.*

CHAPITRE TREZIESME.

DE IUGER DE LA MORT D'AUTRUI.

Quand nous iugeons de l'asseurance d'autrui en la mort, qui est sans doubte la plus remarcable action de la vie humaine, il se faut prendre garde d'vne chose : que mal ayséement on croit estre arriué a ce point. Peu de gens meurent resolus que ce soit leur heure derniere, et n'est nul endroit ou la piperie de l'esperance nous amuse plus. Elle ne cesse de corner aux oreilles : d'autres ont bien esté plus malades, sans mourir; l'affaire n'est pas si desesperé qu'on pense; et, au pis aller, Dieu a bien fait d'autres miracles. Et aduient cela (a mon aduis) de ce que, ayant raporté tout a nous, il semble que l'vniuersité des choses souffre aucunement interest a nostre aneantissement, et qu'elle soit compassionée a nostre estat; d'autant que nostre veüe alterée se represente les choses de mesmes, et nous est aduis qu'elles luy faillent a mesure qu'elle leur faut : comme ceus qui voiagent en mer, ausquels il semble que les montaignes, les campaignes, les villes, le ciel et la terre aille mesme bransle, et [1] quant et quant eus [2]*. D'ou il s'ensuit que nous estimons grande chose nostre mort, et qui ne se [3] passe pas si aisément, ny sans solenne consultation des astres*; et le pensons d'autant plus que plus [4]

[1] *C supp.* : « et ».
[2] *Vulg. modifie légèrement toute cette phrase.*
[3] *BC supp.* : « se ».
[4] *C supp.* : « plus ».

nous auons les espris enleués et courages hautains [1]*. De la viennent ces mots de Cæsar a son pilote, plus enflés que la mer qui le menassoit :

Italiam si, cœlo authore, recusas,
Me, pete : sola tibi causa hæc est iusta timoris,
Vectorem non nosse tuum : perrumpe procellas,
Tutela secure mei ;

et ceux cy :

Credit iam digna pericula Cæsar
Fatis esse suis : « Tantusque euertere, dixit,
Me superis labor est, parua quem puppe sedentem
Tam magno petiere mari! »

Or, de iuger la resolution et la constance en celui qui ne croit pas encore certainement estre au [2] dangier, quoy qu'il y soit, ce n'est pas raison, et ne suffit pas qu'il soit mort en céte desmarche, s'il ne s'y estoit mis iustement pour cet effect. Il aduient a la pluspart de roidir leur contenance et leurs parolles pour en acquerir reputation qu'ilz esperent encore iouir viuans; et, de ceux mesmes qui se sont anciennement donnés la mort, il y a bien a choisir, si c'est vne mort soudaine, ou mort qui ait du temps. Ce cruel Empereur Romain disoit de ses prisonniers qu'il leur vouloit faire sentir la mort; et si quelcun se défaisoit en prison : « Celui la m'est eschappé » disoit il. Il vouloit estandre la mort, et la faire gouster par les tourmens*. De vray, ce n'est pas si grande chose d'establir tout sain et tout rassis de se tuer ; il est bien aisé de faire le mauuais auant que de venir aus prises : de maniere que le plus effeminé homme du monde, Heliogabalus, parmy ses

[1] *Vulg.* : « que plus nous nous prisons ».
[2] *C* : « en ».

plus lâches voluptés, desseignoit bien de se faire mourir* ou l'ocasion l'en forceroit; et, affin que sa mort ne démentist point le reste de sa vie, auoit fait bastir expres vne tour somptueuse, le bas et le deuant de laquelle estoit planché d'ais enrichis d'or et de pierrerie, pour se precipiter, et aussi faict faire des cordes d'or et de soye cramoisie, pour s'estrangler, et batre vne espée d'or massif [1], pour s'enferrer, et gardoit du venin dans des vaisseaux d'emeraude et de topaze, pour s'enpoisonner, selon que l'enuie luy prendroit de choisir de toutes ces façons de mourir*. Toutefois, quant a cetuy cy, la mollesse de ses aprets rend plus vray-semblable que le nez luy eut seigné, qui l'en eut mis au propre. Mais, de ceux mesmes qui, plus vigoreux, se sont resolus a l'execution, il faut voir (dis ie) si ça esté d'vn coup qui ostat le loisir d'en sentir l'effaict : car c'est a deuiner, a voir escouler la vie peu a peu, le sentiment du corps se meslant a celuy de l'ame, s'offrant le moyen de se repentir, si la constance s'y fut trouuée et l'obstination en vne si dangereuse volonté.

Aus guerres ciuiles de Cæsar, Lucius Domitius, pris en la Prusse [2], s'estant empoisonné, s'en repantit apres. Il est aduenu, de nostre temps, que tel, resolu de mourir, et, de son premier essay n'ayant donné assez auant, la demangeison de la chair luy repoussant le bras, se reblessa bien fort a deux ou trois fois apres, mais ne peut iamais gaigner sur luy d'enfoncer le coup*. C'est vne viande a la verité qu'il faut eualler sans taster [3], qui n'a le gosier ferré a glace; et pourtant l'Empereur

[1] *Vulg. supp.* : « massif ».
[2] *Vulg.* : « Brusse ».
[3] *Vulg.* : « qu'il faut engloutir sans mascher ».

Adrianus feit que son medecin mercat et circonscript en son tetin iustement l'endroit mortel, ou celuy eut a viser a qui il donna la charge de le tuer. Voila pourquoy Cæsar, quand on luy demandoit quelle mort il trouuoit la plus souhaitable : « La moins premeditée, respondit il, et la plus courte* ». Vne mort courte, dit Pline, est le souuerain heur de la vie humaine. Il leur fache de la reconnoitre. Nul ne se peut dire étre resolu a la mort qui craint a la marchander, qui ne peut la soutenir les yeux ouuers. Ceux qu'on voit aux supplices courir a leur fin, et haster l'execution et la presser, ilz ne le font pas de vraye [1] resolution, ils se veulent oster le temps de la considerer : l'estre mort ne les fache pas, mais ouy bien le mourir :

Emori nolo, sed me esse mortuum nihili æstimo.

C'est vn degré de fermeté au quel i'ay experimenté que ie pourrois arriuer, comme ceux qui se ietent dans les dangiers, comme dans la mer, a yeux clos*.

Ce Pomponius Atticus, a qui Cicero escrit, estant malade, feit appeller Agrippa, son gendre, et deux ou trois autres de ses amys, et leur dit qu'ayant essayé qu'il ne gaignoit rien a se vouloir guerir, et que tout ce qu'il faisoit pour alonger sa vie allongeoit aussi et augmentoit sa douleur, il estoit deliberé de mettre fin a l'vn et a l'autre, les priant de trouuer bonne sa deliberation, et, au pis aller, de ne perdre point leur peine a l'en détourner. Or, ayant choisi de se tuer par abstinence, voyla sa maladie guerie par accidant : ce remede, qu'il auoit emploié pour se déffaire, le remet en santé. Les medecins et ses amis faisants feste de vn

[1] *Vulg. supp.* : « vraye ».

si heureux euenement et s'en resiouissans auec luy, se trouuarent bien trompés; car il ne leur fut possible pour cela de luy faire changer d'opinion, disant qu'ainsi comme ainsi luy failloit il vn iour franchir ce pas, et qu'en estant si auant, il se vouloit oster la peine de recommancer vn'autre fois. Cetui cy aiant reconnu la mort tout a loisir, non seulement ne se décourage pas au ioindre, mais il s'y acharne; car, estant satisfaict en ce pourquoy il estoit entré en combat, il se picque par brauerie d'en voir la fin. C'est bien loing au dela de ne craindre point la mort que de la vouloir gouster et sauourer*.

Tullius Marcellinus, ieune homme Romain, voulant anticiper l'heure de sa destinée, pour se déffaire d'vne maladie qui le gourmandoit plus qu'il ne vouloit souffrir, quoy que les medecins luy en promissent guerison certaine, sinon si soudaine, appella ses amis pour en deliberer. Les vns, dit Seneca, luy donnoient le conseil que, par lâcheté, ils eussent prins pour eus mesmes; les autres, par flaterie, celuy qu'ils pensoient luy deuoir estre plus agreable; mais vn Stoicien luy dit ainsi : « Ne te trauaille pas, Marcellinus, comme si tu deliberois de chose d'importance; ce n'est pas grand chose que viure : tes valets et les bestes viuent; mais c'est grand chose de mourir honestement, sagement et constamment. Songe combien il y a que tu fais mesme chose : manger, boire, dormir; boire, dormir et manger. Nous roüons sans cesse en ce cercle; non seulement les mauuais accidans, et insupportables, mais la satieté mesme de viure donne enuie de la mort ». Marcellinus n'auoit point [1] besoin

[1] *BC supp.* : « point ».

d'homme qui le conseillat, mais d'homme qui le secourut : les seruiteurs craignoient de s'en mesler; mais ce Stoicien leur fit entendre que les domestiques sont soupçonnés lors seulement qu'il est en doubte si la mort du maistre a esté volontere, autrement qu'il seroit d'aussi mauuais exemple de l'empescher que de le tuer; d'autant que

Inuitum qui seruat, idem facit occidenti.

Apres, il aduertit Marcellinus qu'il ne seroit pas messeant, comme le dessert des tables se donne aux assistans, noz repas faicts, aussi, la vie finie, de distribuer quelque chose a ceux qui en ont esté les ministres. Or estoit Marcellinus de courage franc et liberal; il fit departir quelque somme a ses seruiteurs, et les consola. Au reste, il n'y eut besoing de fer, ny de sang. Il entreprit de s'en aller de céte vie, non de s'en fuir; non d'eschapper a la mort, mais de l'essayer. Et, pour se donner loisir de la marchander, ayant quitté toute nourriture, le troisiesme iour apres, s'estant [1] faict arroser d'eau tiede, il defaillit peu a peu, et non sans quelque volupté, a ce qu'il disoit.

De vray, ceux qui ont essayé ces defaillances de cœur qui prenent par foiblesse disent n'y sentir aucune doleur, voire plustost quelque plaisir, come d'vn passage au sommeil et au repos. Voila des morts estudiées et digerées [2].

Mais, affin que le seul Caton peut fournir de tout exemple de vertu, il semble que son bon destin luy fit auoir mal en la main dequoy il se donna le coup, affin qu'il eut loisir d'affronter la mort et de la coleter,

[1] *Vulg. :* « iour suyuant, apres s'estre ».
[2] *C :* « mots estudiez et digerez ».

renforceant le courage au dangier, au lieu de l'amollir. Et, si c'eust esté a moy a le representer en sa plus superbe assiete, c'eust esté deschirant tout ensanglanté ses entrailles, plus tost que l'espée au poing, comme firent les statueres de son temps : car ce second meurtre fut bien plus furieus que le premier.

CHAPITRE QVATORZIESME.

COMME NOSTRE ESPRIT S'EMPESCHE SOY MESMES.

C'est vne plaisante imagination de conceuoir vn esprit balancé iustement entre deux pareilles enuyes : car il est indubitable qu'il ne prendra iamais parti, d'autant que l'inclination [1] et le chois porte inequalité de pris; et qui nous logeroit entre la bouteille et le iambon, auec pareille enuie de boire et de menger, il n'y auroit sans doute remede que de mourir de soif et de fain. Pour pouruoir a cet inconuenient, les Stoiciens, quand on leur demande d'ou vient en nostre ame le chois de deux choses indifferentes, et qui faict que, d'vn grand nombre d'escus, nous en [2] prenions plus tost l'vn que l'autre, estans tous pareilz et n'y ayans nulle raison qui nous pousse au chois, ils respondent que ce mouuement de l'ame est extraordinaire et dereglé, venant en nous d'vne impulsion estrangiere, accidentale et fortuite. Il se pourroit dire, ce me semble, plustost, que nulle chose ne se presente a nous ou il n'y ait quelque difference, pour legiere qu'elle soit, et que, ou a la veüe, ou a l'atouchement,

[1] *Vulg.* : « l'application ».
[2] *C* : « ne ».

il y a tousiours quelque chois qui nous touche et attire, quoy que ce soit imperceptiblement. Pareillement, qui presupposera vne fisselle egalement forte par tout, il est impossible de toute impossibilité qu'elle rompe : car, par ou voulez vous que la faucée commence? et, de rompre par tout ensemble, il n'est pas possible. Qui ioindroit encore a cecy les propositions geometriques, qui concluent par la certitude de leurs demonstrations le contenu plus grand que le contenant, le centre aussi grand que sa circonference, et qui trouuent deux lignes s'approchant sans cesse l'vne de l'autre et ne se pouuant iamais ioindre, et la pierre philosophale, et quadrature du cercle, ou la raison et l'effect sont si opposites, en tireroit a l'aduenture quelque argument pour secourir ce mot hardy de Pline : *solum certum nihil esse certi, et homine nihil miserius aut superbius;* il n'y a rien de certain que l'incertitude, et rien plus miserable et plus fier que l'homme [1].

CHAPITRE QVINZIESME.

QVE NOSTRE DESIR S'ACCROIT PAR LA MALAISANCE.

Il n'y a nulle raison qui n'en aye vne contraire, dict le plus sage party des philosophes. Ie remâchois tantost ce tresbeau mot, et tres-veritable, qu'vn [2] ancien allegue pour le mespris de la vie : Nul bien ne nous peut apporter plaisir, si ce n'est celuy a la perte duquel nous sommes preparez*. Voulant gaigner par

[1] *Vulg. supp.* : « il n'y a... que l'homme ».
[2] *Vulg.* : « ce beau mot qu'vn ».

la, que la fruition de la vie ne nous peut estre vrayement plaisante si nous sommes en crainte de la perdre. Il se pourroit toutes-fois dire, au rebours, que nous serrons et embrassons ce bien d'autant plus ferme et auecques plus d'affection que nous le voyons nous estre moins seur, et que nous le craignons nous estre osté : car il se sent euidemment, comme le feu se picque a l'assistance du froid, que nostre volonté s'esguise aussi par le contraste*, et qu'il n'est rien naturellement si [1] contraire a nostre goust que la satieté qui vient de l'aisance, ny rien qui l'éguise tant que la rarité et la [2] difficulté : *Omnium rerum voluptas ipso, quo debet fugare, periculo crescit.*

Galla, nega (dict le bon compaignon [3]), *satiatur amor,*
[*nisi gaudia torquent.*

Pour tenir l'amour en haleine, Licurgue ordonna que les mariez de Lacedemone ne se pourroient prattiquer qu'a la desrobée, et que ce seroit pareille honte de les rencontrer couchés ensemble qu'auecques d'autres. La difficulté des assignations, le dangier des surprises, la honte du lendemain,

et languor, et silentium.
.... et latere
Petitus imo spiritus,

c'est ce qui nous donne la pointe [4] a la sause*. La volupté mesme cerche a s'irriter par la douleur [5]. La

[1] *C supp.* : « si ».
[2] *BC supp.* : « la ».
[3] *Vulg. supp. la parenthèse.*
[4] *BC* : « ce qui donne pointe ».
[5] *BC aj.* : « Elle est bien plus sucrée quand elle cuit, et quand elle escorche ».

cortisane Flora disoit n'auoir iamais couché auecques Pompeius, qu'elle ne luy en fit porter les merques [1].

Quod petiere, premunt arcte, faciuntque dolorem
Corporis, et dentes inlidunt sæpe labellis...
Et stimuli subsunt, qui instigant lædere id ipsum,
Quodcumque est, rabies vnde illæ germina surgunt.

Il en va ainsi par tout : la difficulté donne pris aux choses* ; nostre appetit mesprise et outrepasse ce qui luy est en main, pour courir apres ce qu'il n'a pas :

Transuolat in medio posita, et fugientia captat.

Nous defendre quelque chose, c'est nous en donner enuie*; nous l'abandonner tout a faict, c'est nous en engendrer mespris : la faute et l'abondance tombent en mesme inconuenient :

Tibi quod superest, mihi quod defit, dolet ;

le desir et la iouissance nous mettent en peine pareille. Et, en la vertu mesme, pourquoy tenons nous que, de deux pareilles intentions, celle la soit plus noble ou il y a plus de hazard proposé? [2]

[1] *BC :* « luy fit porter les merques de ses morsures ».

[2] *BC remplacent cette phrase par le développement suivant :* « La rigueur des maistresses est ennuieuse, mais l'aisance et la facilité l'est, a dire verité, encore plus. D'autant que le mescontentement et la cholere naissent de l'estimation en quoy nous auons la chose desirée, éguisent l'amour, le picquent [1] et le rechauffent; mais la satieté engendre le dégoust : c'est vne passion mousse, hebetée, lasse et endormie*. Pourquoy a l'on voilé iusques au dessous des talons ces beautez que chacun [2] desire monstrer, que chacun desire voir? pourquoy couurent elles de tant d'empeschemans, les vns sur les autres, les parties ou loge principallement nostre desir et le leur? et a quoy seruent ces gros bastions dequoy les nostres viennent d'armer leurs flancs,

Nous auons pensé attacher plus ferme le neud de noz mariages pour auoir osté tout moyen de les dis-

qu'a lurrer nostre appetit par la difficulté [3], et nous attirer a elles en nous en esloignant?

Et fugit ad salices, et se cupit ante videri.*

A quoy sert l'art de ceste honte virginalle, ceste froideur rassise, ceste contenance pleine de seuerité, ceste profession d'ignorance des choses qu'elles sçauent mille fois mieux que nous qui les en instruisons, qu'a nous accroistre le desir de vaincre, gourmander et fouler a nostre appetit toute cete cerimonie et tous ces respects [4]? Car il y a non seulement du plaisir, mais de la gloire encore, d'affolir et desbaucher ceste molle douceur et ceste pudeur enfantine, et de ranger a la mercy de nostre ardeur vne seuerité fiere et magistrale. C'est gloire (disent ils) de triompher de la rigueur [5], de la modestie, de la chasteté et de la temperance, et qui desconseille aux dames ces parties la, il les trahit, et soy-mesmes. Il faut croire que le cœur leur fremit d'effroy, que le son de nos motz blesse la pureté de leurs oreilles, qu'elles nous en haissent mortellemant [6], et s'accordent a nostre importunité d'vne force forcée. La beauté, toute puissante qu'elle est, n'a pas dequoy se faire sauourer et gouter [7] sans ceste entremise. Voyez en Italie, ou il y a plus de beauté a vandre, et de la plus parfaite, qu'en nulle autre nation, comment [8] il faut qu'elle cherche d'autres moyens estrangiers et d'autres ars pour se randre agreable; et si, a la verité, quoy qu'elle face, estant venale et publique, elle demeure foible et languissante. Tout ainsi que, mesme en la vertu, de deux effaicts pareils nous tenons, ce neantmoins, celuy le plus beau et plus digne, auquel il y a plus d'empeschement et de hazard proposé. — C'est vn effect de la prouidance diuine de permettre sa saincte Eglise estre agitée, comme nous la voyons, de tant de troubles et d'orages, pour esueiller par ce contraste les ames pies, et les rauoir de l'oysiueté et du sommeil ou les auoit plongez vne si longue tranquillité. Si nous contrepoisons la perte que nous auons faicte par le nombre de ceux qui se sont desuoyez, au gain qui nous vient pour nous estre remis en haleine, resuscité nostre zele et nos forces, a l'occasion de ce combat, ie ne sçay si l'vtilité ne surmonte point le dommage. » — [1] *Vulg. supp.* : « le piquent ». — [2] *Vulg.* : « chacune », *qui ne se trouve ni dans l'édition de 1588, ni dans celle de 1595.* — [3] *Vulg. supp.* : « par la difficulté ». — [4] *Vulg.* : « et ces obstacles ». — [5] *Vulg. supp.* : « de la rigueur ». — [6] *Vulg. supp.* : « mortellemant ». — [7] *Vulg. supp.* : « et gouter ». — [8] *Vulg.* : « et de la plus fine, comment ».

soudre, mais d'autant s'est dépris et relâché le neud de la volonté et de l'affection que celuy de la contrainte s'est estroicy. Et, au rebours, ce qui tint les mariages a Rome si long temps en honneur et en seurté, fut la liberté de les rompre, qui voudroit. Ilz aymoient [1] mieux leurs femmes, d'autant qu'ilz les pouuoient perdre; et, en pleine licence de diuorces, il se passa cinq cens ans et plus, auant que nul s'en seruit.

Quod licet ingratum est, quod non licet acrius vrit.

A ce propos se pourroit ioindre l'opinion d'vn ancien que les supplices aiguisent les vices plus tost qu'ilz ne les amortissent*. Ie ne sçay pas qu'elle soit vraye, mais cecy sçay ie par experience, que iamais police ne se trouua reformée par là : l'ordre et le reglement des meurs dépand de quelque autre moien*.

CHAPITRE SEZIESME.

DE LA GLOIRE.

Il y a le nom et la chose. Le nom, c'est vne voix qui remerque et signifie la chose; le nom, ce n'est pas vne partie de la chose, ny de sa substance : c'est vne piece estrangiere iointe a la chose et hors d'elle.

Dieu, qui est en soy toute plenitude et le comble de toute perfection, il ne peut s'augmenter et accroitre au dedans; mais son nom se peut augmenter et

[1] *Vulg.* : « gardoient ».

accroitre par la benediction et louange que nous donnons a ses ouurages exterieurs; laquelle louange, puis que nous ne la pouuons incorporer en luy mesme, d'autant qu'il n'y peut auoir nulle accession de bien en luy, nous l'attribuons a son nom, qui est la piece hors de luy qui luy est la plus voisine. Voila comment c'est a Dieu seul a qui gloire et honneur appartient. Et il n'est rien si vain, ne [1] si esloigné de raison que de nous en metre en queste pour nous. Car, estans indigens et necessiteus au dedans, nostre essence étant imparfaicte et ayant continuellement besoing d'amelioration, c'est la à quoy nous nous deuons trauailler. Nous sommes tous [2] creus et vuidez [3] au dedans; ce n'est pas de vent et de voix que nous auons a nous remplir. Il nous faut de la substance plus solide a nous reparer. Vn homme affamé seroit bien simple de cercher a se garnir plus tost d'vn beau vestement que d'vn bon repas. Il faut courir au plus pressé. Comme disent nos ordinaires prieres : *Gloria in excelsis Deo, et in terra pax hominibus.* Nous sommes en disette de beauté, santé, sagesse, vertu, et telles parties essentiales. Les ornemens externes se cercheront apres que nous aurons proueu aux choses plus [4] necessaires. La theologie traicte plus amplement et plus pertinemment ce suiect; mais ie n'y suis guiere versé.

Chrisippus et Diogenes ont esté les premiers autheurs et les plus fermes du mespris de la gloire; et, entre toutes les voluptez, ilz disoient qu'il n'y en

[1] *Vulg. supp.* : « si vain, ne ».
[2] *Vulg.* : « tout ».
[3] *C* : « vuides ».
[4] *Vulg. supp.* : « plus ».

auoit point de plus dangereuse, ny plus a fuir, que celle qui nous vient de l'approbation d'autruy. De vray, l'experience nous en faict sentir plusieurs trahisons bien dommageables. Il n'est rien qui empoisonne tant les Princes que la flatterie, ny rien par ou les meschans gaignent plus aiséement credit autour d'eux, ny maquerelage si propre et [1] ordinaire a corrompre la chasteté des femmes que de les paitre et entretenir de leurs louanges*. Ces philosophes la disoient que toute la gloire du monde ne meritoit pas qu'vn homme d'entendement estandit seulement le doigt pour l'acquerir*; ie dis : pour elle seule; car elle tire souuent a sa suite plusieurs commoditez, pour lesquelles elle se peut rendre desirable; elle nous acquiert de la bienueillance; elle nous rend moins en bute aus iniures et offences d'autruy, et choses semblables. C'estoit aussi des principaux dogmes d'Epicurus; car ce precepte de sa secte : CACHE TA VIE, qui deffend aux hommes de s'empescher des charges et negotiations publiques, presuppose aussi necessairement qu'on mesprise la gloire, qui est vn'approbation que le monde faict des actions que nous mettons en euidence. Celuy qui nous ordonne de nous cacher et de n'auoir soing que de nous, et qui ne veut pas que nous soions connus d'autruy, il veut encores moins que nous en soions honorés et glorifiés. Aussi conseille il luy mesmes a Idomeneus de ne regler nullement ses actions par l'opinion ou reputation commune, si ce n'est pour éuiter les autres incommoditez accidentales que le mespris des hommes luy pourroit apporter.

Ces discours la sont infiniment vrais, a mon auis,

[1] *BC :* « et si ».

et raisonnables; mais nous sommes, ie ne sçay comment, doubles en nous mesmes; qui faict que, ce mesme que nous croyons, nous ne le croyons pas; et ne nous pouuons deffaire de ce que nous condamnons. Voyons les dernieres parolles d'Epicurus, et qu'il dit en mourant; elles sont grandes et dignes d'vn tel philosophe, mais si ont elles quelque goust de la recommendation de son nom et de céte humeur qu'il auoit décriée par ses preceptes. Voicy vne lettre qu'il dicta vn peu auant son dernier souspir :

« Epicvrvs a Hermachvs, salvt.

« Ce pendant que ie passois l'heureux, et celuy la mesmes le dernier iour de ma vie, i'escriuois cecy, accompagné toutefois de telle douleur en la vessie et aus intestins qu'il ne peut rien estre adiousté a sa grandeur. Mais elle estoit recompensée par le plaisir qu'apportoit a mon ame la souuenance de mes inuentions et de mes discours. Or, toy, comme requiert l'affection que tu as eu des ton enfance enuers moy et la philosophie, embrasse la protection des enfans de Metrodorus. »

Voila sa lettre. Et ce qui me faict interpreter que ce plaisir qu'il dict sentir en son ame de ses inuentions regarde aucunement la reputation qu'il en esperoit acquerir apres sa mort, c'est l'ordonnance de son testament, par lequel il veut que Aminomachus et Thimocrates, ses heritiers, fournissent pour la celebration de son iour natal, tous les mois de ianuier, les frais que Hermachus ordonneroit, et aussi, pour la despence qui se feroit le vingtiesme iour de chasque lune, le [1]

[1] *BC* : « au ».

traitement des philosophes, ses familiers, qui s'assembleroient a l'honneur de la memoire de lui et de Metrodorus [1].

Carneades a eté chef de l'opinion contraire, et a maintenu que la gloire estoit pour elle mesme desirable, tout ainsi que nous ambrassons nos posthumes pour eux mesmes, n'en ayans nulle connoissance ny iouissance. Céte opinion n'a pas failli d'estre plus communement suiuie, comme sont volontiers les pires, et qui [2] s'accomodent le plus a nos vicieuses [3] inclinations*. Ie croi que, si nous auions les liures que Cicero auoit escrit de la gloire, il nous en conteroit de belles : car cet homme la fut si pipé de ce forcené desir de gloire [4], que, s'il eut osé, il fut, ce crois-ie, volontiers tumbé en l'exces ou tumbarent d'autres, que la vertu mesme n'estoit desirable que pour l'honneur qui se tenoit tousiours a sa suite :

Paulum sepultæ distat inertiæ
Celata virtus ;

qui est vn'opinion si fause et si vaine [5] que ie suis dépit qu'elle ait iamais peu entrer en l'entendement d'homme qui eut cet' honneur de porter le nom de philosophe.

Si cela estoit vray, il ne faudroit étre vertueus qu'en public, et les operations de l'ame, ou est le vray siege de la vertu, nous n'arions que faire de les tenir en regle et en ordre, sinon autant qu'elles deburoient venir a la connoissance d'autruy*.

[1] *A, par erreur :* « Memodorus ».
[2] *Vulg. :* « volontiers celles qui ».
[3] *Vulg. supp. :* « vicieuses ».
[4] *Vulg. modifie ce passage.*
[5] *Vulg. supp. :* « et si vaine ».

La vertu est chose bien vaine et friuole, si elle tire sa recommandation de la gloire. Pour neant entreprendrions nous de luy faire tenir son reng a part et [1] deioindrions de la fortune : car, qu'est il plus fortuite que la reputation?* De faire que les actions soient connues et veües, c'est le pur ouurage de la fortune*. Ceux qui apprenent a nos gens de guerre d'auoir l'honneur pour leur but, et de ne cercher en la vaillance que la reputation*, que gaignent ilz par la, que de les instruire de ne se hazarder iamais qu'ilz ne soient a la veüe de leurs compagnons, et de prendre bien garde s'il y a des tesmoins auec eux, qui puissent raporter nouuelles de leur vaillance, la ou il se presente mille occasions de bien faire sans qu'on puisse estre remarqué [2]? Combien de belles actions particulieres s'enseuelissent dans la foule d'vne bataille? Quiconque s'amuse a contreroller autruy pendant vne telle meslée, il n'y est guiere embesoigné, et produit contre soy mesmes le tesmoignage qu'il rend des deportemens de ses compaignons*.

A qui doiuent Cæsar et Alexandre céte grandeur infinie de leur renommée, qu'a la fortune? Combien d'hommes a elle esteint sur le commencement de leur progres, desquelz nous n'auons nulle connoissance, qui y apportoient mesme courage que le leur, si le mal'heur de leur sort ne les eut arrestés tout court, sur la naissance mesme de leurs entreprinses. Au trauers de tant et si extremes dangiers, il ne me souuient point auoir leu que Cæsar ait esté iamais blessé; mille et [3] mille sont mortz de moindres perilz

[1] *BC :* « et la ».
[2] *Vulg. modifie toute cette phrase.*
[3] *Vulg. supp. :* « mille et ».

que* ceux qu'il a franchis. Infinies belles actions se doiuent perdre sans tesmoignage, auant qu'il en vienne vne a profit : on n'est pas tousiours sur le haut d'vne bresche, ou a la teste d'vne armée, a la veüe de son general, comme sur vn eschaffaut; on est surpris entre la haye et le fossé; il faut tenter fortune contre vn poullailler; il faut dénicher quatre chetifs harquebousiers d'vne grange; il faut seul s'escarter de la troupe, et entreprendre seul, selon la necessité qui s'offre. Et, si on prend garde, on trouuera, a mon auis, qu'il auient par experience que les moins esclattantes occasions sont les plus dangereuses, et qu'aus guerres qui se sont passées de notre temps, il s'est perdu plus de gens de bien aus occasions legieres et peu importantes, et a la contestation de quelque bicoque, qu'es lieus dignes et honnorables.

*Qui n'est homme de bien que par ce qu'on le sçaura, et par ce qu'on l'en estimera mieux apres l'auoir sceu, qui ne veut bien faire qu'en condition que sa vertu vienne a la connoissance des hommes, celuy la n'est pas homme de qui on puisse tirer beaucoup de seruice.

Credo che'l resto di quel verno cose
Facesse degne di tenerne conto :
Ma fur sin a quel tempo si nascose,
Che non è colpa mia s'hor'non le conto ;
Perche Orlando a far opre virtuose,
Piu ch'a narrarle poi, sempre era pronto,
Ne mai fu alcun' de li suoi fatti espresso,
Se non quando hebbe i testimonij apresso.

Il faut aller a la guerre pour son deuoir, et en attendre céte recompense qui ne peut faillir a toutes belles actions, pour occultes qu'elles soient, non pas mémes aus vertueuses pensées : c'est le contentement qu'vne conscience bien reglée reçoit en soy de bien faire. Il faut estre vaillant pour soy mesmes, et pour l'auantage que c'est d'auoir son courage logé en vne assiete ferme et asseurée contre les assaus de la fortune*. Ce n'est pas pour la montre que nostre ame doit ioüer son rolle; c'est chez nous, au dedans, ou nulz yeux ne donnent que les nostres; la elle nous couure de la crainte de la mort, des douleurs et de la honte mesme; elle nous asseure la de la perte de nos enfans, de nos amis et de nos fortunes; et, quand l'oportunité s'y presente, elle nous cònduit aussi aux hazards de la guerre*. Ce profit est bien plus grand et bien plus digne d'estre souhaïté et esperé que l'honneur et la gloire, qui n'est autre chose qu'vn fauorable iugement que les autres font de nous*.

Ie ne me soucie pas tant quel ie sois chez autruy, comme ie me soucie quel ie sois en moy mesme. Ie veux estre riche de mes propres richesses, non des richesses empruntées [1]. Les estrangiers ne voient que les euenemens et apparences externes; chacun peut faire bonne mine par le dehors, plein au dedans de fiebure et d'effroi. Ilz ne voyent pas mon cœur; ilz ne voient que mes contenances. On a raison de décrier l'hipocrisie qui se trouue en la guerre : car qu'est il plus aisé a vn homme vn peu pratiq que de sçauoir [2] gauchir aux dangiers, et de contrefaire le mauuais, ayant le cœur plein de mollesse? Il y a tant de moyens d'éuiter les occasions de se hazarder*, que nous aurons trompé mille fois le monde auant que de nous

[1] *Vulg. modifie cette phrase.*

[2] *Vulg. supp.* : « vn peu » *et* « sçauoir ».

engager a vn dangereux pas, et lors mesme, nous y trouuant empetrés, nous sçaurons [1] bien pour ce coup couurir nostre ieu d'vn bon visage et d'vne parolle asseurée, quoy que l'ame nous tremble au dedans* :

Falsus honor iuuat, et mendax infamia terret
Quem, nisi mendosum et mendacem?

Voila comment tous ces iugemens qui se font des apparences externes sont merueilleusement incertains et douteux, et n'est nul* asseuré tesmoing que chacun a soy mesme [2].

Nous appellons agrandir nostre nom l'estandre et semer en plusieurs bouches; nous voulons qu'il y soit receu en bonne part, et que cette sienne accroissance luy vienne a profit. Voyla ce qu'il y peut auoir de plus excusable en ce dessein; mais l'exces de cette maladie en va iusques la que plusieurs cerchent de faire parler d'eux en quelque façon que ce soit. Trogus Pompeius dit de Herostratus, et Titus Liuius, de Manlius Capitolinus, qu'ils estoient plus desireux de grande que de bonne reputation. Ce vice est fort [3] ordinaire. Nous nous soignons plus qu'on parle de nous que comment on en parle, et nous est assez que nostre nom coure par la bouche des hommes, de quelque goust qu'il y soit receu [4]. Il semble que l'estre conneu ce soit aucunement auoir sa vie et sa durée en la garde d'autruy. Moy, ie sçay bien que ie ne suis que

[1] *BC* : « sçaurions ».
[2] *BC aj.* : « En celles la, combien auons nous de gouiats compaignons de nostre gloire? Celuy qui se tient ferme dans vne tranchée descouuerte, que faict il en cela que ne facent deuant luy cinquante pauures pioniers qui luy ouurent le pas, et le couurent de leurs corps, pour cinq sous de paye par iour?* »
[3] *Vulg. supp.* : « fort ».
[4] *Vulg.* : « en quelque condition qu'il y coure ».

chez moy, et, de céte autre mienne vie qui loge en la connoissance de mes amis*, ie sçay bien que ie n'en sens nul fruict ny iouissance que par la vanité d'vne opinion fantastique; et, quand ie seray mort, ie m'en resentiray encores beaucoup moins*. Ie n'auray plus de prise par ou saisir la reputation; ie ne voi pas par ou [1] elle puisse me toucher, ny arriuer a moy. Et de m'attendre que mon nom la reçoiue, premierement, ie n'ay point de nom qui soit assez mien; car, de deux que i'en ay, l'vn est commun a toute ma race, voire encore a d'autres. Il y a vne famille a Paris et a Mompelier qui se surnomme Montaigne; vne autre en Bretaigne et en Xaintonge, de La Montaigne. Le remuement d'vne seule syllabe meslera nos fusées, de façon que i'auray part a leur gloire, et eux, a l'aduenture, a ma honte; et si les miens se sont autres-fois surnommez Eyquem*. Quant a mon autre nom, il est a quiconque aura enuie de le prendre : ainsi i'honnoreray peut étre vn crocheteur a ma place. Et puis, quand i'aurois vne merque particuliere pour moy, que peut elle merquer quand ie n'y suis plus? Peut elle designer* l'inanité?* Mais de cecy i'en ay parlé ailleurs. Au demeurant, en toute vne bataille ou dix mille hommes sont estropiés ou tués, il n'en est pas quinze dequoy on parle. Il faut que ce soit quelque grandeur bien eminente, ou quelque consequence d'importance que la fortune y ait iointe, qui fasse valoir vn'action priuée, non d'vn harquebousier seulement, mais d'vn Capitaine; car de tuer vn homme, ou deux, ou dix, de se presenter courageusement a la mort, c'est bien beaucoup pour chacun de nous, car il y va de

[1] *Vulg.* : « reputation, ny par ou ».

tout[1]; mais, pour le monde, ce sont choses si ordinaires, il s'en voit tant tous les iours, et en faut tant de pareilles pour produire vn effect notable, que nous n'en pouuons attendre nulle particuliere recommendation*.

De tant de milliasses de vaillans hommes qui sont mortz depuis quinze cens ans en France, les armes a la main, il n'y en a pas cent qui soient venus en nostre cognoissance. La memoire, non des chefs seulement, mais des batailles et victoires est enseuelie*. Quoy, que, des Romains mesmes et des Grecs, parmy tant d'escriuains et de tesmoins, et tant de rares et nobles exploitz, il en est venu si peu iusques a nous?* Ce sera beaucoup si, d'icy a cent ans, on se souuient en gros que, de nostre temps, il y a eu des guerres ciuiles en France*. Pensons nous qu'a chaque harquebousade qui nous touche, et a chaque hazard que nous courons, qu'il y ait quant et quant vn greffier qui l'enrolle? Et cent greffiers, outre cela, le pourront escrire desquelz les registres ne dureront que trois iours et ne viendront a la connoissance de personne[2]. Nous n'auons pas la millieme partie des escrits anciens : c'est la fortune qui leur donne vie ou plus courte, ou plus longue, selon sa faueur*. On ne fait pas des histoires de choses de si peu; il faut auoir esté chef a conquerir vn empire ou vn royaume; il faut auoir gaigné cinquante deux batailles assignées, tousiours plus foible en nombre d'hommes[3], comme Cæsar. Dix mille bons hommes et plusieurs grandz Capitaines moururent a sa suite, vaillamment et cou-

[1] *Vulg. modifie ce passage.*
[2] *Vulg. modifie légèrement cette phrase.*
[3] *Vulg. supp.* : « d'hommes ».

rageusement, desquelz les noms n'ont duré qu'autant que leurs femmes et leurs enfans vesquirent*. De ceux mesme que nous voions bien faire, trois mois ou trois ans apres qu'ilz y sont demeurés, il ne s'en parle non plus que s'ilz n'eussent iamais esté. Quiconque considerera auec iuste mesure et proportion de quelles gens et de quelz faitz la gloire se maintient en la memoire des hommes [1], il trouuera qu'il y a, de nostre siecle, fort peu d'actions et fort peu de personnes qui y puissent pretendre nulle part. Combien auons nous veu d'hommes vertueus suruiure a leur propre reputation, qui ont veu et soufert esteindre en leur presance l'honneur et la gloire tres-iustement acquise en leurs ieunes ans? Et, pour trois ans de céte vie fantastique et imaginere, allons nous perdant nostre vraye vie et essentiele, et nous engager a vne mort perpetuelle? Les sages se proposent vne plus belle et plus iuste fin a vne si importante entreprise*. Il seroit, a l'auanture, excusable a vn peintre ou autre artisan, ou encores a vn rethoricien ou grammairien, de se trauailler pour acquerir nom par ses ouurages; mais, les actions de la vertu, elles sont trop nobles d'elles mesmes pour rechercher autre loyer ou recompense [2] que de leur propre valeur, et notamment pour la cercher en la vanité des iugemens humains.

Si toutefois céte fauce opinion sert au public a contenir les hommes en leur deuoir*, qu'elle accroisse hardiment, et qu'on la nourrisse entre nous le plus qu'on pourra*. Puis que les hommes, par leur insuffisance, ne se peuuent assez paier d'vne bonne monnoie, qu'on y emploie encore la fauce. Ce moien a esté prac-

[1] *Vulg.* : « liures ».
[2] *Vulg. supp.* : « ou recompense ».

tiqué par tous les legislateurs qui furent onques [1]; et n'est nulle police ou il n'y ait quelque meslange ou de vanité cerimonieuse, ou d'opinion mensongere qui serue de bride a tenir le peuple en office. C'est pour cela que la pluspart ont leurs origines et commancemens fabuleus et enrichis de mysteres supernaturels; c'est cela qui a donné credit aus religions bastardes, et les a faites fauorir aus gens d'entendement; et pour cela que Numa et Sertorius, pour rendre leurs hommes de meilleure creance, les paissoient de céte sottise : l'vn, que la nymphe Egeria, l'autre, que sa biche blanche lui apportoit, de la part des Dieux, tous les conseils qu'ilz prenoient*. La religion des Bedoins, comme dit le sire de Iuinuille, portoit, entre autres choses, que l'ame de celuy d'entre eux qui mouroit pour son Prince s'en alloit en vn autre corps plus heureux, plus beau et plus fort que le premier; au moien de quoy, ils en hazardoient beaucoup plus volontiers leur vie*. Voyla vne creance tressalutaire, toute veine qu'elle soit. Chaque nation a plusieurs tels exemples chez soy; mais ce suiect meriteroit vn discours a part.

Pour dire encore vn mot sur mon premier propos, ie ne conseille non plus aux dames d'appeller honneur leur deuoir* [2]; car ie presuppose que leurs intentions, leur desir et leur volonté, qui sont pieces ou l'honneur n'a que voir, d'autant qu'il n'en paroit rien audehors, soient encore plus reglées que les effects :

Quæ, quia non liceat, non facit, illa facit.

L'offence, et enuers Dieu, et en la conscience, seroit

[1] *Vulg. supp.* : « qui furent onques », *et trois mots plus loin* : « nulle ».

[2] *BC aj.* : « ny de nous donner ceste excuse en payement de leur refus ».

aussi grande de le desirer que de l'effectuer; et puis, ce sont actions d'elles mesmes cachées et ocultes. Il seroit bien aysé qu'elles en desrobassent quelcune a la connoissance d'autrui, d'ou l'honneur depend, si elles n'auoient autre respect a leur deuoir, et a l'affection qu'elles portent a la chasteté pour elle mesme*.

CHAPITRE DIXSEPTIESME.

DE LA PRÆSVMPTION.

Il y a vne autre sorte de gloire, qui est vne trop bonne opinion que nous conceuons de nostre valeur. C'est vn'affection inconsiderée dequoi nous nous cherissons, qui nous represente, a nous mesmes, autres que nous ne sommes : comme la passion amoureuse preste des beautez et des graces au subiect qu'elle embrasse, et faict que ceux qui en sont espris trouuent, d'vn iugement trouble et alteré, ce qu'ils aiment autre et plus parfaict qu'il n'est.

Ie ne veus pas que, de peur de faillir de ce costé la, vn homme se mesconnoisse pourtant, ny qu'il pense estre moins que ce qu'il est. Le iugement doit tout par tout maintenir son auantage [1]. C'est raison qu'il voye en ce subiect, comme ailleurs, ce que la verité luy presente. Si c'est Cæsar, qu'il se treuue hardiment le plus grand Capitaine du monde. Nous ne sommes que ceremonie; la ceremonie nous emporte; et laissons la substance des choses. Nous nous tenons aus branches, et abandonnons le tronc et le corps. Nous

[1] *Vulg.* : « droict ».

auons apris aus dames de rougir oyans seulement nommer ce qu'elles ne craignent nullement a faire. Nous n'osons appeller a droict nos propres parties et [1] nos membres, et ne craignons pas de les employer a toute sorte de desbauche. La ceremonie nous defend d'exprimer par parolles les choses licites et natureles, et nous l'en croions. La raison nous defend de n'en faire point d'illicites et illegitimes [2], et personne ne l'en croit. Ie me trouue icy empestré es loix de la ceremonie : car elle ne permet ny qu'on parle bien de soy, ny qu'on en parle mal. Nous la lairrons là, pour ce coup.

Ceux que la fortune (bonne ou mauuaise qu'on la doiue appeller) a faict passer leur vie en quelque eminent degré, ils peuuent, par leurs actions publiques, tesmoigner quels ils sont. Mais ceux qu'elle n'a employez qu'en foule*, ils sont excusables, s'ils prennent la hardiesse de parler d'eux mesmes a ceux qui ont interest de les connoistre; a l'exemple de Lucilius :

Ille velut fidis arcana sodalibus olim
Credebat libris, neque si male cesserat, vsquam
Decurrens alio, neque si bene : quo fit vt omnis
Votiua pateat veluti descripta tabella
Vita senis.

Celuy la commettoit a ses papiers ses actions et ses pensées par escrit [3], et s'y peignoit tel qu'il se sentoit estre*.

Il me souuient donc que, des ma plus tendre enfance, on remarquoit en moy ie ne sçay quel port de

[1] *Vulg. supp.* : « nos propres parties et ».
[2] *Vulg.* : « mauuaises ».
[3] *Vulg. supp.* : « par escrit ».

corps, et des gestes tesmoignants quelque vaine et sotte fierté. I'en veux dire premierement cecy, qu'il n'est pas inconuenient d'auoir des conditions et des propensions si propres et si incorporées en nous que nous n'ayons pas moien de les sentir et reconnoitre. Et, de telles inclinations natureles, le corps en retient volontiers quelque pli sans nostre sçeu et consentement. C'estoit vne certaine mollesse affetée [1], qui faisoit vn peu pancher la teste d'Alexandre sur vn costé, et qui rendoit le parler d'Alcibiades mol et gras : estans doués d'vne extreme beauté, ils s'y aidoient vn peu sans y penser, par mignardise [2]. Iulius Cæsar se gratoit la teste d'vn doigt, qui est la contenance d'vn homme remply de pensemens penibles, et Cicero, ce me semble, auoit accoustumé de rincer le nez, qui signifie vn naturel moqueur. Ces mouuemens la arriuent imperceptiblement en nous [3]. Il y en a d'autres artificiels, de quoy ie ne parle point, comme les bonettades, les inclinations [4] et reuerences, par ou on acquiert, le plus souuent a tort, l'honneur d'estre bien humble et courtois* ; et la morgue de Constantius, l'Empereur, qui, en publicq, tenoit tousiours la teste droite, sans la contourner ou flechir, ny ça, ny la, non pas seulement pour regarder ceux qui le saluoient a costé, ayant le corps planté et immobile, sans se laisser aller au branle de son coche, sans oser ny cracher, ny se moucher, ny essuyer le visage deuant les gens. Ie ne sçay si ces gestes qu'on remarquoit en moy estoient de céte premiere condition, et si, a la

[1] *Vulg.* : « vne certaine affeterie consente de sa beauté ».
[2] *Vulg. supp.* : « estans... mignardise. ».
[3] *Vulg. modifie cette phrase.*
[4] *Vulg.* : « comme les salutations ».

verité, i'auoy quelque occulte propension a ce vice, comme il peut bien estre; et ne puis pas respondre des bransles du corps, mais, quant a ceus de l'ame, ie veux icy confesser ce que i'en sens.

Il y a, ce me semble [1], deux parties en cette gloire : de s'estimer trop, et n'estimer pas assez ou dédaigner [2] autrui. Quant au premier, i'ay, en general, cet humeur [3]* que, de toutes les opinions que l'ancieneté a eues de l'homme, celles que i'embrasse le plus volontiers et ausquelles ie m'atache le plus sont celles qui nous mesprisent, auilissent et aneantissent le plus. La philosophie ne me semble iamais auoir si beau ieu que quand elle combat nostre presumption et vanité; quand elle reconnoit de bonne foy son irresolution, sa foyblesse et son ignorance. Il me semble que la mere nourrisse des plus fauces opinions que nous ayons, et publiques, et particulieres, c'est la trop bonne opinion que nous auons de nous [4]. Ces gens qui se logent [5] a cheuauchons sus l'epicycle de Mercure*, il me semble qu'ils [6] m'arrachent les dents : car, en l'estude que ie fay, duquel le subiect c'est l'homme, trouuant vne si extreme varieté de iugemens, vn si profond labyrinthe de difficultez, les vnes sur les autres, tant de diuersité et incertitude en l'escole mesme de la sapience, vous pouuez penser, puis que ces gens là n'ont peu se resoudre de la connoissance d'eux mesmes et de leur propre condition, qui est continuelement presente a leurs yeux, qui est

[1] *Vulg. supp. :* « ce me semble ».
[2] *Vulg. supp. :* « ou dédaigner ».
[3] *Vulg. modifie ce passage.*
[4] *Vulg. modifie légèrement cette phrase.*
[5] *Vulg. :* « se perchent ».
[6] *Vulg. supp. :* « il me semble qu' ».

dans eux, puis qu'ils ne sçauent comment branle ce qu'eux mesmes font branler, ny comment nous peindre et deschiffrer les ressorts qu'ils tiennent et manient eux mesmes, comment ie les croirois de la cause du mouuement de la huitiesme sphere, et [1] du flux et reflux de la riuiere du Nile. La curiosité de connoitre les choses a esté donnée aux hommes pour fleau, dit la sacrosainte [2] parole.

Mais, pour venir a mon particulier, il est bien difficile, ce me semble, que nul autre s'estime moins, voire que nul autre m'estime moins que ce que ie m'estime* : car, a la verité, quand aus effects de l'esprit, en quelque façon que ce soit, il n'est iamais party de moy chose qui me contentast, et l'approbation d'autrui ne m'a pas paié : i'ay le goust tendre et difficile, et notamment en mon endroit; ie* me sens* flotter et flechir de foiblesse. Ie me connoy tant que, s'il estoit parti de moy chose qui me pleut, ie le deuroy sans doubte a la fortune [3]. Ie n'ay rien du mien dequoy contenter mon iugement : i'ay la veüe assez claire et reglée; mais a l'ouurer elle se trouble, comme i'essaye plus euidamment en la poesie. Ie l'aime infiniment, i'y voy assez cler aux ouurages d'autrui; mais ie fay, a la verité, l'enfant, quand i'y veux mettre la main; ie ne me puis souffrir. On peut faire le sot par tout ailleurs, mais non en la poësie :

Mediocribus esse poetis
Non Dij, non homines, non concessere columnæ.

Pleut a Dieu que céte sentence se treuuat au front

[1] *Vulg. supp. :* « du mouuement de la huitiesme sphere, et ».
[2] *Vulg. :* « saincte ».
[3] *Vulg. supp. :* « Ie me connoy... la fortune ».

des boutiques de tous noz imprimeurs, pour en deffendre l'entrée a tant de versificateurs :

Verum
Nil securius [est] malo poëta.

Ce que ie treuue passable du mien, ce n'est pas de soy et a la verité, mais c'est a la comparaison d'autres choses pires, ausquelles ie voy qu'on donne credit. Ie suis enuieux du bonheur de ceux qui se sçauent reiouir et gratifier en leurs ouurages : car c'est vn moien aisé de se donner du plaisir. Les miens, il s'en faut tant qu'ils me plaisent, qu'autant de fois que ie les retaste, autant de fois i'en reçois vn nouueau mescontentement [1]*.

I'ay tousiours vne idée en l'ame*, qui me presente* vne meilleure forme que celle que i'ay mis en besongne; mais ie ne la puis* exploiter. Et, en mon imagination mesmes, ie ne conçoy pas les choses en leur plus grande perfection [2]. Ce que ie connoi par la, que, ce que ie voy produit par ces riches et grandes ames du temps passé, ie le treuue bien loing au dela de l'extreme estendue de mon imagination. Leurs ouurages ne me satisfont pas seulement, et me remplissent, mais ils m'estonnent et transissent d'admiration : ie iuge tresbien [3] leur beauté; ie la voy; mais il m'est impossible de la representer [4]. Quoy que i'entreprenne, ie doi vn sacrifice aux Graces, comme dit Plutarque de quelcun, pour pratiquer leur faueur :

Si quid enim placet,
Si quid dulce hominum sensibus influit,
Debentur lepidis omnia Gratijs.

[1] *Vulg. modifie cette phrase.*
[2] *Vulg. modifie cette phrase et la suivante.*
[3] *Vulg. supp. :* « tresbien ».
[4] *Vulg. modifie ce dernier membre de phrase.*

Or elles m'abandonnent par tout; tout est grossier chez moy : il y a faute de garbe et de polissure [1]; ie ne sçay faire valoir les choses pour le plus que ce qu'elles valent; ma façon n'ayde de rien a la matiere : voyla pourquoy il me la faut forte, qui aye beaucoup de prise, et qui luise d'elle mesme*. Ie ne sçay ny plaire, ny reiouir, ny chatouiller; le meilleur conte du monde se seche entre mes mains, et se ternit. Ie ne sçay parler qu'en bon escient, et suis du tout abandonné de céte facilité que ie voy en plusieurs de mes compaignons, d'entretenir les premiers venus et tenir en haleine toute vne compaignie, ou amuser, sans se lasser, l'oreille d'vn Prince de toute sorte de propos, la matiere ne leur faillant iamais, pour céte grace qu'ils ont de sçauoir emploier la premiere qui leur tombe en main [2], et de l'accommoder a l'humeur et portée de ceus a qui ils ont afaire. Ce que i'ay a dire, ie le dis tousiours de toute ma force [3]* : les raisons premieres et plus aysées qui sont communéement les mieux receües, ie ne sçay pas les faire valoir [4]*. Si faut il sçauoir relâcher la corde a toute sorte de sons [5]; et le plus aigu, c'est celuy qui vient le moins souuent en vsage. Il y a pour le moins autant de perfection a releuer [6] vne chose vuide qu'a en soubtenir vne poisante. Tantost il faut superficielement manier les choses; tantost les profonder. Ie sçay bien que la pluspart des hommes se tiennent en ce bas estage pour ne conceuoir les choses que par céte premiere

[1] *Vulg.* : « faute de gentillesse et de beauté ».
[2] *Vulg.* : « premiere venue ».
[3] *Vulg. supp.* : « Ce que... force ».
[4] *BC* : « les employer ».
[5] *Vulg.* : « tons ».
[6] *C* : « reueler ».

escorse; mais si est-ce que les plus grands maistres, et sur tout* Platon, on les void souuent, ou l'occasion se presente, se relascher a céte mole et [1] basse façon, et populaire, de dire et traiter les choses, la soustenants des graces qui ne leur manquent iamais.

Au demeurant, mon langage n'a rien de doux et fluide [2] : il est sec et espineux [3], ayant ses dispositions libres et desreglées ; et me plaist ainsi*. Mais ie sens bien que par fois ie m'y laisse trop aller, et qu'a force de vouloir euiter l'art et l'affectation, i'y retumbe d'vn autre part :

Breuis esse laboro,
Obscurus fio.

* Quand ie voudroy suyure cet autre stile vni [4] et ordonné, ie n'y sçauroy aduenir pourtant [5], et encore que les coupures et cadences de Saluste reuiennent plus a mon humeur, si est ce que ie treuue Cæsar et plus admirable et moins aysé a imiter [6]. Ie suys vne forme de dire populaire et simple autant [7] que ie puis; d'ou c'est, a l'aduenture, que i'ay plus d'auantage a parler qu'a escrire. Mais ce peut aussi estre que [8] le mouuement et action animent les paroles, mesmes a

1 *Vulg. supp. :* « ou l'occasion se presente » *et* « mole et ».

2 *BC :* « facile et fluide ». — *Vulg. :* « facile et poly ».

3 *BC :* « il est aspre ». — *Vulg. :* « il est aspre et desdaigneux ».

4 *BC :* « æquable, vni ».

5 *BC supp. :* « pourtant ».

6 *Vulg. modifie cette fin. — BC aj. :* « Et si mon inclination me porte plus a l'imitation du parler de Seneca, ie ne laisse pas d'estimer autant pour le moins celuy de Plutarque ». — *Vulg. met dans cette addition :* « estimer dauantage celuy de Plutarque ».

7 *BC :* « la forme de dire qui est née auecques moy, simple et naïfue autant ». — *Vulg. modifie cette phrase.*

8 *Vulg. supp. :* « Mais ce... que ».

ceus qui se remuent tousiours auec vehemence [1], comme ie fay, et qui s'eschaufent aysement [2]. Le port, le visage, la vois, la robe, l'assiete peuuent donner quelque pris aux choses qui d'elles mesmes n'en ont guiere, comme le babil. Messala se pleint, en Tacitus, de quelques acoustremens estroicts de son temps, et de la façon des bancs ou les orateurs auoint a parler, qui affoiblissoint leur eloquence.

Ie ne sçay parler que la langue Françoise; encores est elle alterée [3], et en la prononciation, et ailleurs, par la barbarie de mon creu; car ie ne vis iamais homme des contrées de deça qui ne sentit bien euidemment a son ramage et qui ne blessast les orreilles qui sont pures Françoises; si n'est ce pas pour estre fort entendu en mon Perigordin, car ie n'en ay non plus d'vsage que de l'Alemand, et ne le pleins guiere [4]*. Il y a bien, au dessus de nous, vers les montaignes, vn Gascon pur [5], que ie treuue singulierement beau, et desirerois le sçauoir; car c'est vn langage bref, signifiant et pressé [6], et, a la verité, vn langage masle et militaire plus que nul autre que i'entende*.

Quand au Latin, qui m'a esté donné pour maternel, i'ay perdu, par desacoustumance, la promptitude de m'en pouuoir seruir a parler*. Voyla combien peu ie vaux de ce costé là.

La beauté est vne piece de grande recommandation au commerce des hommes : c'est le premier moyen de conciliation des vns aux autres; et n'est homme si

[1] *Vulg.* : « brusquement ».
[2] *Vulg. supp.* : « aysement ».
[3] *BC* : « Mon langage François est alteré ».
[4] *Vulg.* : « ne m'en chault gueres ».
[5] *Vulg. supp.* : « pur ».
[6] *Vulg. modifie ce passage.*

barbare et si rechigné qui ne se sente aucunement frapé de sa douceur. Le corps a vne bien[1] grand' part a nostre estre, il y tient vn[2] grand rang. Ainsi sa structure et composition sont de bien iuste consideration. Ceux qui veulent desprendre noz deux pieces principales et les sequestrer l'vne de l'autre, ilz ont tort. Au rebours, il les faut reioindre et ratacher. Il faut ordonner a l'ame, non de se tirer a quartier, de s'entretenir a part, de mespriser et abandonner le corps (aussi ne le sçauroit elle faire que par quelque singerie contrefaicte), mais de se rallier a luy, de l'embrasser, le cherir, luy assister, le contreroller, le conseiller, le redresser et ramener quand il se fouruoie, l'espouser en somme, et luy seruir de vray mary, a ce que leurs effects ne paroissent pas diuers et contraires, ains accordans et vni-formes. Les Chrestiens ont vne particuliere instruction de céte liaison, car ils sçauent que la iustice diuine embrasse céte societé et iointure du corps et de l'ame, iusques a rendre le corps capable des recompenses eternelles, et que Dieu regarde agir tout l'homme, et veut que l'homme entier reçoiue le chatiment ou le loier selon ses demerites*. La premiere distinction qui aie esté entre les hommes, et la premiere consideration qui donna les preeminences aus vns sur les autres, il est vray-semblable que ce fût l'aduantage de la beauté*.

Or ie suis d'vne taille au dessous de la moienne. Ce defaut n'a pas seulement de la laideur, mais encore de l'incommodité, a ceux mesmement qui ont des commandemens et des charges : car l'authorité que donne

[1] *BC supp.* : « bien ».
[2] *BC* : « bien vn ».

vne belle presence et magesté corporelle en est a dire*. Les Æthiopes et les Indiens, dit Aristote, elisants leurs Rois et magistrats, auoient égard a la beauté et procerité des personnes; et auoint raison, car il y a du respect pour ceux qui le suiuent, et, pour l'ennemi, de l'effroy, de voir a la teste d'vne troupe marcher vn chef de belle et riche taille :

Colloque tenus supereminet omnes [1].

C'est vn grand despit qu'on s'adresse a vous, parmy voz gens, pour vous demander : « Ou est Monsieur? » et que vous n'ayes que le reste de la bonnetade qu'on faict a vostre barbier ou secretaire : comme il aduint au pauure Phocion [2] (ie puis aysement me mesconter aux noms, mais non pas en la substance), estant arriué le premier de sa troupe en vn logis ou on l'attendoit, son hostesse, qui ne le connoissoit pas et le voioit d'assez mauuaise mine, l'emploia d'aler vn peu aider a ses femmes a puiser de l'eau ou attiser du feu pour le seruice de Phocion [3], qu'elle attendoit. Les gentilshommes de sa suite, estans arriuez apres, et l'ayant surpris embesongné a céte belle vacation (car il n'auoit pas failli d'obeir au commandement qu'on lui auoit faict), lui demanderent ce qu'il faisoit la : « Ie paie, leur respondit il, la penitence de ma laideur ». Les autres beautez sont pour les femmes; la beauté de la taille est la seule beauté des hommes : ou est la petitesse, ny la largeur du front, ny la blancheur des yeux, ny la mediocre forme du nez, ny la petitesse de l'oreille et de la bouche, ny l'ordre et

[1] *Vulg. remplace ce vers par deux autres.*
[2] *BC :* « Philopœmen », *et supp. la parenthèse suivante.*
[3] *BC :* « Philopœmen ». — *Vulg. supp. :* « qu'elle attendoit ».

blancheur des dents, ny l'épesseur bien vnie d'vné barbe brune a escorce de chataigne*, ny la iuste proportion de teste inclinant vn peu sur la grossesse [1], ni la frecheur du teint, ny l'air du visage agreable*, ou legitime proportion de membres peuuent rendre vn homme auenant [2].

I'ay, au demeurant, la taille forte et massiue, le visage non pas gras mais plein, la complexion* sanguine et chaude :

Vnde rigent setis mihi crura et pectora villis;

la santé forte et constante iusques bien auant en mon eage, quoy que ie m'en sois serui assez licentieusement [3]. I'estois tel; car ie ne me considere pas a céte heure que ie suis engagé dans les auenues de la vieillesse, aiant* franchi les quarante ans*. Ce que ie seray doresnauant, ce ne sera plus qu'vn demy estre; ce ne sera plus moy : ie m'eschape tous les iours et me desrobe a moy mesme :

Singula de nobis anni prædantur euntes.

D'adresse et de disposition, ie n'en ai point eu, et si suis fils d'vn pere le plus dispost qui se vid de son temps, et d'vne allegresse qui lui dura iusques a son extreme vieillesse : il ne trouua guere homme de sa condition qui s'egalât a lui en tout exercice de corps, comme ie n'en ai troué guiere nul qui ne me surmontat, sauf qu'au courir, en quoy i'estoy des mediocres. De la musique, ni pour la voix que i'y ay tres inepte, ny pour les instrumens, on ne m'y a iamais

[1] *Vulg. modifiè ce passage.*
[2] *Vulg.* : « peuvent faire vn bel homme ».
[3] *Vulg. change cette fin de phrase.*

sceu rien aprendre. A la danse, a la paume, a la luite, ie n'y ay peu acquerir qu'vne bien fort legiere et vulgaire suffisance; a nager, a escrimer, a voltiger et a sauter, nulle du tout. Les mains, ie les ay si gourdes que ie ne sçay pas escrire seulement pour moy, de façon que ce que i'ay barbouillé, i'ayme mieux le refaire que de me donner la peine de le démesler et relire [1]*. Ie ne sçay pas clore a droit vne lettre, ny ne sceus iamais tailler de plume*. Mes conditions corporelles sont, en somme, tres-bien accordantes a celles de l'ame : il n'y a rien d'allegre et de soupple [2]; il y a seulement vne vigueur pleine, ferme et rassise [3]. Ie dure bien a la peine, mais i'y dure si ie m'y porte moy-mesme, et autant que mon desir m'y conduit :

Molliter austerum studio fallente laborem.

Autrement, si ie n'y suis alleché par quelque plaisir, et si i'ay autre guide que ma pure et libre volonté, ie n'y vaux rien : car i'en suis là que, sauf la santé et la vie, il n'est rien* que ie veuille acheter au pris du tourment d'esprit et de la contrainte*. I'ay vne ame libre et toute sienne, accoustumée a se conduire a sa poste. Ie n'ay eu iusques a cet'heure ny commandant [4], ny maistre forcé. I'ay marché aussi auant, et le pas qu'il m'a pleu. Cela m'a amolli et rendu inutile au seruice d'autruy, et ne m'a faict bon qu'a moy* estant d'ailleurs d'vn naturel poisant, paresseus et fay-neant; car, m'estant trouué en tel degré de for-

[1] *Vulg. supp. :* « et relire ».
[2] *Vulg. supp. :* « et de soupple ».
[3] *Vulg. supp. :* « et rassise ».
[4] *C :* « commandement ».

tune, des ma naissance, que i'ay eu occasion de m'y arrester*, ie n'ay rien cerché et n'ay aussi rien pris :

Non agimur tumidis ventis [1] *Aquilone secundo :*
Non tamen aduersis ætatem ducimus Austris :
Viribus, ingenio, specie, virtute, loco, re,
Extremi primorum, extremis vsque priores.

Estant né tel qu'il ne m'a fallu mettre en nulle penible quéte d'autres commoditez, et que ie n'ay eu besoin que de la suffisance de me contenter, et sçauoir iouir doucement des biens que Dieu, par sa liberalité, m'auoit mis entre mains, ie n'ay gousté nulle sorte de trauail, et suis tresmal instruit a me sçauoir contraindre et forcer; incommode a toute sorte d'affaires et negotiations penibles, n'ayant iamais eu en maniement que moy mesmes, esleué en mon enfance d'vne façon molle et libre, et n'ayant, lors mesme, souffert nulle subiection forcée, ie suis deuenu par là incapable de sollicitude, iusques la que i'ayme [2] qu'on me cache mes pertes et les desordres qui me touchent [3]. Au chapitre de mes mises, ie loge ce qu'il me couste a nourrir et entretenir ma nonchalance :

Hæc nempe supersunt
Quæ dominum fallant, quæ prosint furibus.

I'ayme a ne sçauoir pas le conte de ce que i'ay, pour sentir moins exactement ma perte* ; a faute d'auoir assez de fermeté pour souffrir l'importunité des accidens contraires ausquelz nous sommes subiectz; et, pour ne me pouuoir tenir tendu a regler et ordonner

1 *Il faudrait : « velis ».*
2 *BC :* « j'ayme mieux ».
3 *Vulg. remanie tout ce passage.*

les affaires, ie nourris autant que ie puis en moy cet' opinion de les laisser aller a l'abandon [1], et de prendre toutes choses au pis, et, ce pis la, me resoudre a le porter doucement et patiemment. C'est a cela seul que ie trauaille, et le but auquel i'achemine tous mes discours*.

Quant a l'ambition, qui est voisine de la presumption, ou fille plustost, il eut fallu pour m'aduancer que la fortune me fut venu querir par le poing : car, de me mettre en peine pour vn' esperance incertaine, et me soubmettre a toutes les difficultez qui accompaignent ceux qui cerchent a se pousser en credit sur le commencement de leur progres, ie ne l'eusse sceu faire*. I'ay bien trouué le chemin plus court et plus aisé, auec le conseil de mes bons amis du temps passé, de me défaire de ce desir et de me tenir coi :

Cui sit conditio dulcis sine puluere palmæ;

iugeant aussi bien sainement de mes forces qu'elles n'estoient pas capables de grandes choses, et me souuenant de ce mot de feu monsieur le Chancelier Oliuier, que les François sembloient des guenons, qui vont grimpant contremont vn arbre, de branche en branche, et ne cessent d'aller iusques a ce qu'elles sont arriuées a la plus haute branche, et y monstrent le cul, quand elles y sont*.

Les qualitez mesmes qui sont en moy non reprochables, ie les trouuois inutiles en ce siecle. La facilité de mes meurs, on l'eut nommée lâcheté et foiblesse; la foy et la conscience s'y fussent trouuées scrupuleuses et superstitieuses; la franchise et la liberté, impor-

[1] *Vulg. modifie cette fin.*

tune, inconsiderée et temeraire. A quelque chose sert le mal'heur : il fait bon naistre en vn siecle fort depraué; car, par comparaison d'autruy, vous estes estimé vertueux a fort bon marché. Qui n'est que parricide en mon temps, et sacrilege, il est homme de bien et d'honneur*.

Par céte proportion*, i'eusse esté moderé en mes vengeances, mol au resentiment des offences, tres-constant et religieux en l'obseruance de ma parolle, ny double, ny soupple, ny accommodant ma foy a la volonté d'autruy et aux occasions : i'eusse plustost laissé rompre le col aux affaires [1]. Car, quant a céte nouuelle vertu de faintise et de dissimulation qui est a cet'heure si fort en credit, ie la hai capitalement, et, de tous les vices, ie n'en trouue nul qui tesmoigne tant de lâcheté et bassesse [2] de cœur. C'est vn humeur coüarde et seruile de s'aller desguiser et cacher sous vne masque, de n'oser se faire veoir tel qu'on est, et de n'oser monstrer en publicq son visage [3]*. Vn cœur genereux et noble [4] ne doit point desmentir ses pensées : il se veut faire voir iusques au dedans tel qu'il est, car il n'y a rien qui ne soit digne d'estre veu [5]. Il ne faut pas tousiours dire tout, car ce seroit sottise; mais, ce qu'on dit, il faut qu'il soit tel qu'on le pense; autrement c'est meschanceté. Ie ne sçay quelle commodité ils attendent de se faindre et con-

[1] *BC aj. :* « que de plier ma foy et ma conscience a leur seruice ». — *Vulg. modifie l'ensemble de la phrase.*

[2] *C :* « basseté ».

[3] *Vulg. supp. :* « et de n'oser... visage ».

[4] *Vulg. supp. :* « et noble ».

[5] *Vulg. développe cette fin de phrase. — BC aj. :* « Apollonius disoit que c'estoit aux serfs de mantir, et aux libres de dire verité* ».

trefaire sans cesse* : cela peut tromper vne fois ou deux les hommes; mais de faire profession de se tenir couuert, et se vanter, comme ont fait aucuns de nos Princes, qu'ilz ietteroient leur chemise au feu, si elle estoit participante de leurs conseilz [1], qui est vn mot de l'ancien Metellus Macedonicus, et que qui ne sçait se faindre ne sçait pas regner, c'est tenir aduertis ceus qui ont a les praticquer que ce n'est que piperie et mensonge qu'ilz disent*. Ce seroit vne grande simplesse a qui se lairroit amuser ny au visage, ny aux parolles de celuy qui faict estat d'estre tousiours autre au dehors qu'il n'est au dedans*, et ne sçay quelle part telles gens peuuent auoir au commerce des hommes, ne produisans rien qui soit receu pour argent [2] contant*. Or, de ma part, i'ayme mieux étre importun et indiscret que flatteur et dissimulé*.

C'est vn vtil de merueilleux [3] seruice que la memoire, et sans lequel le iugement faict bien a peine son office : elle me manque du tout. Ce qu'on me voudroit proposer, il faudroit que ce fut a parcelles; car, de respondre a vn propos ou il y eut plusieurs diuers chefs, il n'est pas en ma puissance. Ie ne sçaurois receuoir vne charge sans tablettes, et quand i'ay vn propos de consequence a tenir, s'il est de longue haleine, ie suis reduit a céte vile* necessité d'apprendre par cœur* ce que i'ay a dire, autrement ie n'auroy ny façon, ny asseurance, estant en crainte que ma memoire vint a me faire vn mauuais tour*. Or, plus ie m'en defie, plus elle se trouble; elle me sert mieux par rencontre :

[1] *BC :* « de leurs vrayes intantions ».
[2] *Vulg. supp. :* « argent ».
[3] *Vulg. :* « vtil et merueilleux », *bien que les éditions de 1588 et 1595 portent :* « outil de merueilleux ».

il faut que ie la sollicite nonchalamment; car, si ie la presse, elle s'estonne, et, depuis qu'ell' a commencé a chanceler, plus ie la presse, plus elle s'empestre et embarrasse : elle me sert a son heure, non pas a la mienne [1].

Ma librerie, qui est des belles entre les libreries de village, est assise a vn coin de ma maison. S'il me tombe en fantasie chose que i'y veuille aller cercher ou escrire, de peur qu'elle ne m'eschappe en trauersant seulement ma court, il faut que ie la donne en garde a quelqu'autre. Si ie m'enhardis, en parlant, a me destourner tant soit peu de mon fil, ie ne faus iamais de le perdre, qui faict que ie me tiens, en mes discours, contraint, sec et reserré. Les gens qui me seruent, il faut que ie les appelle par le nom de leurs charges ou de

[1] *BC aj.* : « Ce que ie sans en la memoire, ie le sans en plusieurs autres parties. Ie fuis le commandement, l'obligation et la contrainte. Ce que ie fais ayséement et naturellement, si ie m'ordonne de le faire par vne expresse et prescrite ordonnance, ie ne le sçay plus faire. Au corps mesme, les membres qui ont quelque liberté et iurisdiction plus particuliere sur eux me refusent* leur obeissance, quand ie les destine et attache a certain point et heure de seruice necessaire. Ceste preordonnance contrainte et tyrannique les rebute : ils se croupissent d'effroy ou de despit, et se transissent*. Cest effaict est plus apparent en ceux qui ont l'imagination plus vehemante et puissante; mais il est pourtant naturel, et n'est nul qui ne s'en ressante aucunemant. On offroit a vn excellant archier, condamné a la mort, de luy sauuer la vie s'il vouloit faire voir quelque notable preuue de son art : il refusa de s'en essayer, craignant que la trop grande contention de sa volonté luy fit fouruoier la main, et qu'au lieu de sauuer sa vie, il perdit encore la reputation qu'il auoit acquise en son art. Vn homme qui panse ailleurs ne faudra point a vn pousse pres de refaire tousiours vn mesme nombre et mesure de pas, au lieu ou il se promene; mais s'il y est auec attantion de les mesurer et conter, il trouuera que, ce qu'il faisoit par nature et par hazard, il ne le faira pas si exactemant par dessein ».

leur païs; car, de noms, il m'est impossible d'en retenir [1]*. Et, si ie durois a viure long temps, ie ne croy pas que ie n'obliasse le mien propre, comme fit l'autre* :

Plenus rimarum sum : hac atque illac effluo.

[2] C'est le receptacle et l'estuy de la science que la memoire; l'ayant si deffaillante, ie n'ay pas fort a me plaindre si ie ne sçay guiere. Ie sçay en general le nom des artz, et ce dequoy elles traictent, mais rien au dela. Ie feuillette les liures; ie ne les estudie pas. Ce qui m'en demeure*, c'est cela seulement dequoy mon iugement a faict son profict. Les discours et les imaginations dequoy il s'est imbu; l'autheur, le lieu* et autres circonstances, ie les oblie incontinent*.

Outre le deffaut de la memoire, i'en ay d'autres qui aident beaucoup a mon ignorance. I'ay l'esprit tardif et mousse; le moindre nuage luy arreste sa pointe, en façon que, pour exemple, ie ne luy proposay iamais nul ænigme si aisé qu'il sceut desuelopper. Il n'est si vaine subtilité qui ne m'empesche : aus ieux ou l'esprit a sa part, des échetz, des cartes, des dames, et autres, ie n'y comprens que les plus grossiers traictz. L'apprehension, ie l'ay lente et embrouillée; mais ce qu'elle tient vne fois, elle le tient bien, et l'embrasse bien vniuerselement et etroitement* pour le temps qu'elle le tient. I'ay la veüe longue, saine et entiere, mais qui se lasse aiséement au trauuail, et se charge. A céte occasion, ie ne puis auoir* commerce auec les liures que par le moyen du seruice d'autruy. Le ieune Pline instruira ceux qui ne l'ont essayé, combien ce

[1] *BC :* « car il m'est tres-malaisé de retenir des noms ».
[2] *BC aj. :* « Il m'est aduenu plus d'vne fois d'oblier le mot* que i'auois* donné ou receu d'vn autre* ».

retardement est important a ceux qui s'adonnent a céte occupation.

Il n'est point d'ame si chetifue et brutale en laquelle on ne voye reluire quelque faculté particuliere. Il n'y en a point de si enseuelie qui ne face vne saillie par quelque coin. Et comment cela auienne qu'vne ame, aueugle et endormie a toutes autres choses, se trouue vifue, claire et excellente a certain particulier effect, il s'en faut enquerir aux maistres. Mais les belles ames ce sont les ames vniuerselles, ouuertes et prestes a tout* : ce que ie di pour accuser la mienne. Car, soit par foiblesse ou nonchalance (et de mettre a nonchaloir ce qui est a nos piedz, ce que nous auons entremains, ce qui regarde de plus pres le seruice de nostre vie, c'est, a mon aduis, vne bien lourde faute [1]), il n'en est point vne si inepte et si ignorante que la mienne de plusieurs telles choses vulgaires, et qui ne se peuuent sans honte ignorer. Il faut que i'en conte quelques exemples.

Ie suis né et nourry aux champs et parmy le labourage; i'ay des affaires et du mesnage en main, depuis que ceux qui me deuançoient en la possession des biens que ie iouis m'ont quité leur place. Or, ie ne sçay conter ny a get, ny a plume. La plus part de nos monnoies, ie ne les connoy pas; ny ne sçay la differance de l'vn grain a l'autre, ny en la terre, ny au grenier, si elle n'est par trop apparente; ny a peine celle d'entre les choux et les laittues de mon iardin. Ie n'entens pas seulement les noms des premiers vtilz du mesnage, ny les plus grossiers principes de l'agriculture, et que les enfans sçauent*. Et puis qu'il me

[1] *Vulg. modifie la fin de cette phrase.*

faut faire la honte toute entiere, il n'y a pas vn mois qu'on me surprint ignorant dequoy le leuein seruoit a faire du pain*. On coniectura anciennement a Athenes vn' inclination a la mathematique en celuy a qui on voioit ingenieusement agencer et fagotter vne charge de brossailles; vrayement on tireroit de moy vne bien contraire conclusion : car, qu'on me donne tout l'apprest d'vne cuisine, me voila a la faim ; et fay grand doubte, quand i'auroy vn cheual et son equipage, que i'eusse l'entendement de l'accommoder pour m'en seruir [1]. Par ces traitz de ma confession, on en peut imaginer d'autres a mes despens. Mais, quel que ie me face connoitre, pourueu que ie me face connoitre tel que ie suis, ie fay mon effect : et si ne m'excuse pas d'oser mettre par escrit des propos si ineptes et friuoles que ceux icy : la bassesse du suiect, qui est moy, n'en peut souffrir de plus pleins et solides. Et au demeurant, c'est vn' humeur nouuelle et fantastique qui me presse : il la faut laisser courir. Tant y a que, sans l'aduertissement d'autruy, ie voy assez ce peu que tout cecy vaut et poise, et la hardiesse et temerité de mon dessein. C'est assez que mon iugement ne se defferre point, duquel ce sont icy les essais [2] :

Nasutus sis vsque licet, sis denique nasus,
Quantum noluerit ferre rogatus Athlas,
Et possis ipsum tu deridere Latinum,
Non potes in nugas dicere plura meas
Ipse ego quam dixi; quid dentem dente iuuabit
Rodere? carne opus est, si satur esse velis;
Ne perdas operam : qui se mirantur, in illos
Virus habe; nos hæc nouimus esse nihil.

1. *BC supp. :* « et fay grand... m'en seruir ».
2. *Vulg. modifie tout ce passage.*

Ie ne me suis pas obligé a ne dire point de sottises, pourueu que ie ne me trompe pas a les mesconnoistre [1]; et, de faillir a mon esciant, cela m'est si ordinaire que ie ne faux guiere d'autre façon : ie ne faus guiere fortuitement. C'est peu de chose de prester a la temerité de mes humeurs les actions ineptes, puis que ie ne me puis pas defendre d'y prester ordinairement les vitieuses.

Ie vis vn iour, a Bar le Duc, qu'on presentoit au Roy François second, pour la recommendation de la memoire de René, Roy de Sicile, vn pourtraict qu'il auoit luy mesmes faict de soy. Pourquoy n'est il loisible de mesme a vn chacun de se peindre de la plume, comme il se peignoit d'vn creon? et ne puis-ie representer ce que ie trouue de moy, quel qu'il soit [2]? Ie ne veux donc pas oublier encore céte cicatrice bien mal propre a produire en publicq : c'est l'irresolution, qui est vn vice tresincommode a la negociation des affaires du monde; ie ne sçay pas prendre parti es entreprinses doubteuses [3], par ce que, es choses humaines, a quelque bande qu'on panche, il me semble [4] qu'il se presente force apparences qui nous y confirment* : de quelque costé que ie me tourne, ie me fournis tousiours asses de raisons et de vraysemblance pour m'y maintenir. Ainsi i'arreste ches moy le doubte et la liberté de choisir, iusques a ce que l'occasion me presse; et lors, a confesser la verité, ie iette le plus souuent la plume au vent, comme on dit, c'est a dire [5] : ie

[1] *Vulg.* : « cognoistre ».
[2] *Vulg. supp.* : « et ne puis-ie... qu'il soit? »
[3] *BC aj.* :

« *Ne si, ne no, nel cor mi suona intero* ».

[4] *Vulg. supp.* : « il me semble qu' ».
[5] *Vulg. supp.* : « c'est à dire ».

m'abandonne a la mercy de la fortune; vne bien legiere inclination et circonstance m'emporte :

> *Dum in dubio est animus, paulo momento huc atque*
> *[illuc impellitur.*

L'incertitude de mon iugement est si également balancée en la pluspart des occurrences que ie compromettrois volontiers a la decision du sort et des dets; et remarque, auec vne grande consideration de nostre foiblesse humaine, les exemples que l'histoire diuine mesme nous a laissez de cet' vsage de remettre a la fortune et a l'hazard la determination des elections es choses doubteuses : *Sors cecidit super Mathiam**. Ainsi ie ne suis propre qu'a suiure, et me laisse aysément emporter a la foulle. Ie ne me fie pas assez en mes forces pour entreprendre de commander, ny guider, ny mesme conseiller [1] : ie suis bien aise de trouuer mes pas trassés par autrui. S'il faut courre le hazard d'vn chois incertain, i'ayme mieux que ce soit soubs vn autre qui s'asseure plus de ses opinions et les espouse plus que ie ne fai les miennes*.

Notamment aux affaires politiques, il me semble [2] qu'il y a vn beau champ ouuert au bransle et a la contestation :

> *Iusta pari premitur veluti cum pondere libra*
> *Prona, nec hac plus parte sedet, nec surgit ab illa.*

Les discours de Machiauel, pour exemple, estoient assez solides pour le subiet; si y a il eu grand aisence a les combattre; et ceux qui les ont combattus n'ont pas laissé moins de facillité a combatre les leurs. Il

[1] *Vulg. supp.* : « ny mesme conseiller ».
[2] *Vulg. supp.* : « il me semble qu' ».

s'y trouueroit tousiours a vn tel argument dequoy y fournir responses, dupliques, repliques, tripliques, quadrupliques, et cet' infinie contexture de debats que nostre chicane a alongé tant qu'elle a peu, en faueur des procez :

Cædimur, et totidem plagis consumimus hostem ;

les raisons n'y ayant guiere autre fondement que l'experience, et la diuersité des euenemens humains nous fournissant infinis exemples a toute sorte de visages. Vn sçauant personnage de nostre temps dit qu'en nos almanacs, ou ils disent chaud, qui vouldra dire froid, et, au lieu de sec, humide, et mettre tousiours le rebours de ce qu'ils pronostiquent, s'il deuoit entrer en gageure de l'euenement de l'vn ou de l'autre, qu'il ne se soucieroit pas quel parti il print, sauf es choses ou il n'y peut eschoir incertitude, comme de promettre a Noel des chaleurs extremes, et a la S. Iean des rigueurs de l'hiuer. I'en pense de mesmes de ces discours politiques. A quelque rolle qu'on vous mette, vous auez aussi beau ieu que vostre compaignon, pourueu que vous ne venez a choquer les principes trop grossiers et apparens. Et pourtant, selon mon humeur, es affaires publiques, il n'est nul si mauuais train, pourueu qu'il aie de l'aage et de la constance, qui ne vaille mieux que le changement et le remuëment. Noz meurs sont extremement corrompues, et panchent d'vne merueilleuse inclination vers l'empirement. De noz loix et vsances, il y en a plusieurs barbares et monstrueuses; toutesfois, pour la difficulté de nous mettre en meilleur estat, et le dangier de ce crollement, si ie pouuoi mettre vne cheuille a nostre roue et l'arrester en ce point, ie le ferois de bon cœur*. Le pis que ie trouue en nostre estat, c'est l'instabilité, et que noz lois, non plus que nos vestemens, ne peuuent prendre nulle forme arrestée. Il est bien aysé d'accuser d'imperfection vne police, car toutes choses mortelles en sont pleines; il est bien aisé d'engendrer a vn peuple le mespris de ses anciennes obseruances : iamais homme n'entreprint ce rolle qui n'en vint a bout. Mais d'y restablir vn meilleur estat en la place de celuy qu'on a ruiné, a cela plusieurs se sont morfondus de ceux qui l'auoient entreprins*.

Somme, pour reuenir a moy, ce seul par ou ie m'estime quelque chose, c'est ce en quoy iamais homme ne s'estima deffaillant. Ma recommendation est vulgaire, commune et populaire; car qui a iamais cuidé auoir faute de iugement? Ce seroit vne proposition qui impliqueroit en soy de la contradiction* : s'accuser en ce suiect la, ce seroit se iustifier, et se condamner, ce seroit s'absoudre. Il ne fut iamais crocheteur ny femmelette qui ne pensast auoir assez de sens pour sa prouision. Nous reconnoissons aiséement és autres l'aduantage* de la force*, de l'experience, de la disposition, de la beauté et de la noblesse [1]; mais, l'aduantage du iugement, nous ne le cedons a personne, et les raisons qui partent du simple discours naturel en autruy, il nous semble qu'elles sont nostres [2]. La science, le stile et telles autres parties que nous voions és ouurages estrangiers, nous sentons bien aisément si elles surpassent nos forces; mais, les simples productions du discours et [3] de l'entendement, chacun pense qu'il estoit en luy de les trouuer toutes pareilles,

[1] *Vulg. supp. :* « et de la noblesse ».
[2] *Vulg. modifie la fin de cette phrase.*
[3] *Vulg. supp. :* « du discours et ».

et en aperçoit malaisement le pois et la difficulté*. Ainsi, c'est vne sorte d'exercitation, de laquelle on doit esperer fort peu de recommendation et louange du vulgaire [1]. Le plus sot homme du monde pense autant auoir d'entendement que le plus habile.

Voila pourquoy on dit communement que le plus iuste partage que nature nous aye fait de ses graces, c'est celuy du iugement : car il n'est nul qui ne se contente de ce qu'elle luy en a distribué*. Ie pense auoir les opinions bonnes et saines ; mais qui n'en croit autant des siennes? L'vne des meilleures preuues que i'en aie, c'est le peu d'estime que ie fay de moi : car, si elles n'eussent esté bien asseurées, elles se fussent aiséement laissées piper a l'affection que ie me porte singuliere, comme celuy qui la ramene quasi toute a moi, et qui ne l'espans guieres hors de la. Tout ce que les autres en distribuent au publicq qu'ilz ont en charge [2], a vne infinie multitude d'amis et de connoissans, a leur gloire, a leur grandeur, ie le rapporte tout a ma santé [3], au repos de mon esprit, et a moy. Ce qui [4] m'en eschappe ailleurs, ce n'est pas proprement de l'ordonnance de mon discours :

Mihi nempe valere et viuere doctus.

Or, mes opinions, ie les trouue infiniment hardies et constantes a condamner mon insuffisance De vray, c'est aussi vn subiect auquel i'exerce mon iugement autant qu'a nul autre. Le monde regarde tousiours

[1] *Vulg. supp.* : « du vulgaire », *et remplace la phrase suivante par un développement.*

[2] *BC supp.* : « au publicq qu'ilz ont en charge ».

[3] *Vulg. supp.* : « a ma santé ».

[4] *A, par erreur* : « que ».

vis a vis; moy, ie renuerse ma veuë au dedans : ie la plante, ie l'amuse la. Chacun regarde deuant soy; moy, ie regarde dedans moy. Ie n'ay affaire qu'a moy, ie me considere sans cesse, ie me contrerolle, ie me gouste. Les autres vont tousiours ailleurs, s'ilz y pensent bien : ilz vont tousiours auant [1]; moy, ie me roulle en moi mesmes. Céte capacité de trier le vrai [2], et cet' humeur libre de n'assuiectir aiséement ma creance, ie la dois principalement a moy mesme : car les plus fermes imaginations que i'aye, et generales, ce sont celles mesmes qui, par maniere de dire, nasquirent auec moy*. Ie les produis crues et simples, d'vne production hardie et genereuse, mais vn peu trouble et imparfaicte; mais depuis ie les ay establies et fortifiées par l'authorité d'autruy et par les saints discours des anciens, ausquelz ie me suis rencontré conforme en iugement. Ceux la me les ont mises en main et m'en ont donné la iouissance et possession entiere [3]*.

Voila donq iusques ou ie me sens coulpable de céte premiere partie, que ie disois estre au vice de la presumption. Pour la seconde, qui consiste a n'estimer point assez autruy, ie ne sçay si ie m'en puis si bien excuser : car, quoy qu'il me couste, ie delibere de dire ce qui en est. A l'aduenture que le commerce continuel que i'ay auec les humeurs anciennes et l'idée de ces riches ames du temps passé me dégouste et d'autruy et de moy mesme ; ou bien que, a la verité, nous viuons en vn siecle qui ne produit les choses que bien

1 *BC aj.* :
« *Nemo in sese tentat descendere* ».

2 *BC aj.* : « quelle qu'elle soit en moy ».

3 *Vulg. modifie légèrement ce passage.*

mediocres : tant y a que ie ne connoy rien digne de grande admiration. Aussi ne connoi-ie guiere d'hommes auec telle priuauté qu'il faut pour en pouuoir iuger; et ceux ausquelz ma condition me mesle plus ordinairement sont, pour la pluspart, gens qui ont peu de soin de la culture de l'ame, et ausquelz on ne propose pour toute beatitude que l'honneur, et pour toute perfection que la vaillance.

Ce que ie voy de beau en autruy, ie le loüe et l'estime tres-volontiers; voire i'encheris souuent sur ce que i'en pense, et me permetz de mentir iusques la : car, d'inuenter vn suiect faux, il n'est pas en ma puissance [1]. Ie tesmoigne volontiers de mes amis par ce que i'y trouue de louable, et, d'vn pied de valeur, i'en fay volontiers vn pied et demy. Mais, de leur prester les qualitez qui n'y sont pas, ie ne puis; ny les defendre ouuertement des imperfections qu'ilz ont*.

Ie connoy des hommes assez qui ont diuerses parties belles : qui l'esprit, qui le cœur, qui l'adresse, qui la conscience, qui le langage, qui vne science, qui vn autre : mais, de grand homme en general, non pas parfait [2], mais encore ayant tant de belles pieces ensemble [3] qu'on s'en doiue estonner, ou le comparer a ceux que nous connoissons [4] du temps passé, ma fortune ne m'en a fait voir nul. Et le plus grand que i'ay connu*, ie dy des parties natureles de l'ame, et le mieux né, c'estoit Estienne de La Boitie : c'étoit vrayement vn' ame pleine, et qui monstroit vn beau

[1] *BC :* « car ie n'ayme point a inuenter un subiect faux ». — *Vulg. modifie cette leçon.*

[2] *Vulg. supp. :* « non pas parfait, mais encore ».

[3] *BC aj. :* « ou vne en tel degré d'excellance ».

[4] *BC :* « honorons ».

visage a tout sens. C'estoit proprement [1] vn' ame a la vieille merque, et qui eut produit de grans effetz, si sa [2] fortune l'eust voulu : ayant beaucoup adiousté a ce riche naturel par science et estude.

Mais ie ne sçay comment il aduient, ce me semble [3], qu'il se trouue autant de vanité et de foiblesse d'entendement en ceux qui font profession d'auoir plus de suffisance, qui se meslent de vacations lettrées et de charges qui dépendent des liures et de la science, qu'en nulle autre sorte de gens : ou bien par ce que on requiert et atend plus d'eux que des ignorans [4], et qu'on ne peut excuser en eus les fautes communes; ou bien que l'opinion du sçauoir leur donne plus de hardiesse de se produire et de se descouurir trop auant, par ou ilz se gastent et se trahissent. Comme vn artisan tesmoigne* sa bestise, quelque riche matiere qu'il ait entre mains, s'il [5] l'accommode et mesle sottement et contre les regles de son ouurage* : ceux cy en font autant, lors mesme qu'ilz mettent en auant des choses qui d'elles mesmes et en leur lieu seroient bonnes; mais ilz s'en seruent hors de propos, sans discretion et sans suite [6], faisans honneur a leur memoire aus despans de leur entendement. Ilz font honneur a Cicero, a Galien, a Vlpien et a saint Hierosme, et eus se rendent ridicules.

Ie retombe volontiers sur ce discours de l'ineptie de nostre institution : elle a eu pour sa fin de nous faire non bons et sages, mais sçauans : elle y est arriuée. Elle ne nous a pas apris de suyure et embrasser la vertu

[1] *Vulg. supp. :* « C'estoit proprement ».
[2] *C :* « la ».
[3] *Vulg. supp. :* « ce me semble ».
[4] *Vulg. supp. :* « que des ignorans ».
[5] *C omet :* « s'il ».
[6] *Vulg. supp. :* « hors de propos » *et* « et sans suite ».

et la prudence ; mais elle nous en a imprimé la deriuation et l'etymologie. Nous sçauons decliner vertu, si [1] ne sçauons l'aimer. Si nous ne sçauons que c'est que prudence par effet et par experience, nous le sçauons par iargon et par cœur. De nos voisins, nous ne nous contentons pas d'en sçauoir la race, les parenteles et les alliances, nous les voulons auoir pour amis et dresser auec eus quelque conuersation et intelligence. Elle nous a apris les deffinitions, les diuisions et particions de la vertu, comme des surnoms et branches d'vne genealogie, sans auoir nul soin de dresser entre nous et elle quelque pratique de familiarité et de priuée acointance. Elle nous a choisi pour nostre aprentissage, non les liures qui ont les opinions plus saines et plus vrayes, mais ceux qui parlent le meilleur Grec et Latin, et, parmy ses beaus motz, nous a fait couler en la fantasie les plus vaines humeurs de l'antiquité.

Vne bonne institution, elle change le iugement et les meurs, comme il aduint a Polemon, ce ieune homme Grec débauché, qui, estant allé ouir par rencontre vne leçon de philosophie [2], ne remerqua pas seulement l'eloquence et la suffisance du lecteur, et n'en rapporta pas seulement en la maison la science de quelque beau discours, mais vn fruit plus apparent et plus solide, qui fut vn soudain changement et amendement de sa premiere vie. Qui a iamais senty vn tel effect de nostre discipline?

Faciasne quod olim
Mutatus Polemon? ponas insignia morbi,
Fasciolas, cubital, focalia? potus vt ille
Dicitur ex collo furtim carpsisse coronas,
Postquam est impransi correptus voce magistri.

[1] *BC :* « si nous ».
[2] *Vulg. :* « de Xenocrates ».

Les plus rares hommes que i'aye iugé par les apparences externes (car, pour les iuger a ma mode, il les faudroit esclerer de fort pres), ce ont esté, pour le fait de la guerre et suffisance militaire : le Duc de Guise qui mourut a Orleans, et le feu Mareschal Strozi ; pour gens suffisans et de vertu non commune : Oliuier et l'Hospital, Chanceliers de France. Il me semble aussi de la poesie qu'elle a eu sa vogue en nostre siecle. Nous auons foison de bons artisans de ce mestier la : d'Aurat, Beze, Buchanan, l'Hospital, Montdoré, Turnebus. Quant aus François, ie pense qu'ilz l'ont montée au plus haut degré ou elle sera iamais; et, aus parties en quoy Ronsart et du Bellay excellent, ie ne les trouue guieres esloignés de la perfection ancienne. Adrianus Turnebus sçauoit plus et sçauoit mieus ce qu'il sçauoit que homme qui fut de son siecle, ny loin au dela.

Les autres vertus ont eu peu ou point de mise en ce temps; mais la vaillance, elle est deuenue populaire par noz guerres ciuiles; et, en céte partie, il se trouue parmy nous des ames fermes iusques a la perfection, et en grand nombre, si que le triage en est impossible a faire.

Voila tout ce que i'ay connu iusques a céte heure d'extraordinaire grandeur et non commune.

CHAPITRE DIXHVITIESME.

DV DÉMENTIR.

Voire mais on me dira que ce dessein de se seruir de soy mesmes pour suiet a escrire seroit excusable a des hommes rares et fameus, qui, par leur reputation, auroint donné quelque desir de leur cognoissance. Il est certain, ie l'aduoue, et sçay bien que, pour voir vn homme de la commune façon, a peine qu'vn artisan leue les yeux de sa besoigne, la ou, pour voir vn personnage grand et signalé arriuer en vne ville, les ouuroirs et les boutiques s'abandonnent. Il mésiet a tout autre de se faire cognoistre qu'a celuy qui a dequoy se faire imiter, et duquel la vie et les opinions peuuent seruir d'exemple et [1] de patron. Cæsar et Xenophon ont eu dequoy fonder et fermir leur narration en la grandeur de leurs gestes, comme en vne baze massiue et solide. Ainsi sont a souhaiter les papiers iournaus du grand-Alexandre, les commentaires qu'Auguste*, Sylla, Brutus et autres auoint laissé de leurs gestes. De telles gens, on aime et estudie les figures, en cuyure mesmes et en pierre.

Céte remonstrance est tres-vraye, mais elle ne me touche pas [2] :

Non recito cuiquam, nisi amicis, idque rogatus,
Non vbiuis coramue quibuslibet; in medio qui
Scripta foro recitent sunt multi, quique lauantes.

Ie ne dresse pas icy vne statue a planter au carre-four d'vne ville, ou dans vne eglise, ou place publique* : c'est pour la cacher au coin [3] d'vne librairie, et pour en amuser quelqu'vn qui ait particulier interest a ma cognoissance [4] : vn voisin, vn parent, vn amy qui prendra plaisir a me racointer et repratiquer en cet' image. Les autres ont pris cœur de parler d'eus, pour

[1] *Vulg. supp.* : « d'exemple et ».
[2] *Vulg.* : « que bien peu ».
[3] *Vulg.* : « pour le coin ».
[4] *Vulg. supp.* : « quelqu'vn qui... cognoissance ».

y auoir trouué le subiect digne et riche; moi, au rebours, pour l'auoir trouué si vain et si maigre qu'il n'y peut échoir nul soupçon d'ostentation*. Quel contentement me seroit ce d'ouir ainsi quelqu'vn qui me recitast les meurs, la forme, les conditions et les fortunes de mes ancestres! combien i'y serois atentif! Vrayement cela partiroit d'vne mauuaise nature d'auoir a mespris les portraitz mesmes de noz amis et predecesseurs, et de les desdaigner. Vn poignard, vn harnois, vne espée qui leur a serui, ie les conserue, pour l'amour d'eus, autant que ie puis, de l'iniure du temps [1]*. Si toutesfois ma posterité est d'autre goust, i'aray bien dequoy me reuencher, car ilz ne sçauroient faire moins de conte de moy que i'en feray d'eus en ce temps la. Tout le commerce que i'ay en cecy auec le publicq, c'est que i'ay esté contraint d'emprunter [2] les vtils de son escriture, pour estre plus soudaine et plus aysée : il m'a fallu ietter en moule céte image pour m'exempter de la peine d'en faire faire plusieurs extraicts a la main [3]. En recompense de céte commodité que i'en ay emprunté, i'espere luy faire ce seruice d'empescher [4]

Ne toga cordyllis, ne penula desit oliuis.

Mais, a dire vray, a qui croyrions nous parlant de soy en vne saison si gastée? veu qu'il en est fort peu ou point a qui nous puissions croire parlants d'autruy, ou il y a moins d'interest a mentir. Le premier trait de la corruption des mœurs, c'est le bannis-

[1] *Vulg. modifie les trois dernières phrases.*
[2] *Vulg. :* « que i'emprunte ».
[3] *Vulg. supp. :* « il m'a fallu... la main ».
[4] *Vulg. modifie cette phrase.*

sement de la verité : car, comme disoit Pindarus, l'estre veritable est le commencement d'vne grande vertu*. Nostre verité d'a cette heure, ce n'est pas ce qui est, mais ce qui se persuade a autruy : comme nous appellons monnoye, non celle qui est loyalle seulement, mais la fauce aussi qui a mise. Nostre nation est de long temps reprochée de ce vice : car Saluianus Massiliensis, qui estoit du temps de Valentinian, l'Empereur, dit qu'aus François le mentir et se pariurer ne leur est pas vice, mais vne façon de parler. Qui vouldroit encherir sur ce tesmoignage, il pourroit dire que ce leur est a present vertu. On s'y forme [1], on s'y façonne comme a vn exercice d'honneur ; car la dissimulation est des plus notables qualitez de ce siecle.

Ainsi i'ay souuent consideré d'ou pouuoit naistre céte coustume, que nous obseruons si religieusement, de nous sentir plus aigrement offencez du reproche de ce vice, qui nous est si ordinaire, que de nul autre; et que ce soit l'extreme iniure qu'on nous puisse faire de parole que de nous reprocher la mensonge. Sur cela, ie treuue qu'il est vn peu [2] naturel de se defendre le plus des vices dequoy nous sommes le plus entachés. Il semble qu'en nous ressantants de l'accusation, et nous en esmouuant, nous nous deschargons aucunement de la coulpe : si nous l'auons par effect, aumoins nous la condamnons par apparence*. C'est vn vilein vice que le mentir, et qu'vn ancien peint bien honteusement, quand il dict que c'est donner tesmoignage de mespriser Dieu, et quant et quant de creindre les hommes. Il n'est pas possible d'en representer plus

1 *Vulg. supp.* : « On s'y forme ».
2 *BC supp.* : « vn peu ».

richement l'horreur, la vilité et le desreglement : car, que peut on imaginer de plus monstrueus que d'estre couart a l'endroit des hommes, et braue a l'endroit de Dieu? Nostre intelligence se conduisant par la seule voye de la parolle, celuy qui la fauce trahit la societté publique. C'est le seul vtil par le moyen duquel se communiquent noz volontez et nos pensées; c'est le truchement de nostre ame : s'il nous faut, nous ne nous tenons plus, nous ne nous entreconnoissons plus; s'il nous trompe, il rompt tout nostre commerce, et dissoult toutes les liaisons de nostre police*. Ce bon compaignon de Grece disoit que les enfans s'amusent par les [1] osseletz, et les hommes par les parolles.

Quant aus diuers vsages de noz démentiz, et les loix de nostre honneur en cela, et les changemens qu'elles ont receus, ie remets a vne autrefois d'en dire ce que i'en [2] pense; et apprendray cependant, si ie puis, en quel temps print commencement céte coustume de si exactement poiser et mesurer les parolles, et d'y attacher nostre honneur : car il est aisé a iuger qu'elle n'estoit pas anciennement entre les Romains et les Grecs; et m'a semblé souuent nouueau et estrange de les voir se démentir et s'iniurier, sans entrer pourtant en querelle. Les lois de leur deuoir prenoint quelque autre trein que les nostres. On appelle Cæsar tantost voleur, tantost yurongne, a sa barbe. Nous voyons la liberté des inuectiues qu'ils font les vns contre les autres (ie dy les plus grands chefs de guerre de l'vne et l'autre nation), ou les parolles se reuenchent seulement par les parolles, et ne se tirent a autre consequence.

[1] *BC supp.* : « les ».
[2] *C* : « ie ».

CHAPITRE DIXNEVFIESME.

DE LA LIBERTÉ DE CONSCIENCE.

Il est ordinaire de voir les bonnes intentions, si elles sont conduites sans moderation, pousser les hommes a des effects tresuitieux. En ce debat, par lequel la France est a present agitée de guerres ciuiles, le meilleur et le plus sain party est sans doubte celuy qui maintient et la religion et la police ancienne du pays. Entre les gens de bien, toutesfois, qui le suiuent (car ie ne parle point de ceux qui ne s'en seruent que de pretexte pour ou exercer leurs vengeances particulieres, ou fournir a leur auarice, ou suiure la faueur des Princes, mais de ceux qui le font par vray zele enuers leur religion et sainte affection a maintenir la paix et l'etat de leur patrie), de ceux cy, dis-ie, il s'en voit plusieurs que la passion pousse hors les bornes de la raison, et leur faict par fois prendre des conseils iniustes, violents et encore temeraires.

Il est certain qu'en ces premiers temps que nostre religion commença a fleurir et [1] a gaigner authorité et puissance auec les loix, le zele en arma plusieurs contre toute sorte de liures payens : dequoy les gens de lettre souffrent vne merueilleuse perte. I'estime que ce desordre ait plus porté de nuysance aux lettres que tous les feux des barbares. Cornelius Tacitus en est vn bon tesmoin : car, quoi que l'Empereur Tacitus, son parent, en eut peuplé, par ordonnances

[1] *Vulg. supp.* : « a fleurir et », *et plus loin* : « et puissance ».

expresses, toutes les libreries du monde, toutesfois vn seul exemplaire entier n'a peu eschapper la curieuse recerche de ceus qui desiroint l'abolir pour cinq ou six vaines clauses qu'il escrit contre nostre creance.

Ils ont aussi eu ceci, aumoins aucuns [1], de préter aysément des louanges fauces a tous les Empereurs qui faisoient pour nous, et condamner vniuersellement toutes les actions de ceus qui nous estoint contraires, comme il est aysé a voir en l'Empereur Iulian, surnommé l'Apostat. C'estoit, a la verité, vn tresgrand homme et rare, comme celuy qui auoit son ame viuement tainte des discours de la philosophie, ausquels il faisoit profession de regler et toucher [2] toutes ses actions. Et, de vray, il n'est nulle sorte de vertu dequoy il n'ait laissé de tresnotables exemples. En chasteté (de laquelle le cours de sa vie donne bien cler tesmoignage), on lit de luy vn pareil traict a celuy d'Alexandre et de Scipion, que, de plusieurs tres belles captiues, il n'en voulut pas seulement voir vne, estant en la fleur de son aage : car il fut tué par les Parthes aagé de trente vn an seulement. Quant a la iustice, il prenoit luy mesme la peine d'ouir les parties, et encore que, par curiosité, il s'informat a ceux qui se presentoient a luy de quelle religion ils estoint, toutesfois l'inimitié qu'il portoit a la nostre ne donnoit nul contrepoix a la balance. Il fit lui mesme plusieurs bonnes lois, et retrancha vne grand' partie des subsides et impositions que leuoint ses predecesseurs.

Nous auons deux bons historiens tesmoins oculaires de ses actions, l'vn desquelz, Marcellinus, reprend aigrement, en diuers lieus de son histoire, céte sienne

[1] *Vulg. supp.* : « aumoins aucuns ».
[2] *Vulg. supp.* : « et toucher ».

ordonnance par laquelle il defandit l'escolle et interdit l'enseigner a tous les rhetoriciens et grammairiens Chrestiens, et dit qu'il souhaiteroit cete sienne action estre enseuelie soubs le silence. Il est vray semblable s'il eut faict quelque chose de plus aigre contre nous, qu'il ne l'eut pas oublié, estant bien affectionné a nostre party. Il nous estoit apre, a la verité, mais non pourtant cruel ennemy : car nos gens mesmes recitent de luy céte histoire que, se promenant vn iour autour de la ville de Calcedoine, Maris, l'Euesque du lieu, osa bien l'appeller meschant traistre a Christ, et qu'il n'en fit autre chose sauf luy respondre : « Va, miserable, pleure la perte de tes yeus »; a quoy l'Euesque encore repliqua : « Ie rens graces a Iesus Christ de m'auoir osté la veue, pour ne voir ton visage impudent »; affectant, disent ils, en cela, vne patience philosophique. Tant y a que ce faict la ne se peut pas bien rapporter aux cruautés qu'on le dict auoir exercées contre nous. Il estoit (dit Eutropius, mon autre tesmoin) ennemi de la Chrestienté, mais sans toucher au sang.

Aussi ce que plusieurs disent de luy qu'estant blessé a mort d'vn coup de traict, il s'escria : « Tu as vaincu »; ou, comme disent les autres : « Contente toy, Nazarien! » n'est non plus vray-semblable; car ceux qui estoint presens a sa mort, et qui nous en recitent toutes les particulieres circonstances, les contenances mesmes et les parolles, n'en disent rien, non plus que de ie ne sçay quelz miracles que d'autres y meslent [1].

Et, pour reueuir a sa iustice, il n'est rien qu'on

[1] *BC supp. depuis :* « Aussi ce que... » *jusqu'à :* « y meslent ». — *Vulg. transporte ce passage plus loin, en le modifiant légèrement.*

y puisse accuser, que les rigueurs dequoy il vsa au commencement de son empire contre ceux qui auoint suiuy le party de Constantius, son predecesseur. Quant a sa sobrieté, il viuoit tousiours vn viure soldatesque, et se nourrissoit, en pleine paix, comme celuy qui se preparoit et accoustumoit tousiours [1] a l'austerité de la guerre. La vigilance estoit telle en luy qu'il départoit la nuict a trois ou a quatre pieces, dont la moindre estoit celle qu'il donnoit au sommeil; le reste, il l'emploioit a visiter luy mesme en personne l'estat de son armée et ses gardes, ou a estudier; car, entre autres sienes rares qualitez, il estoit tresexcellent en toute sorte de literature. On dit d'Alexandre le grand qu'estant couché, de peur que le sommeil ne le debauchat de ses pensemens et de ses estudes, il faisoit mettre vn bassin ioignant son lict, et tenoit l'vne de ses mains au dehors auec vne boulette de cuyure, affin que, le sommeil le surprenant et relachant les prises de ses doigts, céte boulette, par le bruit de sa cheute dans le bassin, le reueillat. Cetuy cy auoit l'ame si tendue a ce qu'il vouloit, et si peu empeschée de fumées par sa singuliere abstinence qu'il se passoit bien de cet artifice. Quant a la suffisance militaire, il fut admirable en toutes les parties d'vn grand capitaine. Ausi fut il, quasi toute sa vie, en continuel exercice de guerre, et la pluspart auec nous, en France, contre les Allemans et Francons. Nous n'auons guiere memoire d'homme qui ait veu plus de hazards, ny qui ait plus souuant fait preuue de sa personne.

Sa mort a quelque chose de pareil a celle d'Epaminondas : car il fut frappé d'vn traict, et essaya de

[1] *Vulg. supp.* : « tousiours ».

l'arracher, et l'eut fait sans ce que, le trait estant trenchant, il se coupa et affoyblit la main. Il demandoit incessamment qu'on le reportat en ce mesme estat en la meslée, pour y encourager ses soldats, lesquels contesterent céte bataille sans luy trescourageusement, iusques a ce que la nuict separa les armées. Il deuoit a la philosophie vn singulier mespris en quoy il auoit sa vie et les choses humaines. Il auoit ferme créance de l'eternité des ames.

En matiere de religion, il estoit vicieux par tout. On l'a surnommé Apostat, pour auoir abandonné la nostre. Toutesfois céte opinion me semble plus vraysemblable qu'il ne l'auoit iamais eue a [1] cœur, mais que, pour l'obeissance des loix, il s'estoit feint iusques a ce qu'il tint l'empire en sa main. Il fut si superstitieux en la sienne, que ceux mesmes qui en estoint de son temps s'en mocquoint; et disoit on, s'il eut gaigné la victoire contre les Parthes, qu'il eut fait tarir la race des beufs au monde, pour satisfaire a ses sacrifices. Il estoit aussi embabouyné de la science diuinatrice, et donnoit authorité a toute façon de prognostiques. Il dit, entre autres choses, en mourant, qu'il sçauoit bon gré aus Dieus et les remercioit dequoi ils ne l'auoint pas voulu tuer par surprise, l'aiant de longtemps auerti du lieu et heure de sa fin; ny d'vne mort molle ou lâche, mieux conuenable aus personnes oisiues et delicates, ny languissante, longue et doleureuse; et qu'ils l'auoint trouué digne de mourir de céte noble façon, sur le cours de ses victoires, et en la fleur de sa gloire. De vray, il auoit eu vne pareille vision a celle de Marcus Brutus, qui, premie-

[1] *BC* : « au ».

rement, le menassa en Gaule, et depuis se representa a luy, en Perse, sur le point de sa mort [1].

Et, pour venir au propos de mon theme, il couuoit, dict Marcellinus, de long temps en son cœur le paganisme, mais, par ce que toute son armée estoit de Chrestiens, il ne l'osoit descouurir. En fin, quand il se vit assez fort pour oser publier sa volonté, il fit ouurir les temples des Dieux, et s'essaya, par tous moyens, de mettre sus l'idolatrie. Pour paruenir a son effect, ayant rencontré en Constantinople le peuple descousu auec les prelatz de l'eglise Chrestienne diuisez, les ayant faict venir a luy au palais, les amonnesta instamment d'assopir ces dissentions ciuiles, et que chacun, sans empeschement et sans crainte, seruit a sa religion. Ce qu'il sollicitoit auec grand soing, pour l'esperance qu'il auoit que céte licence augmenteroit les parts et les brigues de la diuision, et empescheroit le peuple de se reunir et de se fortifier, par consequent, contre luy par leur concorde et vnanime intelligence; aiant essayé, par la cruauté d'aucuns Chrestiens, qu'il n'y a point de beste au monde tant a craindre a l'homme que l'homme.

Voyla ses mots, a peu pres : en quoy cela est digne de consideration que l'Empereur Iulian se sert, pour attiser le trouble de la dissention ciuile, de cette mesme recepte de liberté de conscience que noz Roys viennent d'employer pour l'étaindre. On peut dire, d'vn costé, que de lascher la bride aus parts d'entretenir leur opinion, c'est espandre et semer la diuision, c'est préter quasi la main a l'augmenter, n'y ayant nulle barriere ni coërction des loix qui bride et

[1] *Vulg. place ici le passage supprimé plus haut, sur les dernières paroles de Julien.*

empesche sa course; mais, d'autre costé, on diroit aussi que de lâcher la bride aus pars d'entretenir leur opinion, c'est les amolir et relascher par la facilité et par l'aysance, et que c'est emousser l'eguillon qui s'affine par la rarité, la nouuelleté et la difficulté. Et si croy mieux, pour l'honneur de la deuotion de noz Rois, c'est que, n'ayants peu ce qu'ils vouloint, ils ont faict semblant de vouloir ce qu'ils pouuoint.

CHAPITRE VINGTIESME.

NOVS NE GOVSTONS RIEN DE PVR.

La foiblesse de nostre condition faict que les choses, en leur simplicité et pureté naturelle, ne puissent pas tomber en nostre vsage. Les elemens que nous ioyssons sont alterés, et les metaus de mesme; et l'or, il le faut empirer par quelque autre matiere plus vile [1], pour l'accommoder a nostre seruice*. Des voluptez [2], plaisirs et biens que nous auons, il n'en est nul exempt de quelque meslange de mal et d'incommodité*. C'est ce que dit vn verset Grec ancien, de tel sens : Les Dieux nous vendent tous les biens qu'ils nous donnent; c'est a dire : ils ne nous en donnent nul pur et parfaict, et que nous n'achetons au pris de quelque mal*.

Les loix mesmes de la iustice ne peuuent subsister sans quelque meslange d'iniustice; et dit Platon que ceux la entreprenent de couper la teste de Hydra, qui pretendent oster des lois toutes incommodités et

[1] *Vulg. supp.* : « plus vile ».
[2] *Vulg. supp.* : « voluptez ».

inconueniens. *Omne magnum exemplum habet aliquid ex iniquo, quod contra singulos vtilitate publica rependitur*, dit Tacitus*.

CHAPITRE VINGTVNIESME.

CONTRE LA FAINEANTISE.

L'Empereur Vespasien, estant malade de la maladie dequoi il mourut, ne laissoit pas de vouloir entendre l'estat de l'empire; et, dans son lict méme, despeschoit sans cesse plusieurs affaires de consequence; et, comme son medecin l'en tençat, comme de chose nuysible a sa santé : « Il faut, disoit il, qu'vn Empereur meure debout. » Voila vn beau mot, a mon gré, et digne d'vn grand Prince. Adrian, l'Empereur, s'en seruit depuis a ce mesme propos, et le deburoit on souuent ramenteuoir aux Princes, pour leur faire sentir que céte grande charge qu'on leur donne, du commandement de tant d'hommes, n'est pas vne charge oisiue, et qu'il n'est rien qui puisse si iustement dégouster vn subiect de se mettre en peine et en hazard pour le seruice de son Prince, que de le voir apoltronny ce pendant luy mesme a des occupations lasches et vaines, et d'auoir soing de sa conseruation, le voyant si nonchalant de la nostre*.

L'Empereur Iulian disoit encore plus, qu'vn philosophe et vn galant homme ne deuoint pas seulement respirer, c'est a dire ne donner aus necessitez corporelles que ce qu'on ne leur peut refuser, tenant tousiours l'ame et le corps embesoignés a choses belles, grandes et vertueuses. Il auoit honte, si, en public, on le voioit cracher ou suer (ce qu'on dict aussi de la ieunesse Lacedemoniene, et Xenophon, de la Persienne) par ce qu'ils estimoint que l'exercice, le trauail continuel et la sobrieté deuoint auoir cuit et asseché toutes ces superfluitez. Ce que dict Seneca ne ioindra pas mal en cet endroit, que les anciens Romains maintenoint leur ieunesse droite : Ils n'apprenoint, dit il, rien a leurs enfans qu'ils deussent apprandre assis*.

CHAPITRE VINGTDEVSIESME.

DES POSTES.

Ie lisois a cet'heure que le Roy Cyrus, pour receuoir plus facilement nouuelles de tous les cotez de son empire, qui estoit d'vne fort grande estandue, fit regarder combien vn cheual pouuoit faire de chemin en vn iour, tout d'vne traite, et, a céte distance, il establit des hommes qui auoint charge de tenir des cheuaux prets, pour en fournir a ceux qui viendroint vers luy.

Cæsar dit que Lucius Vibulus Rufus, ayant hâte de porter vn aduertissement a Pompeius, s'achemina vers luy iour et nuict, changeant de cheuaux, pour faire diligence. Et luy mesme, a ce que dit Suetone, faisoit cent mille par iour, sur vn coche de louage. Mais c'estoit vn furieux courrier; car la ou les riuieres luy trenchoint son chemin, il les franchissoit a nage*. Tiberius Nero, allant voir son frere Drusus malade en Allemaigne, fit deux cens mile, en vingt-quatre heures, auec trois coches*.

CHAPITRE VINGTROISIESME.

DES MAVVAIS MOYENS EMPLOIÉS A BONNE FIN.

Il se trouue vne merueilleuse relation et correspondance en céte vniuerselle police des ouurages de nature, qui montre bien qu'elle n'est ny fortuite ny conduyte par diuers maistres. Les maladies et conditions de nos corps se voyent aussi aus estats et polices : les royaumes, les republiques naissent, fleurissent et fanissent de vieillesse comme nous. Nous sommes suiects a vne repletion d'humeurs inutile et nuysible; soit de bonnes humeurs (car cela mesme les medecins le craignent, et, par ce qu'il n'y a rien de stable chez nous, ils disent que, la perfection de santé trop allegre et vigoreuse, il nous la faut essimer et rabatre par art, de peur que nostre nature, ne se pouuant rassoir en nulle certaine place et n'aiant plus ou monter pour s'ameliorer, ne se recule en arriere, en desordre et trop a coup; ils ordonnent, pour cela, aux athletes les purgations et les saignées, pour leur soubstraire céte superabondance de santé), soit repletion de mauuaises humeurs, qui est l'ordinaire cause des maladies. De semblable repletion se voient les états souuent malades; et a l'on accoustumé d'vser de diuerses sortes de purgation. Tantot on donne congé a vne grande multitude de familles, pour en decharger le pais, lesquelles vont cercher ailleurs ou s'accommoder aus dépens d'autrui : ainsi nos anciens Francons, partis du fons de l'Alemaigne, vindrent se saisir de la Gaule, et en déchasser les premiers habitans; ainsi se forgea cette infinie marée d'hommes qui s'écoula en Italie, soubs Brennus et autres; ainsi les Gots et Vuandales, comme aussi les peuples qui possedent a present la Grece, abandonnerent leur naturel pais, pour s'aller loger ailleurs plus au large; et a peine est il deux ou trois coins au monde qui n'ayent senty l'effect d'vn tel remuement. Les Romains batissoient par ce moien leurs colonies; car, sentans leur ville se grossir outre mesure, ils la deschargoient du peuple moins necessaire, et l'enuoioient habiter et cultiuer les terres par eux conquises. Par fois aussi ils ont, a écient, nourri des guerres auec aucuns leurs ennemis, non seulement pour tenir leurs hommes en haleine, de peur que l'oysiueté, mere de corruption, ne leur apportat quelque pire inconuenient*, mais ausi pour seruir de saignée a leur republique, et éuanter vn peu la chaleur trop vehemente de leur ieunesse, estausser [1] et éclaircir le branchage de ce tige foisonnant en trop de gaillardise : a cet effet, se sont ils autrefois seruis de la guerre contre les Cartaginois.

Au traité de Bretigny, Edouard troisieme, Roy d'Angleterre, ne voulut comprendre en céte paix generalle qu'il fit auec nostre Roy, le differant du duché de Bretaigne, affin qu'il eust ou se descharger de ses hommes de guerre, et que ceste foulle d'Anglois, dequoy il s'estoit serui en ses guerres de deça, ne se reiettat en Angleterre. Ce fut l'vne des raisons pourquoy nostre Roy Philippes consentit d'enuoier Iean, son fils, a la guerre d'outre mer, affin d'en amener quand et luy vn grand nombre de ieunesse bouillante, qui estoit en sa gendarmerie.

[1] *Vulg.* : « escourter ».

Il y en a plusieurs en ce temps qui discourent de pareille façon, souhaitans que cette emotion chaleureuse qui est parmy nous se peut deriuer a quelque guerre voisine, de peur que ces humeurs peccantes, qui dominent pour céte heure nostre corps, si on ne les escoulle a [1] ailleurs, maintiennent nostre fiebure tousiours en force, et apportent en fin nostre entiere ruine; et, de vray, vne guerre estrangiere est vn mal bien plus doux que la ciuile. Mais ie ne croy pas que Dieu fauorisat vne si iniuste entreprise d'offencer et quereler autruy pour nostre commodité*.

Toutes-fois la foiblesse de nostre condition nous pousse souuent a céte necessité de nous seruir de mauuais moiens pour vne bonne fin. Licurgus, le plus vertueux et parfaict legislateur qui fut onques, inuenta céte tres-iniuste et tres-inique [2] façon pour instruire son peuple a la temperance, de faire enyurer par force les Elotes, qui estoient leurs serfs, affin qu'en les voyant ainsi perdus et enseuelis dans le vin, les Spartiates prinsent en horreur le débordement de ce vice. Ceux la auoient encore plus de tort, qui permetoient anciennement que les criminelz, a quelque sorte de mort qu'ilz fussent condamnez, fussent déchirez tous vifs par les medecins, pour y voir au naturel nos parties interieures, et en establir plus de certitude en leur art : car, s'il se faut débaucher, on est plus excusable le faisant pour le seruice de la santé de l'ame que pour celle du corps, comme les anciens Romains, pour dresser le peuple a la vaillance et au mespris des dangiers et de la mort par quelque instruction, inuenterent ces furieus spectacles de gladia-

[1] *BC supp. :* « a ».
[2] *Vulg. supp. :* « et tres-inique ».

teurs et escrimeurs a outrance, qui se combatoient, détailloient et entretuoient en leur presence [1]*. C'estoit, a la verité, vn merueilleux exemple et de tresgrand fruict pour l'institution du peuple, de voir tous les iours en sa presence cent, deux cens, trois cens [2] couples d'hommes, armés les vns contre les autres, se hacher en pieces, auecques vne si extreme fermeté de courage qu'on ne leur vit iamais changer de visage [3], lâcher vne parolle de foiblesse ou commiseration, iamais tourner le dos, ny faire seulement vn mouuement lâche pour gauchir au coup de leur aduersaire, ains tendre le col a l'espée de leur ennemi et se presenter au coup. Il est aduenu a plusieurs d'entre eux, estans blessez a mort de force plaies, d'enuoier demander au peuple s'il estoit content de leur deuoir, auant que se coucher pour rendre l'esprit sur la place. Il ne falloit pas seulement que ilz combattisent et moursussent constamment, mais encore allegrement, en maniere qu'on les hurloit et maudissoit, si on les voioit estriuer a receuoir la mort*. Les premiers Romains emploioient a cet' exemple les criminels; mais dépuis on y emploia des serfs innocens et des libres mesmes, qui se vendoient pour cet effect :* ce que ie trouuerois fort estrange et incroiable, si nous n'étions acoustumés de voir tous les iours en nos guerres plusieurs miliasses d'hommes estrangiers, engageant, pour de l'argent, leur sang et leur vie a des querelles ou ilz n'ont nul interest.

[1] *Vulg. modifie légèrement cette phrase.*
[2] *Vulg.* : « deux cens, voire mille ».
[3] *Vulg. supp.* : « iamais changer de visage ».

CHAPITRE VINTQVATRIESME.

DE LA GRANDEVR ROMAINE.

Ie ne veux dire qu'vn mot de cet argument infiny, pour monstrer la simplesse de ceux qui apparient a celle la les chetiues grandeurs de ce temps. Au septiesme liure des épitres familieres de Cicero (et que les grammairiens en otent ce surnom de familieres, s'ilz veulent, car, a la verité, il n'y ést pas fort à propos, et ceux qui, au lieu de familieres, y ont substitué *ad familiares,* peuuent tirer quelque argument pour eus de ce que dit Suetone, en la vie de Cæsar, qu'il y auoit vn volume des lettres dudit Cæsar *ad familiares),* il y en a vne qui s'adresse a Cæsar, estant lors en la Gaule, en laquelle Cicero redit ces motz, qui estoint sur la fin d'vn' autre lettre que Cæsar luy auoit escrit: Quant a Marcus-Furius, que tu m'as recommandé, ie le feray Roy de Gaule, et, si tu veux que i'aduance quelque autre de tes amis, enuoie le moy. Il n'estoit pas nouueau a vn simple cytoien Romain, comme estoit lors Cæsar, de disposer des royaumes, car il osta bien au Roy Deiotarus le sien, pour le donner a vn gentil'homme sien amy [1], de la ville de Pergame, nommé Mithritdates; et ceux qui escriuent sa vie enregistrent plusieurs autres royaumes par luy vendus, et Suetone dit qu'il tira pour vn coup, du Roy Ptoloméus, trois

[1] *Vulg. supp.* : « sien amy ».

millions six cens mill' escus, qui fut bien pres de luy vendre le sien*.

Et, sur ce propos, Tacitus, parlant du Roy d'Angleterre Cogidunus, nous faict sentir par vn merueilleux traict céte infinie puissance : Les Romains, dit il, auoient acoustumé, de toute ancienneté, de laisser les Roys qu'ilz auoient surmontés en la possession de leurs royaumes, sous leur authorité, a ce qu'ils eussent des Roys mesmes vtilz de la seruitude, *vt haberent instrumenta seruitutis et Reges**.

CHAPITRE VINGTCINQVIESME.

DE NE CONTREFAIRE LE MALADE.

Il y a vn' epigramme en Martial, qui est des bons, car il y en a chez luy de toutes sortes, ou il recite plaisamment l'histoire de Cælius, qui, pour fuir a faire la court a quelques grans, a Romme, se trouuer a leur leuer, les assister et les suiure, fit la mine d'auoir la goute; et, pour rendre son excuse plus vray-semblable, se faisoit oindre les iambes, les auoit enueloppées et contre-faisoit entierement le port et la contenance d'vn homme gouteux. En fin, la fortune luy fit ce plaisir de l'en rendre tout a faict :

Tantum cura potest et ars doloris!
Desiit fingere Cælius podagram.

I'ay veu, en quelque lieu d'Appian, autrefois [1], vne

[1] *Vulg.* : « d'Appian, ce me semble ».

pareille histoire d'vn qui, voulant eschapper aus proscriptions des Triumuirs de Rome, pour se dérober de la connoissance de ceux qui le poursuiuoint, se tenant caché et trauesti, y adiouta encore céte inuention de contrefaire le borgne. Quand il vint a recouurer vn peu plus de liberté, et qu'il voulut deffaire l'emplatre qu'il auoit long temps porté sur son œil, il trouua que sa veüe estoit effectuelement [1] perdue soubs ce masque. Il est possible que l'action de la veüe s'estoit hebetée pour auoir été si long temps sans exercice, et que la force visiue s'étoit toute reietée en l'autre œil : car nous sentons euidemment que l'œil que nous tenons couuert r'enuoie a son compagnon quelque partie de son effect, en maniere que celuy qui reste s'en grossit et s'en enfle. Comme aussi l'oisiueté, auec la chaleur des liaisons et des medicamens, auoit bien peu attirer quelque humeur podagrique au gouteux de Martial.

Lisant chés Froissard le veu d'vne troupe de ieunes gentilshommes Anglois de porter l'œil gauche bandé iusques a ce qu'ils eussent passé en France et exploité quelque fait d'armes sur nous, ie me suis souuent chatouillé de ce pensement qu'il leur eut pris comme a ces autres, et qu'ilz se fussent trouuez tous éborgnés au reuoir des maistresses pour lesquelles ilz auoint fait l'entreprise.

Les meres ont raison de tancer leurs enfans quand ilz contrefont les borgnes, les boiteus et les bicles, et tels autres defautz de la personne; car, outre ce que le corps, ainsi tendre, en peut receuoir vn mauuais ply, ie ne sçay comment il semble que la fortune se

[1] *C :* « effectueusement ».

ioüe a nous prendre au mot; et i'ay ouy reciter plusieurs exemples de gens deuenus malades, ayant entrepris de le contrefaire*.

Mais alongeons ce chapitre, et le bigarrons d'vne autre piece, a propos de la cecité. Pline conte d'vn qui, songeant estre aueugle, en dormant, s'en trouua l'endemain sans aucune maladie precedente. La force de l'imagination peut bien ayder a cela, comme i'ay dit ailleurs, et semble que Pline soit de cet aduis. Mais il est plus vray-semblable que les mouuemens que le corps sentoit au dedens, desquels les medecins trouueront, s'ils veulent, la cause, qui luy ostoint la veüe, furent occasion du songe.

Adioutons encore vn'histoire voisine de ce propos que Seneque recite en l'vne de ses lettres. Tu sçais, dit il, escriuant a Idomenæus [1], que Harpaste, la folle de ma femme, est demeurée chez moy pour charge hereditaire, car, de mon goust, ie suis ennemy de ces monstres, et, si i'ay enuie de rire d'vn fol, il ne me le faut chercher guiere loing : ie me ris de moy mesme. Céte folle a subitement perdu la veüe. Ie te recite chose estrange mais veritable. Elle ne sent point qu'elle soit aueugle, et presse incessamment son gouuerneur de l'en emmener, par ce qu'elle dict que ma maison est obscure. Ce que nous rions en elle, ie te prie croire qu'il aduient a chacun de nous : nul ne connoit estre auare, nul conuoiteux. Encore les aueugles demandent vn guide; nous nous fouruoions de nous mesme. Ie ne suis pas ambitieus, disons nous; mais, a Rome, on ne peut viure autrement. Ie ne suis pas sumptueus; mais la ville requiert vne grande despence. Ce n'est pas

[1] *Vulg.* : « Lucilius ».

ma faute, si ie suis colere, si ie n'ay encore establi nul train asseuré de vie; c'est la faute de la ieunesse. Ne cerchons pas hors de nous nostre mal : il est chez nous; il est planté en nos entrailles; et cela mesme que nous ne sentons pas estre malades nous rend la guerison plus malaisée. Si nous ne commençons de bonne heure a nous penser, quand arons nous pourueu a tant de plaies et a tant de maus? Si auons nous vne tres-douce medecine que la philosophie; car, des autres, on n'en sent le plaisir qu'apres la guerison : céte cy plait et guerit ensemble. Voila ce que dit Seneque, qui m'a emporté hors de mon propos : mais il y a du profit au change.

CHAPITRE VINTSIXIESME.

DES POVCES.

Tacitus recite que, parmy certains Rois barbares, pour faire vne obligation asseurée, leur maniere estoit de ioindre estroitement leurs mains droites, l'vne a l'autre, et s'entrelasser les pouces; et quand, a force de les presser, le sang en estoit monté au bout, ils les blessoient de quelque legiere pointe, et puis se les entresucçoint.

Les medecins disent que les pouces sont les maistres doigs de la main, et que leur etymologie Latine vient de *pollere,* qui signifie exceller sur les autres [1]. Les Grecz l'appellent ἀντίχειρ, comme qui diroit vne autre

[1] *Vulg. supp.* : « qui... autres ».

main. Et il semble que par fois les Latins les prennent aussi en ce sens de main entiere :

Sed nec vocibus excitata blandis,
Molli pollice nec rogata, surgit.

C'estoit a Rome vne signification de faueur de comprimer et baisser les pouces :

Fautor vtroque tuum laudabit pollice ludum ;

et de desfaueur de le [1] hausser et contorner au dehors :

Conuerso pollice vulgi,
Quemlibet occidunt populariter.

Les Romains dispensoient de la guerre ceux qui estoient blessés au pouce, comme s'ilz n'auoint plus la prise des armes assez ferme. Auguste confisqua les biens a vn cheuallier Romain qui auoit, par malice, et pour faire fraude a la loy [2], coupé les pouces a deux siens ieunes enfans, pour les dispenser des guerres ; et, auant luy, le Senat, du temps de la guerre Italique, auoit condamné Caius Vatienus a prison perpetuelle, et luy auoit confisqué tous ses biens pour s'estre, a escient, coupé le pouce de la main gauche, pour s'exempter de céte guerre [3].

Quelcun, de qui il ne me souuient point, aiant gaigné vne bataille nauale, fist couper les pouces a ses ennemis vaincus, pour leur oster le moyen de combatre et de tirer la rame*.

[1] *C :* « les ».
[2] *Vulg. supp. :* « et pour... loy ».
[3] *Vulg. :* « ce voyage ».

CHAPITRE VINGTSEPTIESME.

COVARDISE MERE DE LA CRVAVTÉ.

I'ay souuent oui dire que la coüardise est mere de cruauté*. La vaillance (de qui c'est l'effect de s'exercer seulement contre la resistence,

Nec nisi bellantis gaudet ceruice iuuenci)

s'arreste a voir l'ennemy a sa merci; mais la lascheté, pour dire qu'elle est aussi de la feste, n'aiant peu se mesler a ce premier rolle, prend pour sa part le second, du massacre et du sang. Les meurtres des victoires se font ordinairement par le peuple et par les officiers du bagage; et ce qui fait voir tant de cruautés inouies aus guerres populaires, c'est que céte canaille de vulgaire s'aguerrit et se gendarme a s'ensanglanter iusques aus coudes et a deschiqueter vn corps a ses piedz, n'aiant resentiment de null'autre vaillance*; comme les chiens coüards, qui deschirent en la maison et mordent les peaus des bestes sauuages qu'ilz n'ont osé attaquer aux champs. Qu'est ce qui fait, en ce temps, nos querelles toutes mortelles? et que, la ou nos peres auoient quelque degré de vengeance, nous commençons a cet'heure par le dernier, et ne se parle d'arriuée que de tuer? qu'est ce, si ce n'est couardise?

Chacun sent bien qu'il y a plus de brauerie et desdain a battre son ennemy qu'a le tuer, et de le faire bouquer et ronger son frein que de l'acheuer [1]; dauantage, que

[1] *Vulg. modifie légèrement cette phrase.*

l'appetit de vengeance s'en assouit et contente mieux; car elle ne vise qu'a donner resentiment de soy. Voila pourquoy nous n'attaquons pas vne beste ou vne pierre quand elle nous blesse, d'autant qu'elles sont incapables de gouster nostre reuenche; et de tuer vn homme, c'est le mettre a l'abri de nostr'offence*. Il s'en repentira, disons nous. Et, pour lui auoir donné d'vne pistolade par les reins, estimons nous qu'il s'en repente? Au rebours, si nous nous en prenons garde, nous trouuerons qu'il nous faict la moüe en tombant; il ne nous en sçait pas seulement mauuais gré : c'est bien loing de s'en repentir*. Nous sommes a coniller, a trotter et a fuir les officiers de la iustice qui nous suiuent, et luy est en repos. Le tuer est bon pour éuiter l'offence a venir, non pour venger celle qui est faicte*. Il est apparent que nous quitons par la et la vraye fin de la vengeance, et le soing de nostre reputation : nous craignons, s'il demeure en vie, qu'il nous recharge d'vne pareille*. Si nous pensions par vertu estre tousiours maistres de luy, et le gourmander a nostre poste, nous serions bien marris qu'il nous eschappast, comme il faist en mourant. Nous voulons vaincre, mais lâchement, sans combat et sans hazard [1]*.

Noz peres se contentoient de reuencher vne iniure par vn démenti, vn démenti par vn coup de baton [2], et ainsi, par ordre : ils estoient assez valeureus pour ne craindre pas leur ennemi viuant et outragé. Nous tremblons de frayeur tant que nous le voions en pieds. Et qu'il soit ainsi, nostre belle pratique d'auiourd'huy port' elle pas de poursuiure a mort, aussi bien celuy que nous mesmes auons offencé, que celui qui nous a offencés*?

[1] *Vulg. modifie cette fin.*

[2] *Vulg. supp. :* « de baton ».

L'Empereur Maurice, estant aduerti par songes et plusieurs prognostiques qu'vn Phocas, soldat pour lors inconnu, le deuoit tuer, demandoit à son gendre Philippe, qui estoit ce Phocas, sa nature, ses conditions et ses meurs; et comme, entre autres choses, Philippe luy dit qu'il estoit lasche et craintif, l'Empereur conclud incontinent par la qu'il estoit meurtrier et cruel. Qui rend les Tyrans si meurtriers? C'est le soing de leur seurté, et que leur lâche cœur ne leur fournit d'autres moyens de s'asseurer qu'en exterminant ceux qui les peuuent offencer, iusques aus femmes, de peur d'vne esgratigneure*; et, pour faire tous les deux ensemble, et tuer, et faire sentir leur cholere, ils ont emploié toute leur suffisance a trouuer moyen d'alonger la mort. Ils veulent que leurs ennemis s'en aillent, mais non pas si viste qu'ils n'ayent loysir de resentir leur vengance. La dessus, ils sont en grand peine; car, si les tormens sont violens, ils sont cours; s'ils sont longs, ils ne sont pas assez douloureus a leur gré : les voyla a dispenser leurs engins. Nous en voions mille exemples en l'antiquité, et ie ne sçay si, sans y panser, nous n'en [1] retenons pas quelque trace de céte barbarie.

Tout ce qui est au dela de la mort simple me semble pure cruauté. Nostre iustice ne peut esperer que celuy que la crainte de mourir et d'estre decapité ou pendu ne gardera de faillir, en soit empesché par l'imagination d'vn feu languissant, ou des tenailles, ou de la rouë. Et ie ne sçay, ce pendant, si nous les iettons au desespoir; car, en quel estat peut estre l'ame d'vn homme attendant vintquatre heures la mort, brisé sur

[1] *BC :* « ne ».

vne rouë, ou, a la vieille façon, cloué a vne croix? Car Iosephus recite que, pendant les guerres des Romains en Iudée, passant ou l'on auoit crucifié quelques vns des Iuifs*, il y reconneut trois de ses amys, et obtint de les oster de la : Les deux moururent, dit il; l'autre vesquit encore depuis*.

CHAPITRE VINGTHVICTIESME.

TOVTES CHOSES ONT LEVR SAISON [1].

Ceux qui apparient Caton le Censeur au ieune Caton meurtrier de soy-mesme, font, a mon opinion, grand honneur au premier : car ie les trouue eslongnés d'vne extreme distance [2]*, et ce qu'on dit, entre autres choses, du Censeur, qu'en son extreme vieillesse, il se mit a apprendre la langue Grecque d'vn ardant appetit, comme pour assouuir vne longue soif, ne me semble pas luy estre fort honnorable : c'est proprement ce que nous disons retomber en enfantillage. Toutes choses ont leur saison, les bonnes et tout; et ie puis dire mon patinostre hors de propos*.

Eudemonidas, voiant Xenocrates, fort vieil, s'amuser a l'exercice [3] de son escole : « Quand sçaura cetui cy, ce dit il, s'il apprend encore? »* Le ieune doit faire ses apprets, le vieil en iouir, disent les sages; et le plus grand vice qu'ils remarquent en nostre nature, c'est que noz desseins raieunissent sans cesse : nous recommençons tousiours a viure.

Nostre estude et nostre desir deuroient quelque fois

1 *BC* : « RAISON ». — *Vulg.* : « SAISON ».
2 *Vulg. modifie le commencement de ce chapitre.*
3 *Vulg.* : « s'empresser aux leçons ».

sentir la vieillesse; nous auons le pied a la fosse, et nos appetitz et nos esperances ne font que naistre* : cetuy cy apprend a parler lors qu'il luy faut apprendre a mourir [1]*.

S'il faut estudier, estudions vn estude sortable a nostre condition, affin que nous puissions respondre comme celuy a qui, quand on demanda a quoy faire ces estudes en sa decrepitude : « A m'en partir meilleur, et plus a mon aise, » respondit il. Tel estude fut celuy du ieune Caton sentant sa fin prochaine, qui se rencontra au discours de Platon de l'eternité de l'ame. Non, a dire ce que i'en pense [2], qu'il ne fut de long temps garny de toute sorte de munition pour vn tel deslogement. Et qu'il eut besoin d'asseurance et de volonté ferme, il en [3] auoit plus que Platon n'en a peu representer par [4] ses escris : sa science et son courage estoint, pour ce regard, au dessus de la philosophie. Il print céte occupation, non pour le seruice de sa mort, mais, comme celuy qui n'interrompit pas seulement son sommeil pour l'importance d'vne telle deliberation, il continua aussi, sans chois et sans changement, ses estudes auec les actions acoustumées de sa vie*.

CHAPITRE VINTNEVFIESME.

DE LA VERTV.

Ie trouue, par experience, qu'il y a bien a dire entre les boutées et saillies de l'ame ou vne resolue et

[1] *Vulg.* : « a se taire pour iamais ».
[2] *Vulg.* : « Non, comme il fault croire ».
[3] *BC* : « deslogement. D'asseurance et de volonté ferme*, il en ».
[4] *Vulg.* : « n'en a en ».

constante habitude, et voy bien qu'il n'est rien que nous ne puissions, voire iusques a surpasser la Diuinité mesme, dit quelqu'vn; d'autant que c'est plus de se rendre impassible de soy que d'estre tel de sa condition originelle, et iusques a pouuoir ioindre a l'imbecillité de l'homme vne resolution et asseurance de Dieu; mais c'est par secousse. Et, és vies[1] de ces heros du temps passé, il y a quelque fois des traitz miraculeus, et qui semblent de bien loing surpasser nos forces natureles; mais ce sont traits, a la verité, et est dur a croire que, de ces conditions ainsin esleuées, on en puisse teindre et abreuer l'ame, en maniere qu'elles luy deuiennent ordinaires et comme naturelles. Il nous aduient a nous mesmes, qui ne sommes qu'auortons d'hommes, d'eslancer par fois nostre ame esueillée par les discours ou exemples d'autruy bien loing au dela de son ordinaire; mais c'est vne espece de passion qui la pousse et agite, et qui la rauit aucunement hors de soy : car, franchi ce tourbillon, nous voions que, sans y penser, elle se débande et relâche d'elle mesme, sinon iusques a la derniere touche, au moins iusques a n'être plus cele-la. De façon que lors, a toute occasion, pour vn oiseau perdu ou vn verre cassé, nous nous sentons esmouuoir a plus pres comme l'vn du vulgaire*. Et, a céte cause, disent les sages que, pour iuger bien a point d'vn homme, il faut principalement contreroller ses actions priuées[2], et le surprendre en son à tous les iours.

Pirrho, celui qui bâtit de l'ignorance vne si plaisante science, essaya, comme tous les autres vrayement philosophes, de faire respondre sa vie a sa doctrine;

[1] *A, par erreur :* « vices ».
[2] *Vulg. :* « communes ».

et, par ce qu'il maintenoit la foiblesse du iugement humain estre si extreme que de ne pouuoir prendre party ou inclination, et le vouloit suspendre perpetuelement balancé, regardant et accueillant toutes choses comme indifferentes, on conte qu'il se maintenoit tousiours de mesme façon et visage. S'il auoit commencé vn propos, il ne laissoit pas de l'acheuer, quand celuy a qui il parloit s'en fut allé. S'il alloit, il ne rompoit son chemin pour empeschement qui se presentat, conserué des precipices, du hurt des charrettes et autres accidens par ses amis : car, de craindre ou esuiter quelque chose, c'eust esté choquer ses propositions, qui ostoient au sens mesmes tout chois et connoissance [1]. Quelque fois il souffrit d'estre incisé et cauterisé d'vne telle constance qu'on ne luy en veit pas seulement siller les yeux. C'est quelque chose de ramener l'ame a ses [2] imaginations; c'est plus d'y ioindre les effectz : toutefois il est possible [3]. Mais de les ioindre auec telle perseuerance et constance que d'en establir son train ordinaire, certes en ces entreprinses si esloignées de l'vsage commun, il est quasi incroiable*. Voila pourquoy ce mesme philosophe, estant quelquefois rencontré en sa maison, tansant bièn asprement auecques sa seur, et estant reproché de faillir en cella a son indifferance : « Comment, dit il, faut il [4] qu'encore cete famellete serue de tesmoignage a mes regles? » Vn'autrefois qu'on le veit se deffendre d'vn chien : « Il est, dit il, tres-difficile de despouiller entierement l'homme, et se faut mettre en debuoir et efforcer de

[1] *Vulg. :* « eslection et certitude ».
[2] *BC :* « ces ».
[3] *BC :* « il n'est impossible ».
[4] *C :* « il dit ».

combattre les choses premierement par les effects; mais, au pis aller, par la raison et par les discours. »

Il y a enuiron sept ou huit ans qu'a deux lieues d'icy vn homme de village, qui est encore viuant, ayant la teste de long temps rompue par la ialousie de sa femme, reuenant vn iour de la besoigne, et elle le bien-veignant de ses crialleries accoustumées, entra en telle furie que, sur le champ, a tout la serpe qu'il tenoit encore en ses mains, s'estant moissonné tout net les pieces qui la mettoient en fieure, les luy ietta au visage [1]. Et il se dit qu'vn gentilhomme des nostres, amoureux et gaillard, ayant par sa perseuerance amolli en fin le cœur d'vne belle maistresse, desesperé de ce que, sur le point de la charge, il s'estoit trouué mol luy mesmes et deffailli, et que

non viriliter
Iners senile penis extulerat caput,

s'en priua soudain reuenu au logis, et l'enuoia, cruelle et sanglante victime, pour la purgation de son offence. Si c'eut esté par discours et religion, comme les prestres de Cibele, que ne dirions nous d'vne si hautene entreprise?

Dépuis peu de iours, a Bragerac [2], a cinq lieues de ma maison, contremont la riuiere de Dordoigne, vne femme, ayant esté tourmentée et batue, le soir auant, de son mary, chagrein et fâcheux de sa complexion, délibera de eschapper a sa rudesse au pris de sa vie, et, s'estant a son leuer accointée de ses voisines, comme de coustume, leur laissant eschapper quelque mot de recommendation de ses affaires, prenant vne sienne

[1] *Vulg.* : « au nez ».
[2] *C* : « Bergerac ».

seur par le poin, la mena auecques elle sur le pont, et, apres auoir prins congé d'elle, comme par maniere de ieu, sans monstrer autre changement ou alteration, se precipita du haut en bas dans la riuiere, ou elle se perdit. Ce qu'il y a de plus en cecy, c'est que ce conseil meurist vne nuict entiere dans sa teste.

C'est bien autre chose des femmes Indienes; car, estant la coustume aus maris d'auoir plusieurs femmes, et a la plus chere d'elles de se tuer apres son mary, chacune d'elles, par le dessein de toute sa vie, vise a gaigner ce point et cet auantage sur ses compaignes, et les bons offices qu'elles rendent a leur mary ne regardent autre recompance que d'estre preferées a la compaignie de sa mort*.

En ce mesme pais la, il y auoit quelque chose de pareil, en leurs Gipnosophistes : car, non par la contrainte d'autruy, non par l'inpetuosité d'vn' humeur soudeine, mais par expresse profession de leur regle, leur façon estoit, a mesure qu'ils auoient attaint certain aage, ou qu'ils se voyoient menassés par quelque maladie, de se faire dresser vn buchier, et au dessoubs [1] vn lit bien paré, et, apres auoir festoyé ioyeusement leurs amis et connoissans appellés a cet effect [2], s'aler planter dans ce lict, en telle resolution que, le feu y estant mis, on ne les vit mouuoir ny pieds, ny mains; et ainsi mourut l'vn d'eux, Calanus, en presence de toute l'armée d'Alexandre le Grand*. Céte constante premeditation de toute la vie, c'est ce qui faict le miracle.

Parmy nos autres disputes, celle du *Fatum* s'y est meslée, et, pour attacher les choses aduenir et nostre

[1] *BC* : « dessus ».
[2] *Vulg. supp.* : « appellés a cet effect ».

volonté mesme a certaine et ineuitable necessité, on est encore sur cet argument du temps passé : Puis que Dieu preuoit toutes choses deuoir ainsi aduenir comme il fait, sans doute il faut qu'elles aduiennent ainsi. A quoy nos maistres respondent que le voir que quelque chose aduienne, comme nous faisons, et Dieu de mesmes (car tout lui estant present, il voit plustost qu'il ne preuoit), ce n'est pas la forcer d'auenir; voire nous voions a cause que les choses aduiennent, et les choses n'aduiennent pas a cause que nous voions. L'aduenement fait la science, non la science l'aduenement. Ce que nous voyons aduenir aduient; mais il pouuoit autrement aduenir, et Dieu, au rolle des causes des aduenemens qu'il a en sa prescience, y a aussi celles qu'on appelle fortuites, et les volontaires qui dépendent de la liberté qu'il a donné a nostre arbitrage, et sçait que nous faudrons par ce que nous aurons voulu faillir.

Or i'ay veu assez de gens encourager leurs troupes de céte necessité fatale : car, si nostre heure est attachée a certain point, ny les harquebousades ennemies, ny nostre hardiesse, ny nostre fuite et coüardise, ne la peuuent auancer ou reculer. Cela est beau a dire, mais cherchez qui l'effectuera. Et s'il est ainsi qu'vne forte et viue creance tire apres soy les actions de mesme, certes céte foy dequoy nous remplissons tant la bouche est merueilleusement exile [1] en nos siecles, sinon que le mespris qu'elle a des œuures luy face desdaigner leur compagnie. Tant y a qu'a ce mesme propos, le sire de Ioinuille, tesmoing croiable autant que nul autre, nous raconte des Bedoins, nation meslée aux

[1] *Vulg.* : « legiere ».

Sarrasins, ausquelz le Roy sainct Louys eut affaire en la Terre sainte, qu'ils croyoint si fermement en leur religion les iours d'vn chacun estre de toute eternité prefix et contés d'vne preordonnance ineuitable, qu'ilz alloient a la guerre nudz, sauf vn glaiue a la Turquesque, et le corps séulement couuert d'vn linge blanc; et que, pour leur plus extreme maudison, quand ilz se courroussoient aux leurs, ilz auoient tousiours en la bouche : « Maudit sois tu, comme celuy qui s'arme de peur de la mort. » Voila bien autre preuue de creance et de foy que la nostre. Et de ce reng est aussi celle que donnarent ces deux religieux de Florence, du temps de nos peres. Car, estans en quelque controuerse de dispute [1], ilz s'accordarent d'entrer tous deux dans le feu, en presence de tout le peuple, et en la place publique, pour la verification chacun de son party; et en estoient des-ia les apretz tous faictz, et la chose iustement sur le point de l'execution, quand elle fut interrompue par vn accident improueu*.

CHAPITRE TRENTIESME.

D'VN ENFANT MONSTRVEVS.

Ce conte s'en ira tout simple, car ie laisse aus medecins d'en discourir. Ie vis auant hier vn enfant que deux hommes et vne nourrisse, qui se disoient estre le pere, l'oncle et la tante, conduisoient pour tirer quelque liard, pour [2] le monstrer a cause de son

[1] *Vulg.* : « de science ».
[2] *BC* : « de ». — *Vulg.* : « quelque soul, de ».

estrangeté. Il estoit, en tout le reste, d'vne forme commune, et se soustenoit sur ses piedz, marchoit et gasouilloit a plus pres comme les autres de mesme aage; il n'auoit encore voulu prendre autre nourriture que du tetin de sa nourrisse, et çe qu'on essaya en ma presence de luy mettre en la bouche, il le maschoit vn peu, et le rendoit sans aualer. Ses cris sembloient bien auoir quelque chose de particulier; il estoit aagé de quatorze mois iustement. Au dessous de ses tetins, il estoit pris et colé a vn autre enfant sans teste, et qui auoit le conduit du dos estoupé, le reste entier : car il auoit bien l'vn bras plus court, mais il luy auoit esté rompu par accident a leur naissance; ilz estoient iointz vis a vis, et comme si vn plus petit enfant en vouloit accoler vn plus grandet. La iointure et l'espace par ou ilz se tenoient n'estoit que de quatre doigtz, ou enuiron, en maniere que, si vous retroussiez cet'enfant imparfait, vous voiés au dessous le nombril de l'autre : ainsi la cousture se faisoit entre les tetins et son nombril. Le nombril de l'imparfait ne se pouuoit veoir, mais ouy bien tout le reste de son ventre. Voila comme ce qui n'étoit pas attaché, comme bras, fessier, cuisses et iambes de cet imparfaict demuroient pendans et branslans sur l'autre, et luy pouuoit aller sa longueur iusques a my iambe. La nourrice nous adioutoit qu'il vrinoit par tous les deux endroitz; aussi estoient les membres de cet'autre nourris et viuans, et en mesme point que les siens, sauf qu'ilz estoient plus petitz et menus. Ce double corps et ces membres diuers, se rapportans a vne seule teste, pourroient bien fournir de fauorable prognostique au Roy de maintenir soubs l'vnion de ses loix ces pars et pieces diuerses de nostre estat : mais, de peur que l'euenement ne le démente, il vaut mieux le laisser passer deuant : car il n'est que de deuiner en choses faictes*.

CHAPITRE TRENT'VNIESME.

DE LA COLERE.

Plutarque est admirable par tout, mais principalement ou il iuge des actions humaines. On peut veoir les belles choses qu'il dit en la comparaison de Licurgus et de Numa, sur le propos de la grande simplesse que ce nous est d'abandonner les enfans au gouuernement et a la charge de leurs peres*. Qui ne voit qu'en vn estat tout dépend de l'education et nourriture des enfans? et ce pendant, sans nulle discretion, on les laisse a la merci de leurs parens, tant fols et meschans qu'ils soient.

Entre autres choses, combien de fois m'a il pris enuie, passant par nos rues, de dresser vne farce pour venger des enfants que ie voioy escorcher, assommer et meurdrir a quelque pere ou mere furieux et forcenés de colere. Vous leur voyez sortir le feu et la rage des yeux*, a tout vne voix tranchante et esclatante, souuent contre des garsonnets qui ne font que sortir de nourisse; et puis les voila stropiats, esborgnés [1] et estourdis de coups; et nostre iustice qui n'en fait conte, comme si ces esboitemens et eslochements n'estoient pas des membres de nostre chose publique*.

Il n'est passion qui esbranle tant la sincerité des

[1] *Vulg. supp.* : « esborgnés ».

iugemens que la colere. Nul ne feroit doubte de punir de mort le iuge qui, par colere, auroit comdamné son criminel. Pourquoy est il non plus permis aux peres et aux pedantes de fouetter les enfans, et les chastier, estans en cholere? Ce n'est plus iustice, c'est vangance. Le chastiement tient lieu de medecine aux enfans; et souffririons nous vn medecin qui fut animé et courroucé contre son patient?

Nous mesmes, pour bien faire, ne deburions iamais mettre la main sur nos seruiteurs tandis que la colere nous dure. Pendant que le pouls nous bat, et que nous sentons de l'émotion, remettons la partie. Les choses nous sembleront, a la verité, autres quand nous serons r'acoysés et refroidis : c'est la colere qui commande lors; c'est la colere qui parle ; ce n'est pas nous*. Et puis les chastiements qui se font auec poix et discretion se reçoiuent bien mieux et auec plus de fruit de celuy qui les souffre. Autrement, il ne pense pas auoir esté iustement condamné par vn homme agité de passion et furie, et allegue pour sa iustification les mouuemens extraordinaires de son maistre, l'inflammation de son visage, les sermens inusitez, et céte sienne inquietude et precipitation temeraire*. Suetone recite que, Lucius Saturninus [1] ayant esté condamné par Cæsar, ce qui luy seruit le plus enuers le peuple (auquel il appella) pour lui faire gaigner sa cause, ce fut l'animosité et l'aspreté que Cæsar auoit apporté en ce iugement.

Le dire est autre chose que le faire : il faut considerer le presche a part, et le prescheur a part. Ceux la se sont donnés beau ieu, en nostre temps, qui ont

[1] *Vulg.* : « Caius Rabirius ».

essayé de choquer la verité de nostre creance par les vices de noz gens d'Eglise [1] : elle tire ses tesmoignages d'ailleurs. C'est vne sotte façon d'argumenter, et qui reieteroit toutes choses en confusion. Vn homme de bonnes meurs peut auoir des opinions fauces, et vn meschant peut prescher verité, voire celuy mesme qui ne la croit pas. C'est sans doubte vne belle harmonie quand le faire et le dire vont ensemble, et ie ne veux pas nier que le dire, lors que les actions suiuent, ne soit de plus d'authorité et efficace; comme disoit Eudamidas oyant vn philosophe discourir de la guerre : « Ces propos sont beaus, mais celuy qui les dit n'en est pas croyable, car il n'a pas les oreilles accoustumées au son de la trompette. » Et Cleomenes, oyant vn rhetoricien harenguer de la vaillance, s'en print fort a rire, et, l'autre s'en scandalisant, il luy dit : « I'en ferois de mesmes si c'estoit vne arondelle qui en parlast; mais, si c'estoit vn aigle, ie l'oirois volontiers. » I'aperçois, ce me semble, és escrits des anciens que celuy qui dit ce qu'il pense l'assene bien plus viuement et presse bien autrement [2] que celuy qui se contrefaict. Oyés Cicero parler de l'amour de la liberté; oyez en parler Brutus : lès escrits mesmes vous sonnent que cestuy cy estoit homme pour l'acheter au pris de la vie. Que Cicero, pere d'eloquence, traite du mespris de la mort; que Seneca en traite aussi : celuy la traine languissant, et vous sentés qu'il vous veut resoudre de chose dequoy il n'est pas resolu lui mesmes; il ne vous donne point de cœur, car luy mesmes n'en a point; l'autre vous anime et enflamme. Ie ne voy iamais autheur,

[1] *Vulg. modifie ce passage.*
[2] *Vulg. supp. :* « et presse bien autrement ».

mesmes de ceux qui traictent de la vertu et des actions, que ie ne recherche curieusement de sçauoir quel il a esté*.

Les escrits de Plutarque, a les bien sauourer, nous le descouurent assez, et ie pense le connoistre iusques dans l'ame. Si voudrois-ie que nous eussions quelques memoires de sa vie, et me suis ietté en ce discours a quartier, a propos du bon gré que ie sens a Aul. Gellius de nous auoir laissé par escrit ce conte de ses meurs qui reuient a mon subiet, de la colere. Vn sien esclaue, mauuais homme et vicieux, mais qui auoit les oreilles aucunement abreuuées des liures et disputes [1] de philosophie, ayant esté pour quelque sienne faute dépouillé par le commandement de Plutarque, pendant qu'on le fouetoit, grondoit au commencement que c'estoit sans raison, et qu'il n'auoit rien fait; mais en fin, se mettant a crier et a iniurier bien a bon escient son maistre, luy reprochoit qu'il n'estoit pas philosophe, comme il s'en vantoit: qu'il luy auoit souuent ouy dire qu'il estoit laid de se courroucer, voire qu'il en auoit fait vn liure; et ce que lors, tout plongé en la colere, il le faisoit si cruellement battre démentoit entierement ses escrits. A cela Plutarque tout froidement et tout rassis : « Comment, dit il, rustre, a quoy te semble il [2] que ie sois a cet' heure courroucé? Mon visage, ma vois, ma couleur, ma parolle te donne elle quelque tesmoignage que ie sois en colere? Ie ne pense auoir ny les yeus effarouchés, ny le visage troublé, ny vn cry effroyable. Rougis-ie? escume-ie? m'eschappe il de dire chose de quoy i'aye a me repentir? tressaux-ie? fremis-ie de courroux?

[1] *Vulg.* : « abreuuées des leçons de philosophie ».
[2] *BC* : « a quoy iuges tu ».

car, pour te dire, ce sont la [1] les vrais signes de la colere. » Et puis, se destournant a celuy qui fouëtoit : « Continués, lui dit-il, tousiours vostre besongne, ce pendant que cestuy cy et moy disputons. » Voyla son conte.

Architas Tarentinus, reuenant d'vne guerre ou il auoit esté Capitaine general, trouua tout plein de mauuais mesnage en sa maison, et ses terres en frische, par le mauuais gouuernement de son receueur. Et l'ayant faict appeller : « Va, luy dit il, que si ie n'estois en colere, ie t'estrillerois comme tu merites [2]. » Platon de mesme, s'estant eschauffé contre l'vn de ses esclaues, donna charge a Speusippus de le chastier, s'excusant d'y mettre la main luy mesme, sur ce qu'il estoit courroucé. Charillus, Lacedemonien, a vn Elote qui se portoit trop insolemment et audacieusement [3] enuers luy : « Par les Dieus, dit il, si ie n'estois courroucé, ie te ferois tout a cet'heure mourir. »

C'est vne passion qui se plait en soy et qui se flatte. Combien de fois, nous estant esbranslés sous vne fauce cause, si on vient a nous presenter quelque bonne deffence ou excuse, nous despitons nous contre la verité mesme et l'innocence? I'ay retenu, a ce propos, vn merueilleux exemple de l'antiquité. Piso, personnage partout ailleurs de notable vertu, s'estant esmeu contre vn sien soldat dequoy, reuenant seul du fourrage, il ne luy sçauoit rendre compte ou il auoit laissé vn sien compagnon, tint pour aueré qu'il l'auoit tué, et le condamna soudain a la mort. Ainsi qu'il estoit au gibet, voicy arriuer ce compagnon esgaré; toute

[1] *C supp.* : « la ».
[2] *Vulg.* : « t'estrillerois bien ».
[3] *Vulg. supp.* : « et audacieusement ».

l'armée en fit grand feste, et, apres force caresses et accolades des deux compaignons, le bourreau meine et l'vn et l'autre en la presence de Piso, s'attendant bien toute l'assistance que ce luy seroit a luy mesmes vn grand plaisir. Mais ce fut au rebours; car, par honte et despit, son ardeur qui estoit encore en son effort se redoubla; et, par vne subtilité que sa passion luy fournit soudain, il en fit trois coulpables, par ce qu'il en auoit trouué vn innocent, et les fit despescher tous trois : le premier soldat, par ce qu'il y auoit arrest contre luy; le second, qui auoit esté esgaré, par ce qu'il estoit cause de la mort de son compagnon; et le bourreau, pour n'auoir obei au commandement qu'on luy auoit faict*.

Encore vn mot pour clorre ce pas. Aristote dit que la colere sert par fois d'arme a la vertu et a la vaillance. Cela est vray-semblable; toutesfois, ceux qui y contredisent respondent plaisamment que c'est vn'arme de nouuel vsage : car nous remuons les autres armes, céte cy nous remue; nostre main ne la guide pas, c'est elle qui guide nostre main; elle nous possede, non pas nous elle.

CHAPITRE TRENTEDEVSIESME.

DEFENCE DE SENEQVE ET DE PLVTARQVE.

La familiarité que i'ay auec ces personnages icy, et l'assistance qu'ilz font a ma vieillesse* m'oblige a espouser leur honneur.

Quant a Seneque, parmy vne miliasse de petits liurets que ceux de la Religion pretendue reformée font courir pour la defance de leur cause, qui partent par fois de bonne main, et qu'il est grand dommage n'estre enbesognés [1] a meilleur subiet,' i'en ay veu autreffois vn qui, pour alonger et remplir la similitude qu'il veut trouuer du gouuernement de nostre pauure feu Roy Charles neufiesme auec celuy de Neron, apparie feu monsieur le Cardinal de Lorraine auec Seneque, leurs fortunes d'auoir esté tous deus les premiers au gouuernement de leurs Princes, et quant et quant leurs meurs, leurs conditions et leurs deportemens. Enquoy, a mon opinion, il fait bien de l'honneur audit seigneur Cardinal : car, encore que ie soys de ceus qui estiment autant sa viuacité [2], son eloquence, son zele enuers sa religion et seruice de son Roy, et sa bonne fortune d'estre nay en vn siecle ou il fut si nouueau, et si rare, et quant et quant si necessaire pour le bien public, d'auoir vn personnage ecclesiastique de telle noblesse et dignité, suffizant et capable de sa charge, si est ce qu'a confesser la verité, ie n'estime sa capacité de beaucoup pres telle, ny sa vertu si nette et entiere, ny si ferme que celle de Seneque.

Or, ce liure de quoy ie parle, pour venir a son but, faict vne description de Seneque tresiniurieuse, ayant emprunté ces reproches de Dion, l'historien, duquel ie ne crois nullement le tesmoignage : car, outre ce qu'il est inconstant, qui, apres auoir appellé Seneque tres-sage tantost, et tantost ennemi mortel des vices de Neron, le faict ailleurs auaritieux, vsurier, ambitieux, lâche, voluptueus et contrefaisant le philosophe a fauces enseignes, sa vertu paroist si viue et vigoreuse en ses escrits, et la defence y est si claire a aucunes de

[1] *BC* : « embesoignée ».
[2] *Vulg.* : « son esprit ».

ces imputations, comme de sa richesse et despence excessiue, que ie n'en croiroy nul tesmoignage au contraire; et dauantage, il est bien plus raisonnable de croire en telles choses les historiens Romains que les Grecs et estrangiers. Or, Tacitus et les autres parlent tres honorablement et de sa vie et de sa mort, et nous le peignent en toutes choses personnage tresexcellent et tres-vertueux. Et ie ne veux alleguer autre reproche contre le iugement de Dion que cetuy cy, qui est ineuitable, c'est qu'il a le goust [1] si malade aux affaires Romains qu'il ose soustenir la cause de Iulius Cæsar contre Pompeius, et d'Antonius contre Cicero.

Venons a Plutarque. Iean Bodin est vn bon autheur de nostre temps, et acompaigné de beaucoup plus de iugement que la tourbe des escriuailleurs de son siecle, et merite qu'on le iuge et considere. Ie le trouue vn peu hardi en ce passage de sa Methode de l'histoire, ou il accuse Plutarque non seulement d'ignorance (surquoy ie ne me fusse pas mis en peine a le defendre, car cela n'est pas de mon gibier), mais aussi en ce que cet autheur escrit souuent des choses incroyables et entierement fabuleuses (ce sont ses mots). S'il eust dit simplement : les choses autrement qu'elles ne sont, ce n'estoit pas grande reprehension; car ce que nous n'auons pas veu, nous le prenons des mains d'autruy et a credit, et ie voy que, a escient, il recite par foys diuersement mesme histoire : comme le iugement des trois meilleurs Capitaines qui eussent onques esté, faict par Hannibal, il est autrement recité en la vie de Flaminius, autrement en celle de Pyrrhus. Mais, de le charger d'auoir pris pour argent

[1] *Vulg.* : « le sentiment ».

content des choses incroyables et impossibles, c'est accuser de faute de iugement le plus iudicieus autheur du monde. Et voycy son exemple : Comme, ce dit il, quand il recite qu'vn enfant de Lacedemone se laissa déchirer tout le ventre a vn renardeau qu'il auoit derrobé, et le tenoit caché soubs sa robe, iusques a mourir plus tost que de descouurir son larcin. Ie trouue, en premier lieu, cet exemple mal choisy, d'autant qu'il est bien mal aysé de borner les efforts des facultez de l'ame, la ou, des forces corporelles, nous auons plus de loy de les limiter et cognoistre; et, a céte cause, si c'eust esté a moy a faire, i'eusse plus tost choisi vn exemple de céte seconde sorte, et il y en a de moins croyables : comme, entre autres, ce qu'il recite de Pyrrhus, que, tout blessé qu'il estoit, il donna si grand coup d'espée a vn sien ennemy armé de toutes pieces, qu'il le fendit du haut de la teste iusques au bas, si que le corps se partit en deus parts. En son exemple, ie n'y trouue pas grand miracle, ni ne reçois l'excuse dequoi il couure Plutarque d'auoir adiousté ce mot : comme on dit, pour nous aduertir et tenir en bride nostre creance : car, si ce n'est aus choses receües par authorité et reuerence d'ancienneté ou de religion, il n'eust voulu ny receuoir luy mesme, ny nous proposer a croire choses de soy incroyables. Et que ce mot : comme on dit, il ne l'employe pas en ce lieu pour cet effect, il est aysé a iuger par ce que luy mesme nous raconte ailleurs, sur ce suiect de la patience des enfans Lacedemoniens, des exemples aduenus de son temps plus malaisez a persuader : comme celuy que Cicero a tesmoigné aussi auant luy, pour auoir, a ce qu'il dit, esté sur les lieus mesmes, que, iusques a leur temps, il se trouuoit des enfans en céte preuue de patience a quoy on les essaioit deuant l'autel de Diane, qui soufroint d'y estre foytez iusques a ce que le sang leur couloit par tout, non seulement sans s'écrier, mais encores sans gemir, et aucuns iusques a y laisser volontairement la vie. Et ce que Plutarque aussi recite auec cent autres tesmoins que, au sacrifice, vn charbon ardant s'estant escoulé dans la manche d'vn enfant Lacedemonien, ainsi qu'il encensoit, il se laissa brusler tout le bras, iusques a ce que la senteur de la chair cuyte en vint aus assistans. Il n'estoit rien, selon leur coustume, ou il leur alast plus de la reputation, ny dequoy ils eussent a soufrir plus de blasme et de honte que d'estre surpris en larcin. Ie suis si imbu de la grandeur de ces hommes la que non seulement il ne me semble, comme a Bodin, que son conte soit incroiable, que ie ne le trouue pas seulement rare et estrange*.

Marcellinus recite, a ce propos de larcin, que de son temps, il ne s'estoit encores peu trouuer nulle sorte de geine et de torment si apre qui peut forcer les Egiptiens surpris en larcin, a quoy ils estoient fort accoustumés et endurcis, a dire seulement leur nom [1]*.

Et qui s'enquerra a nos Argolets des experiences qu'ils ont eues en ces guerres ciuiles, il se trouuera des effets de patience, d'obstination et d'opiniatreté, parmi nos miserables siecles, et en céte tourbe molle et effeminée encore plus que l'Egyptienne, dignes d'estre comparez a ceus que nous venons de reciter de la vertu Spartaine.

Ie sçay qu'il s'est trouué des simples paysans s'estre laissez griller la plante des pieds, ecraser le bout des

[1] *Vulg. modifie cette phrase.*

doits a tout le chien d'vne pistole, pousser les yeux sanglantz hors de la teste a force d'auoir le frond serré et geiné [1] d'vne grosse corde, auant que de s'estre seulement voulu mettre a rançon. I'en ay veu vn laissé pour mort tout nud dans vn fossé, ayant le col tout meurtry et enflé d'vn licol, qui y pendoit encore, auec lequel on l'auoit tirassé toute la nuict a la queüe d'vn cheual, le corps percé en cent lieux a coups de dague, qu'on luy auoit donné, non pas pour le tuer, mais pour luy faire de la doleur et de la crainte, qui auoit souffert tout cela et iusques a y auoir perdu parolle et sentiment, resolu, a ce qu'il me dit, de mourir plus tost de mille morts* que de rien promettre, et si estoit vn des plus riches laboureurs de toute la contrée. Combien en a l'on veu se laisser patiemment bruler et rotir pour des opinions empruntées d'autrui, ignorées et inconnues*.

Il ne faut pas iuger ce qui est possible et ce qui ne l'est pas, selon ce qui est croyable et incroyable, a nostre portée, comme i'ay dit ailleurs. C'est ausi vne grand' faute, et en laquelle, toutefois, la plus part des hommes tombent*, de faire difficulté de croire d'autruy ce que nous ne sçaurions faire*. Moy ie considere aucunes de ces ames anciennes esleuées iusques au ciel au pris de la mienne, et encores que ie recognoisse clairement mon impuissance a les suyure, ie ne laisse pas de iuger les ressorts qui les haussent ainsi et esleuent [2]. I'admire leur grandeur, et ces eslancemans que ie trouue tresbeaus, ie les embrasse; et, si mes forces n'y vont, au moins mon iugement s'y applique tresuolontiers.

[1] *Vulg. supp. :* « et geiné ».
[2] *Vulg. modifie cette phrase.*

L'autre exemple qu'il allegue des choses incroyables et entierement fabuleuses dites par Plutarque, c'est qu'Agesilaus fut multé par les Ephores pour auoir attiré a soy seul le cœur et volonté de ses citoyens. Ie ne sçai quelle marque de fauceté il y treuue; mais tant y a que Plutarque parle la de choses qui lui deuoint estre beaucoup mieus connues qu'a nous; et n'estoit pas nouueau en Grece de voir les hommes punis et exilés pour cela seul d'agreer trop a leurs citoyens : tesmoin l'ostracisme et le petalisme.

Il y a encore, en ce mesme lieu, vn'autre accusation qui me picque pour Plutarque, ou il dit qu'il a bien assorty de bonne foy les Romains aus Romains et les Grecs entre eux, mais non les Romains aux Grecz, tesmoin, dit il, Demosthenes et Cicero, Caton et Aristides, Sylla et Lisander, Marcellus et Pelopidas, Pompeius et Agesilaus, estimant qu'il a fauorisé les Grecs de leur auoir donné des compaignons si dispareilz. C'est iustement s'attaquer a ce que Plutarque a de plus excellent et louable; car, en ces comparaisons (qui est la piece plus admirable de ses œuures, et en laquelle, a mon aduis, il s'est autant pleu), la fidelité et syncerité de ses iugemens égale leur profondeur et leur pois : c'est vn philosophe qui nous apprend la vertu. Voions si nous le pourrons garantir de ce reproche de malice [1] et fauceté. Ce que ie puis penser auoir donné occasion a ce iugement, c'est ce grand et esclatant lustre des noms Romains que nous auons en la teste. Il ne nous semble point que Demosthenes puisse égaler la gloire d'vn Consul, Proconsul et Questeur [2] de céte grande republique. Mais qui con-

[1] *Vulg.* : « preuarication ».
[2] *Vulg.* : « Preteur ».

siderera la verité de la chose et les hommes en eux mesmes, a quoy Plutarque a plus visé, et a balancer leurs meurs, leurs naturelz, leur suffisance que leur fortune, ie pense, au rebours de Bodin, que Ciceron et le vieux Caton en doiuent de reste a leurs compaignons. Pour son dessein, i'eusse plustost choisi l'exemple du ieune Caton comparé a Phocion; car, en ce pair, il se trouueroit vne plus vray-semblable disparité a l'aduantage du Romain. Quant a Marcellus, Sylla et Pompeius, ie voy bien que leurs exploits de guerre sont plus enflés, glorieux et pompeus que ceux des Grecs que Plutarque leur apparie, mais les actions les plus belles et vertueuses, non plus en la guerre qu'ailleurs, ne sont pas tousiours les plus fameuses. Ie voy souuent des noms de Capitaines etouffés soubz la splendeur d'autres noms de moins de merite : tesmoin Labienus, Ventidius, Telesinus et plusieurs autres. Et, a le prendre par la, si i'auois a me plaindre pour les Grecz, pourrois-ie pas dire que beaucoup moins est Camillus comparable a Themistocles, les Gracches a Agis et Cleomenes, Numa a Licurgus, et Scipion encore a Epaminundas, qui estoient aussi de son rolle [1]. Mais c'est folie de vouloir iuger d'vn traict les choses a tant de visages.

Quand Plutarque les compare, il ne les égale pas pourtant. Qui plus disertement et conscientieusement pourroit remerquer leurs disparités et [2] differences? Vient il [3] parangonner les victoires, les exploits d'armes, la puissance des armées conduites par Pompeius et ses triumphes auec ceux d'Agesilaus? Ie ne croy pas,

[1] *Vulg. supp.* : « et Scipion... rolle ».
[2] *Vulg. supp.* : « disparités et ».
[3] *BC* : « Vient il a ».

dit il, que Xenophon mesme, s'il estoit viuant, encore qu'on luy ait concedé d'écrire tout ce qu'il a voulu a l'aduentage d'Agesilaus, osast le mettre en comparaison. Parle-il de comparer Lisander a Silla? Il n'y a, dit il, point de comparaison, ny en nombre de victoires, ny en hazard de batailles; car Lisander ne gaigna seulement que deux batailles nauales, etc. Cela, ce n'est rien des-rober aux Romains. Pour les auoir simplement presentés aux Grecz, il ne leur peut auoir faict iniure, quelque disparité qui y puisse estre; et Plutarque ne les contrepoise pas entiers. Il n'y a en gros nulle preference : il aparie les pieces et les circonstances, l'vne apres l'autre, et les iuge separément. Parquoy, si on le vouloit conuaincre de faueur, il falloit en espelucher quelque iugement particulier, ou dire, en general, qu'il auroit failli d'assortir tel Grec a tel Romain, d'autant qu'il y en auroit d'autres plus correspondans pour les apparier et se rapportans mieux.

CHAPITRE TRENTETROISIESME.

L'HISTOIRE DE SPVRINA.

La philosophie ne pense pas auoir mal employé ses moiens quand elle a rendu a la raison la souueraine maistrise de nostre ame et l'authorité de tenir en bride noz appetitz. Entre lesquelz, ceux qui iugent qu'il n'y en a point de plus violens que ceux que l'amour engendre ont cela pour leur opinion que ceux cy tiennent au corps et a l'ame, et que tout l'homme en est possedé; en maniere que la santé mesmes en depend, et est la medecine par fois contrainte de leur seruir de maquerelage. Mais, au contraire, on pourroit aussi dire que le meslange du corps y apporte du rabais et de l'afoiblissement; car tels desirs sont subiectz a satieté et capables de remedes materielz.

Plusieurs, ayans voulu deliurer leurs ames des alarmes continuelles que leur donnoit cet appetit, se sont seruis d'incision et détranchement des parties esmeues et alterées. D'autres en ont du tout abatu la force et l'ardeur par frequente application de choses froides, comme de nege et de vinaigre. Les haires de nos aieus estoint de cet vsage. C'est vne matiere tissue de poil de cheual, dequoy les vns d'entre eux faisoient des chemises, et d'autres des ceintures a geiner leurs reins. Vn Prince me disoit, il n'y a pas long temps, que, pendant sa ieunesse, vn iour de feste solemne, en la court du Roy François premier, ou tout le monde estoit paré, il luy print enuie de se vestir de la haire, qui est encores chez luy, de monsieur son pere; mais, quelque deuotion qu'il eust, qu'il ne sceut auoir la patience d'atendre la nuit pour se despouiller, et en fut long temps malade, adioutant qu'il ne pensoit pas qu'il y eut nulle chaleur de ieunesse si aspre que l'vsage de céte recepte ne peut amortir. Toutes-fois, a l'aduanture, ne les a il pas essayées des plus cuisantes; car l'experience nous faict voir qu'vne telle esmotion se maintient bien souuent soubz des habitz rudes et marmiteus, et que les haires ne rendent pas tousiours heres ceux qui les portent.

Xenocrates y proceda plus rigoureusement; car ses disciples, pour essayer sa continence, luy ayans fourré dans son lict Laïs, céte belle et fameuse courtisane, toute nue, sauf les armes de sa beauté et de ses mignardises [1] et folastres apastz, sentant qu'en despit de ses discours et de ses regles, le corps reuesche et mutin commençoit a se rendre [2], il se fit brusler les membres qui auoient presté l'oreille a céte rebellion. La ou les passions qui sont toutes en l'ame, comme l'ambition, l'auarice et autres, donnent bien plus a faire a la raison; car elle n'y peut estre secourue que de ses propres moyens, ny ne sont ces appetitz la capables de satieté : voire ilz s'esguisent et augmentent par la iouissance.

Le seul exemple de Iulius Cæsar peut suffire a nous monstrer la disparité de ses appetitz; car iamais homme ne fut plus adonné aus plaisirs amoureux. Le soin curieux qu'il auoit de sa personne en est vn tesmoignage, iusques a se seruir a cela des moiens les plus lascifz qui fussent lors en vsage : comme de se faire pinceter tout le corps, et farder de parfums d'vne extreme curiosité. Et de soy, il estoit beau personnage, blanc, de belle et alegre taille, le visage plein, les yeux bruns et vifz [3]. Outre ses femmes qu'il changea a quatre fois, sans conter les amours de son enfance auec le Roy de Bithynie, Nicomedes, il eust le pucelage de céte tant renommée Royne d'Ægypte, Cleopatra : tesmoin le petit Cæsarion, qui en nasquit. Il fit aussi l'amour a Eunoé, Royne de Mauritanie, et, a Rome, a Posthumia, femme de Seruius Sulpitius, a Lollia, de Gabinius, a Tertulla, de Crassus, et a Mutia mesme,

[1] *Vulg. supp.* : « et de ses mignardises ».
[2] *Vulg.* : « reuesche commençoit a se mutiner ».
[3] *BC aj.* : « s'il en faut croire Suetone; car les statues qui se voient de luy a Rome ne se rapportent pas bien par tout a ceste peinture ».

femme du grand Pompeius; qui fut la cause, disent les historiens Romains, pourquoy son mary la repudia, ce que Plutarque confesse auoir ignoré; et les Curions, pere et filz, reprocherent despuis a Pompeius, quand il espousa la fille de Cæsar, qu'il se faisoit gendre d'vn homme qui l'auoit fait coqu, et que luy mesme auoit acoustumé appeller Ægisthus. Il entretint, outre tout ce nombre, Seruilia, sœur de Caton et mere de Marcus Brutus, dont chacun tient que procedà cete grande affection qu'il portoit a Brutus, par ce qu'il estoit nay en temps auquel il y auoit apparence qu'il fut nay de luy. Ainsi i'ay raison, ce me semble, de le prendre pour homme extremement adonné a cete desbauche et de complection tresamoureuse. Mais l'autre passion de l'ambition, dequoy il estoit aussi infiniment blessé, venant a combattre celle la, elle luy fit incontinant perdre place*.

Ses plaisirs ne luy firent iamais desrober vne seule minute d'heure, ny destourner vn pas des occasions qui se presentoient pour son agrandissement. Céte passion regenta en luy si souuerainement toutes les autres, et posseda son ame d'vne authorité si pleine, qu'elle l'emporta ou elle voulut. Certes i'en suis despit, quand ie considere au demeurant la grandeur de ce personnage, et les merueilleuses parties qui estoint en lui : tant de suffisance en toute sorte de sçauoir qu'il n'y a quasi nulle science en quoy il n'ait escrit. Il estoit tel orateur que plusieurs ont preferé son eloquence a celle de Cicero; et luy mesmes, a mon aduis, n'estimoit luy deuoir guiere en céte partie : car, ses deus Anticatons, nous sçauons que la principale occasion qu'il eust de les escrire, ce fut pour contrebalancer l'eloquence et perfection du parler que Cicero auoit employé au liure de la louange de Caton [1]. Au demeurant, fut il iamais ame si vigilante, si actiue et si patiente de labeur que la sienne? Et sans doubte encore estoit elle embelie de plusieurs rares semences de vertu, ie dy viues, naturelles, et non contrefaites. Il estoit singulierement sobre, et si peu delicat en son menger qu'Oppius recite qu'vn iour, luy ayant esté presenté a table, en quelque sauce, de l'huyle medeciné, au lieu d'huyle simple, il en mengea largement, pour ne faire honte a son hoste. Vn'autre fois, il fit foiter son boulengier pour luy auoir seruy d'autre pain que celuy du commun. Caton mesme auoit acoustumé de dire de luy que c'estoit le premier homme sobre qui se fut acheminé a la ruine de son pais. Et quant a ce que ce mesme Caton l'appella vn iour yurogne (ce qui auint [2] en céte façon : estans tous deux au Senat, ou ilz parloint [3] du fait de la coniuration de Catilina, de laquelle Cæsar estoit soupçonné, on luy apporta de dehors vn breuet a cachetes; Caton, estimant que ce fut quelque chose dequoy les conspirés l'aduertissent, le somma de le luy donner, ce que Cæsar fut contraint de faire, pour éuiter vn plus grand soupçon : c'estoit, de fortune, vne lettre amoureuse que Seruilia, sœur de Caton, luy escriuoit. Caton l'ayant leüe, la lui reieta, en luy disant : « Tien, yurogne! ») : cela, dis-ie, fut plustost vn mot de desdain et de colere qu'vn expres reproche de ce vice, comme souuent nous iniurions ceux qui nous fachent des premieres iniures qui nous viennent a la bouche, quoy qu'elles ne soint nullement deües a ceux a qui nous les attachons. Ioint que

[1] *Vulg. modifie la fin de cette phrase.*
[2] *BC :* « cela aduint ».
[3] *Vulg. :* « il se parloit ».

ce vice que Caton luy reproche est merueilleusement voisin de celuy auquel il auoit surpris Cæsar : car Venus et Bacchus se conuiennent volontiers [1].

Les exemples de sa douceur et de sa clemence enuers ceux qui l'auoint offencé sont infinis : ie dis, outre ceux qu'il donna pendant le temps que la guerre ciuile estoit encore en son progres, desquelz il faict luy mesmes assez sentir par ses escris qu'il se seruoit pour amollir [2] ses ennemis enuers luy, et leur faire moins craindre sa future domination et sa victoire. Mais si faut il dire que ces exemples la, s'ilz ne sont suffisans a nous tesmoigner sa naiue douceur, ilz nous monstrent au moins vne merueilleuse confiance et grandeur de courage en ce personnage. Il luy est aduenu souuent de renuoier des armées toutes entieres a son ennemy, apres les auoir vaincues, sans daigner seulement les obliger par serment, sinon de le fauoriser, au moins de se contenir sans luy faire guerre. Il a prins, a trois et a quatre fois, tels Capitaines de Pompeius, et autant de fois remis en liberté. Pompeius declairoit ses ennemis tous ceux qui ne l'accompaignoint a la guerre, et luy, fit proclamer qu'il tenoit pour amis tous ceux qui ne bougeoint et qui ne s'armoint effectuelement contre luy. A ceux de ses Capitaines qui se desroboient de luy pour aller prendre autre condition, il renuoioit encore les armes, cheuaux et equipage. Les villes qu'il auoit prinses par force, il les laissoit en liberté de prendre tel party qu'il leur plairoit, ne leur donnant autre garnison que la memoire de sa douceur et clemence. Il defandit, le iour de sa grande bataille de

[1] *BC aj.* : « a ce que dict le prouerbe; mais chez moy Venus est bien plus allegre, accompaignée de la sobrieté ».
[2] *Vulg.* : « amadouer ».

Pharsale, qu'on ne mit, qu'a toute extremité, la main sur les citoiens Romains. Voila des traits bien hazardeus, selon mon iugement; et n'est pas merueilles si, aux guerres ciuiles que nous sentons, ceux qui combattent comme luy l'état ancien de leur pais n'en imitent l'exemple : ce sont moiens extraordinaires, et qu'il n'appartient qu'a la fortune de Cæsar et a son admirable pouruoiance de heureusement conduire. Quand ie considere la grandeur incomparable de cet' ame, i'excuse la victoire de ne s'estre peu dépestrer de luy, voire en céte tres iniuste et tres-inique cause.

Pour reuenir a sa clemence, nous en auons plusieurs naifs exemples au temps de sa domination, lors que, toutes choses estant reduites en sa main, il n'auoit plus a se feindre. Caius Memmius auoit escrit contre luy des oraisons trespoignantes, ausquelles il auoit aussi bien aigrement répondu; si ne laissa il bien tost apres de l'aider a le faire Consul. Caius Caluus, qui auoit fait plusieurs epigrammes iniurieus contre luy, ayant emploié de ses amis pour le reconcilier, Cæsar se conuia luy mesme a luy escrire le premier. Et nostre bon Catule, qui l'auoit testonné si rudement sous le nom de Mamurra, s'en estant venu excuser a luy, il le fit ce iour méme souper a sa table. Ayant esté auerty d'aucuns qui parloint mal de luy, il n'en fit autre chose que de declarer en vne sienne harangue publique qu'il en estoit aduerty. Il craignoit encore moins ses ennemis qu'il ne les haissoit. Aucunes coniurations et assemblées qu'on faisoit contre luy [1] luy ayant esté découuertes, il se contenta de publier, par edit, qu'elles luy étoint conues, sans autrement en poursuiure les

[1] *Vulg.* : « sa vie ».

autheurs. Quant au respect qu'il auoit a ses amis, Caius Oppius, voyageant auec luy et se trouuant mal, il luy quita vn seul logis qu'il y auoit, et coucha toute la nuict sur la dure et au descouuert. Quant a sa iustice, il fit mourir vn sien seruiteur qu'il aimoit singulierement, pour auoir couché auecques la femme d'vn Cheualier Romain, quoi que personne ne s'en plaignit. Iamais homme n'apporta ny plus de moderation en sa victoire, ny plus de resolution en la fortune contraire.

Mais toutes ces belles inclinations furent alterées et estouffées par céte furieuse passion ambitieuse, a laquelle il se laissa si fort emporter qu'on peut aisément maintenir qu'elle tenoit le timon et le gouuernail de toutes ses actions. D'vn homme liberal, elle en rendit vn voleur publique, pour fournir a céte profusion et a sa largesse, et luy fit dire ce vilain et tresiniuste mot : que, si les plus méchans et perdus hommes du monde luy auoint esté fideles au seruice de son agrandissement, qu'il les cheriroit et auanceroit de son pouuoir, aussi bien que les plus gens de bien ; l'enyura d'vne vanité si extreme qu'il osoit se vanter en presence de ses concytoiens d'auoir rendu cette grande Republique Romaine vn nom vain [1], sans forme et sans corps, et dire que ses responces deuoint meshui seruir de lois, et receuoir assis le corps du Senat venant vers luy, et souffrir qu'on l'adorat et qu'on luy fit, en sa presence, des honneurs diuins. Somme, ce seul vice, a mon aduis, perdit en luy le plus beau et le plus riche naturel qui fut onques, et a rendu sa memoire abominable a tous les gens de bien, pour auoir volu cercher sa gloire de la ruine de son pais et

[1] *Vulg. supp.* : « vain ».

subuersion de la plus puissante et fleurissante chose publique que le monde verra iamais. Il se pourroit bien, au contraire, trouuer plusieurs exemples de grands personnages ausquelz la volupté a faict oublier la conduicte de leurs affaires, come Marcus Antonius et autres; mais ou l'amour et l'ambition seroient en egale balance et viendroient a se choquer de forces pareilles, ie ne fay nul doubte que céte cy ne gaignat le pris de la maistrise.

Or, pour me remettre sur mes premieres brisées, c'est beaucoup de pouuoir brider noz appetits par le discours de la raison, ou de forcer noz membres par violence a se tenir en leur deuoir. Mais, de nous foiter pour l'interest de noz voisins, de non seulement nous deffaire de céte douce passion qui nous chatouille du plaisir que nous sentons de nous voir agreables a autruy, et aymés et recerchés d'vn chascun, mais encore de prendre en haine et a contre-cœur noz graces qui en sont causes, et de condamner nostre beauté par ce que quelqu'autre s'en eschauffe, ie n'en ay veu guierre d'exemples. Cetuy cy en est. Spurina, ieun' homme de la Toscane*, estant doué d'vne singuliere beauté, et si excessiue que les yeux des dames les plus continantes ne pouuoint en souffrir l'esclat sans alarme, ne se contenta point de laisser sans secours tant de fiebure et de feu qu'il alloit atisant par tout ou ses yeux se faisoint veoir [1], mais encore il entra en furieux despit contre soy mesmes et contre ces riches presens que nature luy auoit faits, comme si on se deuoit prendre a eux de la faute d'autruy, et détailla et troubla, a force de plaies qu'il se fit a essient,

[1] *Vulg. modifie ce passage.*

et de cicatrices, la parfaicte proportion et ordonnance que nature auoit si curieusement obseruée en son visage*.

CHAPITRE TRENTEQVATRIESME.

OBSERVATIONS SVR LES MOIENS DE FAIRE LA GVERRE DE IVLIVS CÆSAR.

On recite de plusieurs chefs de guerre qu'ils ont eu certains liures en particuliere recommandation : comme le grand Alexandre, Homere*; Marcus Brutus, Polybias [1]; Charles cinquiesme, Philippe de Comines; et dit on, de ce temps, que Machiauel est encores ailleurs en credit. Mais le feu mareschal Strossi, qui auoit pris Cæsar pour sa part, auoit sans doubte bien mieux choisi; car, a la verité, ce deuroit estre le breuiaire de tout homme de guerre, comme estant le vray et souuerain patron de l'art militaire. Et Dieu sçait encore de quelle grace et de quelle beauté il a fardé céte riche matiere, d'vne façon de dire si pure, si delicate et si parfaite, que, a mon goust, il n'y a nuls escrits au monde qui puissent étre comparables aus siens en céte partie.

Ie veux icy enregistrer certains trais particuliers et rares sur le fait de ses guerres, qui me sont demeurés en memoire.

Son armée estant en quelque effroy, pour le bruit qui couroit des grandes forces que menoit contre luy le roy Iuba, au lieu de rabatre l'opinion que ses

[1] *BC* : « Polybius ».

soldats en auoint prise et appetisser les moyens de son ennemy, les ayant faict assembler pour les rasseurer et leur donner courage, il print vne voye toute contraire a celle que nous auons acoustumé : car il leur dit qu'ilz ne se missent plus en peine de s'enquerir des forces que menoit le roy Iuba, et qu'il en auoit eu vn bien certain aduertissement; et lors, il leur en fit le nombre, surpassant de beaucoup et la verité et la renommée qui en couroit en son armée, suyuant ce que conseille Cyrus, en Xenophon; d'autant que la tromperie n'est pas si grande de trouuer les ennemis par effect plus foybles qu'on n'auoit esperé, que, les ayant iugez foybles par reputation, les trouuer apres a la verité bien forts [1].

Il accoustumoit sur tout ses soldats a obeir simplement, sans se mesler de contreroller ou parler des desseins de leur Capitaine, lesquels il ne leur communiquoit que sur le point de l'execution; et prenoit plaisir, s'ils en auoint descouuert quelque chose, de changer sur le champ d'aduis, pour les tromper. Et souuent, pour cet effect, ayant assigné vn logis en quelque lieu, il passoit outre et alongeoit la iournée, et notamment s'il faisoit mauuais temps et pluuieux.

Les Souisses, au commencement de ses guerres de Gaule, ayans enuoyé vers luy, pour leur donner passage au trauers des terres des Romains, estant deliberé de les en empescher par force, il leur contrefit toutes-fois vn bon visage, et print quelques iours de delay a leur faire responce, pour se seruir de ce loisir a assembler son armée. Ces pauures gens ne sçauoint pas combien ce personnage estoit excellent mesnager

[1] *Vulg. remanie la fin de cette phrase.*

du temps : car il redit maintes-fois que c'est la plus souueraine partie d'vn Capitaine que la science de prendre au point les occasions, et la diligence, qui est en ses exploitz, a la verité, inouye et incroyable.

S'il n'estoit guierre conscientieus en cela de prendre aduantage sur son ennemy, sous couleur d'vn traité d'accord, il l'estoit aussi peu en ce qu'il ne requeroit en ses soldatz autre vertu que la vaillance, ny ne punissoit guiere autres vices que la mutination et la desobeissance. Souuent, apres ses victoires, il leur lâchoit la bride a toute licence, les [1] dispensant pour quelque temps des regles de la discipline militaire : adioutant a cela qu'il auoit des soldatz si bien créez que, tous perfumez et musquez, ilz ne laissoient pas d'aller furieusement au combat. De vray, il aimoit qu'ilz fussent richement armez, et leur faisoit porter des harnois labourez [2], dorez et argentez, afin que le soin de la conseruation de leurs armes les rendit plus aspres a se defendre. Parlant a eux, il les appelloit du non de compaignons, que nous vsons encore; ce qu'Auguste, son successeur, reforma, estimant qu'il l'auoit fait pour la necessité de ses affaires, et pour flater le cœur de ceux qui ne le suyuoint que volontairement*; mais que cete façon estoit trop molle et [3] trop rabaissée pour la dignité d'vn Empereur et General d'armée, et remit en train de les appeler seulement soldatz.

A cete courtoisie, Cæsar mesloit toutefois vne grande seuerité et asseurance [4] a les reprimer. La neufiesme

[1] *C supp.* : « les ».
[2] *Vulg.* : « grauez ».
[3] *Vulg. supp.* : « trop molle et ».
[4] *Vulg. supp.* : « et asseurance ».

legion s'estant mutinée au pres de Plaisance, il la cassa auec ignominie, quoy que Pompeius fut lors encore en piedz, et ne la receut en grace qu'auec plusieurs supplications. Il les rapaisoit plus par authorité et par audace que par douceur.

La ou il parle de son passage de la riuiere du Rhin vers l'Alemaigne, il dit qu'estimant indigne de l'honneur du peuple Romain qu'il passast son armée a nauires, il fit dresser vn pont affin qu'il passat a pied ferme. Ce fut la qu'il bastist ce pont admirable dequoy il dechifre particulierement la fabrique, car il ne s'arreste si volontiers en nul endroit de ses faits qu'a nous representer la subtilité de ses inuentions en telle sorte d'ouurages de main.

I'y ay aussi remerqué cela qu'il fait grand cas de ses exhortations aux soldatz auant le combat : car la ou il veut monstrer auoir esté surpris ou pressé, il allegue tousiours cela qu'il n'eust pas seulement loysir de haranguer son armée. Auant céte grande bataille contre ceux de Tornay, Cæsar (dict il) ayant ordonné du reste, courrut soudainement ou la fortune le porta, pour enhorter ses gens, et, rencontrant la dixiesme legion, il n'eust loisir de leur dire sinon qu'ilz eussent souuenance de leur vertu acoustumée, qu'ils ne s'estonnassent point, et soustinsent hardiment l'effort des aduersaires. Et, par ce que l'ennemy estoit desia aproché a vn iet de trait, il donna le signe de la bataille, et, de la, estant passé soudainement ailleurs, pour en encourager d'autres, il trouua qu'ilz estoient des-ia aux prises. Voila ce qu'il en dict en ce lieu la. De vray, sa langue luy a faict en plusieurs lieus de bien notables seruices, et estoit, de son temps mesme, son eloquence militaire en telle recommendation que plusieurs en son armée recueilloint ses harengues; et, par ce moien, il en fut assemblé des volumes, qui ont duré long temps apres luy. Son parler auoit des graces particulieres, si que ses familiers, et entre autres Auguste, oyant reciter ce qui en auoit esté recueilli, reconnoissoit, iusques aus phrases et aus mots, ce qui n'estoit pas du sien.

C'estoit le plus laborieux chef de guerre et le plus diligent qui fut onques [1]. La premiere fois qu'il sortit de Rome auec charge publique, il arriua en huit iours a la riuiere du Rhone, ayant dans sa coche, deuant luy vn secretaire, ou deux, qui escriuoint sans cesse, et derriere luy celuy qui portoit son espée. Et certes, quand on ne feroit qu'aler, a peine pourroit on attaindre a céte promptitude dequoy, tousiours victorieux, ayant laissé la Gaule, et suiuant Pompeius a Brindes, il subiuga l'Italie en dixhuit iours; reuint de Brindes a Rome; de Rome, il s'en alla au fin fond de l'Espaigne, ou il passa des difficultez extremes en la guerre contre Affranius et Petreius, et au long siege de Marseille; de la, il s'en retourna en la Macedoine; battit l'armée Romaine a Pharsale; passa de la, suiuant Pompeius, en Ægypte, laquelle il subiuga; d'Ægypte il vint en Syrie et au pais du Pont, ou il combatit Pharnaces; de la, en Afrique, ou il deffit Scipion et Iuba; et rebroussa encore par l'Italie en Espaigne, ou il deffit les enfans de Pompeius*.

Parlant du siege d'Auaricum, il dit que c'estoit sa coustume de se tenir nuit et iour pres des ouuriers qu'il auoit en besoigne. En toutes entreprises de consequence, il faisoit tousiours la découuerte luy mesme,

[1] *Vulg. supp.* : « C'estoit... fut onques ».

et ne passa iamais son armée en lieu qu'il n'eut premierement recognu. Et, si nous croions Suetone, quand il fit l'entreprise de traieter en Angleterre, il fut le premier a sonder le gué.

Il auoit acoustumé de dire qu'il aimoit mieux la victoire qui se conduisoit par conseil que par force; et, en la guerre contre Petreius et Afranius, la fortune luy presentant vne bien apparante ocasion d'auantage, il la refusa, dit il, esperant, auec vn peu plus de longueur, mais moins de hazard, venir a bout de ses ennemis*.

Ie le trouue vn peu plus retenu et consideré en ses entreprinses qu'Alexandre : car cetuy cy semble rechercher et courir a force les dangiers, comme vn impetueux torrent qui choque et attaque sans discretion et sans chois tout ce qu'il rencontre*. Aussi estoit il enbesoigné en la fleur et premiere chaleur de son aage, la ou Cæsar s'y print estant des-ia meur et bien auancé. Outre ce qu'Alexandre estoit d'vne temperature plus sanguine, colere et ardente, et si esmouuoit encore céte humeur par le vin, duquel Cæsar estoit tres-abstinent.

Mais ou les ocasions de la necessité se presentoient, et ou la chose le requeroit, il ne fut iamais homme faisant si bon marché de sa personne. Quant a moy, il me semble lire en plusieurs de ses exploitz vne certaine resolution de se perdre pour fuir la honte d'estre vaincu. En céte grande bataille qu'il eut contre ceux de Tournay, il courut se presenter a la teste des ennemis, sans bouclier [1], comme il se trouua, voyant la pointe de son armée s'esbranler : ce qui luy est aduenu plusieurs autres fois. Oyant dire que ses gens estoient

[1] *BC* : « boucler ».

assiegés, il passa, desguisé, au trauers l'armée ennemie pour les aller fortifier de sa presence. Ayant trauersé a Dyrrhachium auec bien petites forces, et voyant que le reste de son armée, qu'il auoit laissée a conduire a Antonius, tardoit a le suiure, il entreprit luy seul de repasser la mer au trauers d'vne tres-grande tormente, et se desroba pour aller requerir luy mesme le reste de ses forces, les ports de dela et toute la mer estant saisie par Pompeius. Et quant aux entreprises qu'il a faites a main armée, il y en a plusieurs qui surpassent en hazard tout discours de raison militaire : car auec combien foibles moiens entreprint il de subiuguer le royaume d'Ægypte, et, dépuis, d'aller attaquer les forces de Scipion et de Iuba, de dis partz plus grandes que les siennes? Ces gens la ont eu ie ne sçay quelle plus qu'humaine et extraordinaire [1] confiance de leur fortune*. Apres la bataille de Pharsale, ayant enuoyé son armée deuant en Asie, et passant auec vn seul vaisseau le destroit de l'Helespont, il rencontra en mer Lucius Cassius auec dix gros nauires de guerre. Il eut le courage, non seulement de l'attendre, mais de tirer droit vers luy et le sommer de se rendre, et en vint a bout.

Ayant entrepris ce furieux siege d'Alexia, ou il y auoit quatre vints mille hommes de defence, toute la Gaule s'estant esleuée pour luy courre sus et leuer le siege, et dressé vne armée de cent neuf mille cheuaux et de deux cens quarante mille hommes de pied, quelle hardiesse et maniacle confiance fut ce de n'en vouloir abandonner son entreprise et se resoudre a deux si grandes difficultez ensemble? lesquelles toutefois il soustint, et, apres auoir gaigné céte grande bataille contre ceux

[1] *Vulg. supp.* : « et extraordinaire ».

de dehors, rengea bientost apres a sa mercy ceux qu'il tenoit enfermés. Il en aduint autant a Lucullus, au siege de Tigranocerta contre le Roy Tygranes, mais d'vne condition dispareille, veu la mollesse des ennemis a qui Lucullus auoit afaire.

Ie veus icy remerquer deux rares euenemens et extraordinaires, sur le fait de ce siege d'Alexia : l'vn, que les Gaulois, s'assemblans pour venir trouuer la Cæsar, ayans faict denombrement de toutes leurs forces, resolurent en leur conseil de retrencher vne bonne partie de cétte grande multitude, de peur qu'ils n'en tombassent en confusion. Cet exemple est rare et [1] nouueau de craindre a estre trop; mais, a le bien prendre, il est vray-semblable que le corps d'vne armée doit auoir vne grandeur moderée et reglée a certaines bornes, soit pour la difficulté de la nourrir, soit pour la difficulté de la conduire et tenir en ordre. Aumoins seroit il bien aisé a verifier par exemple que ces armées monstrueuses en nombre n'ont iamais rien faict qui vaille*. L'autre point, qui semble estre contraire et a l'vsage et a la raison de la guerre, c'est que Vercingentorix, qui étoit nommé Chef et General de toutes les parties des Gaules qui estoint reuoltées contre Cæsar, print party de s'aller enfermer dans Alexia : car celuy qui commande a tout vn pays ne se doit iamais engager qu'au cas de céte extremité qu'il fut reduit a ce point [2] qu'il y alat de sa derniere place, et qu'il n'y eut rien plus a esperer qu'en la defence d'icelle. Autrement il se doit tenir libre pour auoir moyen de pouruoir en general a toutes les parties de son gouuernement.

[1] *Vulg. supp.* : « rare et ».
[2] *Vulg. supp.* : « qu'il fut reduit a ce point ».

Pour reuenir a Cæsar, il deuint auec le temps vn peu plus tardif et plus consideré, comme tesmoigne son familier Oppius : estimant, dict Suetone [1], qu'il ne deuoit aisement hazarder l'honneur de tant de victoires, lequel vne seule défortune luy pourroit faire perdre. C'est ce que disent les Italiens de ce temps, quand ilz veulent reprocher céte hardiesse temeraire qui se void en la ieunesse : ils disent qu'ils sont necessiteus d'honneur, *bisognosi d'honore* [2], et qu'estant encore en cétte grande fain et disete de reputation, ilz ont raison de la cercher a quelque pris que ce soit, ce que ne doiuent pas faire ceus qui en ont desia acquis a suffisance. Il y peut auoir quelque iuste moderation en ce desir de gloire et quelque satieté en cet appetit, comme aus aultres; assez de gens le practiquent ainsi.

Il estoit bien esloigné de cétte religion des anciens Romains, qui ne se vouloint preualoir en leurs guerres que de la vertu simple et naifue; mais encore y apportoit il plus de conscience que nous ne ferions a cétte heure, et n'approuuoit pas toutes sortes de moyens pour acquerir la victoire. En la guerre contre Ariouistus, estant a parlementer auec luy, il y suruint quelque remuement entre les deux armées, qui commença par la faute des gens de cheual d'Ariouistus. Sur ce tumulte, Cæsar se trouua auoir fort grand auantage sur ses ennemis; toutesfois il ne s'en voulut point preualoir, de peur qu'on luy peut reprocher d'y auoir procedé de mauuaise foy.

Il auoit acoustumé de porter vn acoustrement riche au combat, et de couleur esclatante, pour se faire remarquer.

[1] *Vulg. supp.* : « dict Suetone ».
[2] *Vulg. modifie ce passage.*

Il tenoit la bride plus estroite a ses soldatz, et les tenoit plus de court, estant pres des ennemis.

Quand les anciens Grecz vouloint accuser quelqu'vn d'extreme insuffisance, ils disoint, en commun prouerbe, qu'il ne sçauoit ny lire ny nager. Il auoit céte mesme opinion, que la science de nager estoit tres-utile a l'vsage de [1] la guerre, et en tira luy mesmes plusieurs commoditez. S'il auoit a faire diligence, il franchissoit ordinairement a [2] nage les riuieres qu'il rencontroit; car il aimoit a voyager a pied, comme le grand Alexandre. En Ægipte, ayant esté forcé, pour se sauuer, de se ietter dans vn petit bateau, et tant de gens s'y estans lancés quant et luy qu'il estoit en dangier d'aler a fons, il ayma mieux se ietter en la mer, et gaigna sa flote a nage, qui estoit a plus de deux cents pas de la, tenant en sa main gauche ses tablettes hors de l'eau, et trainant a belles dents son acoustrement [3], afin que l'ennemy ne iouit de sa depouille, estant desia bien auancé sur l'eage.

Iamais chef de guerre n'eust tant de creance sur ses soldats. Au commancement de ses guerres ciuiles, les centeniers luy offrirent de soudoyer, chacun sur sa bourse, vn homme d'armes, et les gens de pied de le seruir a leurs despens, ceux qui estoient plus aysez entreprenants encore a deffrayer les plus necessiteux. Feu monsieur l'Admiral de Chatillon nous fit veoir dernierement vn pareil tret en noz guerres ciuiles : car les François de son armée fournissoint de leurs bourses au payement des estrangiers qui l'accompagnoint. Il ne se trouueroit guierre d'examples d'affec-

[1] *Vulg. supp.* : « l'vsage de ».
[2] *BC* : « a la ».
[3] *Vulg.* : « sa cotte d'armes ».

tion si ardente et si preste parmi ceux qui marchent dans le vieux train, soubs l'anciene police des lois*. Ayant eu du pire aupres de Dirrachium, ses soldats se vindrent d'eus mesmes offrir a estre chastiés et punis; de façon qu'il eust plus a les consoler qu'a les tencer. Vne sienne seule cohorte soustint quatre legions de Pompeius plus de quatre heures, iusques a ce qu'elle fut quasi toute deffaite a coups de trait, et se trouua dans la trenchée cent trente mille fleches. Vn soldat nommé Scæua, qui commendoit a vne des entrées s'y meintint inuincible, ayant vn œuil creué, vne espaule et vne cuisse percées, et son escu faucé en deus cens trente lieus. Il est aduenu a plusieurs de ses soldats pris prisonniers d'accepter plus tost la mort que de vouloir promettre de prendre autre party. Granius Petronius ayant esté pris par Scipion en Affrique, Scipion, ayant fait mourir ses compaignons, luy manda qu'il luy donnoit la vie, car il estoit homme de reng et Questeur; Petronius respondit que les soldats de Cæsar auoint acoustumé de donner la vie a autrui, non la receuoir; et se tua tout soudain de sa main propre.

Il y a infinis exemples de leur fidelité. Il ne faut pas oblier le trait de ceus qui furent assiegés a Salone, ville partizane pour Cæsar contre Pompeius, pour vn rare accident qui y aduint et extraordinaire [1]. Marcus Octauius les tenoit assiegés. Ceus de dedans estans reduits en extreme necessité de toutes choses, en maniere que, pour suplir au deffaut qu'ils auoint d'hommes, la plus part d'entre eus y estans mors et blessés, ils auoint mis en liberté tous leurs esclaues, et

[1] *Vulg. supp.* : « et extraordinaire ».

pour le seruice de leurs engins auoint esté contrains de couper les cheueus de toutes les fammes, pour en faire des cordes, outre vne merueilleuse disette de viures, et ce neantmoins resolus de iamais ne se rendre. Apres auoir trainé ce siege en grande longeur, d'ou Octauius estoit deuenu plus nonchalant et moins attentif a son entreprinse, ils choisirent vn iour sur le midy, et, ayant rangé les femmes et les enfans sur leurs murailles, pour faire bonne mine, sortirent en telle furie sur les assiegeans qu'ayant enfoncé le premier, le second et le tiers corps de guarde, et le quatriesme, et puis le reste, et ayant faict du tout abandonner les tranchées, les chasserent iusques dans les nauires; et Octauius mesmes se sauua a Dirachium, ou estoit Pompeius. Ie n'ay point memoire, pour cet heure, d'auoir veu nul autre exemple ou les assiegés battent en gros les assiegeans, et gaignent la maistrise de la campaigne, ny qu'vne sortie ait tiré en consequence vne pure et entiere victoire de bataille.

CHAPITRE TRENTECINQVIESME.

DE TROIS BONNES FEMMES.

Il n'en est pas a douzaines, comme chacun sçait, et notamment aux deuoirs de mariage : car c'est vn marché plein de tant d'espineuses circonstances qu'il est malaysé que la volonté d'vne famme s'y maintienne entiere long temps. Les hommes, quoy qu'ils y soient auec vn peu meilleure condition, y ont prou [1] a faire*.

[1] *Vulg.* : « trop ».

Pline le ieune auoit pres d'vne sienne maison, en Italie, vn voisin merueilleusement tormenté de quelques vlceres, qui luy estoient suruenues autour des parties honteuses. Sa femme, le voyant si longuement languir, le pria de permettre qu'elle veit a loisir et de pres l'estat de son mal, et qu'elle luy diroit plus franchement que nul autre ce qu'il auoit a en esperer. Apres auoir obtenu cela de lui et l'auoir curieusement consideré, elle trouua qu'il estoit impossible qu'il en peut guerir, et que tout ce qu'il auoit a attandre, c'etoit de trainer fort long temps vne vie doloreuse et languissante. Si lui conseilla, poür le plus seur et souuerain remede, de se tuer; et, le trouuant vn peu mol a vne si rude entreprise : « Ne pense point, lui dit elle, mon amy, que les douleurs que ie te voy souffrir ne me touchent autant qu'a toy, et que, pour m'en deliurer, ie ne me veuille seruir moy mesme de céte medecine que ie t'ordonne : ie te veux accompaigner a la guerison, comme i'ay fait a la maladie. Oste céte crainte, et pense que nous n'aurons que du plaisir en ce passage qui nous doit deliurer de tes [1] tourmens ! Nous nous en irons heureusement ensemble. » Cela dit, et ayant rechauffé le courage de son mary, elle resolut qu'ilz se precipiteroint en la mer par vne fenestre de leur logis qui y respondoit. Et, pour maintenir iusques a sa fin céte loyale et vehemente affection dequoy elle l'auoit embrassé pendant sa vie, elle voulut encore qu'il mourut entre ses bras. Mais, de peur qu'ilz ne luy faillissent, et que les estraintes de ses anlassemens ne vinsent a se relâcher par la cheute et la crainte, elle se fit lier et attacher bien estroitement

[1] *BC* : « tels ».

auec son mary par le faus du corps, et abandonna ainsi sa vie pour le repos de celle de son mary. Celle la estoit de bas lieu, et, parmy telle condition de gens, il n'est pas si nouueau d'y voir quelque trait de rare bonté :

Extrema per illos
Iustitia excedens terris vestigia fecit.

Les autres deux sont nobles et de grand lieu [1], ou les exemples de vertu se logent rarement.

Arria, femme de Cecinna Pætus, personage consulaire, fut mere d'vn autre Arria, femme de Thrasea Pætus, celuy duquel la vertu fut tant renommée du temps de Neron, et, par le moien de ce gendre, mere grand de Fannia : car la resemblance des noms de ces hommes et femmes, et de leurs fortunes, en a fait mesconter plusieurs. Céte premiere Arria, Cæcinna Pætus, son mary, ayant esté prins prisonnier par les gens de l'Empereur Claudius, apres la deffaicte de Scribonianus, duquel il auoit suiuy le party, supplia ceux qui l'en amenoient prisonnier a Rome de la receuoir dans leur nauire, ou elle leur seroit de beaucoup moins de despence et d'incommodité qu'vn nombre de personnes qu'il leur faudroit pour le seruice de son mari, et qu'elle seule fourniroit a sa chambre, a sa cuisine et a tous autres offices. Ilz l'en refuserent, et elle, s'estant iettée dans vn bateau de pécheur qu'elle loua sur le champ, le suiuit en céte sorte, depuis la Sclauonie. Comme ils furent a Rome, vn iour, en presence de l'Empereur, Iunia, vefue de Scribonianus, s'estant acostée d'elle familierement,

[1] *Vulg.* : « et riches ».

pour la societé de leurs fortunes, elle la repoussa rudement auecques ces parolles : « Moy, dit elle, que ie parle a toy, ny que ie t'escoute! a toy, au giron de laquelle Scribonianus fut tué, et tu vis encore! » Ces parolles, auec plusieurs autres signes firent sentir a ses parens qu'elle estoit pour se deffaire elle mesme, impatiente de suporter la fortune de son mary. Et Thrasea, son gendre, la suppliant, sur ce propos, de ne se vouloir perdre, et lui disant ainsi : « Quoy? si ie courroy pareille fortune a celle de Cæcinna, voudriés vous que ma femme, vostre fille, en fit de mesme? » « Comment donq, si ie le voudrois? respondit elle. Ouy*, ie le voudrois, si elle auoit vescu aussi long temps et d'aussi bon accord auecq toi que i'ay fait auec mon mari. » Ces responces augmentoient le soing qu'on auoit d'elle, et faisoiént qu'on regardoit de plus pres a ses deportemens. Vn iour, apres auoir dit a ceus qui la guetoient [1] : « Vous aués beau faire, vous me pouuez bien faire plus mal mourir, mais de me garder de mourir, vous ne sçauriez », s'élançant furieusement d'vne chaire ou elle estoit assise, s'alla de toute sa force choquer la teste contre la paroi voisine; duquel coup, estant cheute de son long, euanouye et fort blessée, apres qu'on l'eut a toute peine faite reuenir : « Ie vous disois bien, dit elle, que, si vous me refusiez quelque façon aisée de me tuer, i'en choisirois quelque autre, pour mal aisée qu'elle fut. » La fin d'vne si admirable vertu fut telle : son mary Pætus n'ayant pas le cœur assez ferme de soy mesme pour se donner la mort a laquelle la cruauté de l'Empereur le rengoit, vn iour entre autres, apres auoir premierement emploié

[1] *BC* : « gardoient ».

les discours et enhortemens qu'elle estimoit [1] propres au conseil qu'elle luy donnoit de ce faire, elle print le poignart que son mari portoit, et, le tenant traict [2] en sa main pour la conclusion de son enhortation : « Fais ainsi, Pætus, » lui dit elle. Cela dit [3], s'en estant donné vn coup mortel dans l'estomac, et puis, l'arrachant de sa plaie, elle le luy presenta, finissant quant et quant sa vie auec céte noble, genereuse et immortelle parolle : « *Pæte, non dolet.* » Elle n'eut loisir que de dire ces trois parolles d'vne si belle substance : « Tien, Pætus, il ne m'a point fait de mal ».

Casta suo gladium cum traderet Arria Pæto,
Quem de visceribus traxerat ipsa suis,
Si qua fides : « Vulnus quod feci non dolet, inquit ;
Sed quod tu facies, id mihi, Pæte, dolet. »

Il est bien plus vif en son naturel, et d'vn sens plus riche ; car et la plaie et la mort de son mary, et les siennes, tant s'en faut qu'elles luy poisassent, qu'elle en auoit esté la conseillere et promotrice ; mais, aiant fait céte haute et courageuse entreprise pour la seule commodité de son mary, elle regarde encore a luy, au dernier trait de sa vie, et a luy oster la crainte en quoy il estoit de suiure son conseil [4]. Pætus se frappa tout soudain de ce mesme glaiue, honteux, a mon aduis, d'auoir eu besoin d'vn si cher et pretieux enseignement.

Pompeia Paulina, belle [5], ieune et tres-noble dame Romaine, auoit espousé Seneca en son extreme vieil-

[1] *Vulg. supp.* : « qu'elle estimoit ».
[2] *Vulg.* : « nud ».
[3] *Vulg.* : « Et en mesme instant ».
[4] *Vulg. remanie cette phrase.*
[5] *BC supp.* : « belle ».

lesse. Neron, son beau disciple, ayant enuoié ses satellites vers luy pour luy denoncer l'ordonnance de sa mort (ce qui se faisoit en céte maniere : quand les Empereurs Romains de ce temps auoient condamné quelque homme de qualité, ils luy mandoient, par leurs officiers, de choisir quelque mort a sa poste, et de la prendre dans tel ou tel delay qu'ilz luy faisoient prescrire, selon la trempe de leur colere, tantost plus pressé, tantost plus long, luy donnant terme pour disposer pendant ce temps la de ses affaires, et quelque fois luy ostant le moien de ce faire, par la briefueté du temps; et, si le condamné estriuoit a leur ordonnance, ilz menoient des gens propres a l'executer, ou luy coupant les veines des bras et des iambes, ou luy faisant aualler du poison par force; mais les gens [1] d'honneur n'attendoient pas céte necessité, et se seruoient de leurs propres medecins et chirurgiens a cet effet) : Seneca ouit leur charge d'vn visage paisible et asseuré, et, apres, demanda du papier pour faire son testament; ce que luy ayant esté refusé par le Capitaine, se tournant vers ses amis : « Puis que ie ne puis, leur dit il, vous laisser autre chose en reconnaissance de ce que ie vous doy, ie vous laisse au moins ce que i'ay de plus beau, a sçauoir l'image de mes meurs et de ma vie, laquelle ie vous prie conseruer en vostre memoire, affin qu'en ce faisant vous acqueriez la gloire de sinceres et veritables amis. » Et, quant et quant, apaisant tantost l'aigreur de la douleur qu'il leur voyoit souffrir par douces parolles, tantost roidissant sa voix pour les en tancer : « Ou sont, disoit il, ces beaus preceptes de la philosophie? Que

[1] *BC* : « personnes ».

sont deuenues les prouisions que, par tant d'années, nous auons faites contre les accidens de la fortune? La cruauté de Neron nous estoit elle inconnue? Que pouuions nous attendre de celuy qui auoit tué sa mere et son frere, sinon qu'il fit encor mourir son gouuerneur, qui l'a nourry et esleué? » Apres auoir dit ces parolles en commun, il se détourna a sa femme et, l'embrassant étroitement, comme, par la pesanteur de la douleur, elle defailloit de cœur et de forces, il [1] la pria de porter vn peu plus patiemment cet accident, pour l'amour de luy, et que l'heure estoit venue ou il auoit a monstrer, non plus par discours et par disputes, mais par effet, le fruit qu'il auoit tiré de ses estudes, et que, sans doubte, il embrassoit la mort, non seulement sans douleur, mais auecques allegresse. « Parquoy, m'amie, disoit il, ne la des-honore pas par tes larmes, affin qu'il ne semble que tu t'aimes plus que ma reputation. Appaise ta douleur et te console en la connoissance que tu as eu de moy et de mes actions, conduisant le reste de ta vie par les honneste occupations ausquelles tu es adonnée. » A quoy Paulina, ayant vn peu repris ses espritz et rechauffé la magnanimité de son courage par vne tres-noble affection : « Non, Seneca, respondit elle, ie ne suis pas pour vous laisser sans ma compaignie en telle necessité; ie ne veux pas que vous pensiez que les vertueux exemples de vostre vie ne m'aient encore apris a sçauoir bien mourir; et quand le pourroy-ie, ny mieux, ny plus honnestement, ny plus a mon gré qu'auecques vous? Ainsi faites estat que ie m'en vay quant et vous. » Lors Seneca, prenant en bonne part vne si belle et

[1] *BC supp.* : « il ».

glorieuse deliberation de sa femme, et pour se deliurer aussi de la crainte de la laisser, apres sa mort, a la mercy et [1] cruauté de ses ennemis : « Ie t'auoy, Paulina, dit il, conseillé ce qui seruoit a conduire plus heureusement ta vie. Tu aimes donc mieux l'honneur de la mort? Vrayement ie ne te l'enuieray point. La constance et la resolution soient pareilles a nostre commune fin, mais la noblesse [2] et la gloire en soit plus grande de ta part. » Cela faict, on leur couppa en mesme temps les veines des bras; mais, par ce que celles de Seneca resserrées tant par la vieillesse (car il auoit lors enuiron cent quatorze ans [3]) que par son abstinance, donnoient au sang le cours trop long et trop lâche, il commanda qu'on luy couppat encore les veines des cuisses. Et, de peur que le tourment qu'il en souffroit n'atendrit le cœur de sa femme, et pour se deliurer aussi soy mesme de l'affliction qu'il souffroit de la voir en si piteux estat, apres auoir tres-amoureusement pris congé d'elle, il la pria de permettre qu'on l'emportat en la chambre voisine, comme on fit; mais, toutes ces incisions estant encore insuffisantes pour le faire mourir, il commanda a Statius Anneus, son medecin, de luy donner vn breuuage de poison qu'il [4] n'eut guiere non plus d'effect : car, pour la foiblesse et froideur des membres, elle ne peut arriuer iusques au cœur. Par ainsi, on luy fit, outre cela, aprester vn baing fort chaud, et lors, sentant sa fin prochaine, autant qu'il eut d'aleine, il continua des discours tres-excellans sur le suiect de l'estat ou il se

[1] *C supp. :* « mercy et ».
[2] *Vulg. :* « beauté ».
[3] *BC supp. toute la parenthèse.*
[4] *BC :* « qui ».

trouuoit, que ses secretaires recueillirent tant qu'ilz peurent ouir sa voix; et demeurarent ses paroles dernieres long temps depuis en credit et honneur és mains des hommes (ce nous est vne bien lourde [1] perte qu'elles ne soient venues iusques a nous). Comm' il sentit les derniers traitz de la mort, prenant de l'eau du being toute sanglante, il s'en arrousa sa teste en disant : « Ie voüe céte eau a Iuppiter le liberateur. » Neron, aduerti de tout cecy, craignant que la mort de Paulina, qui estoit des mieus apparantées dames Romaines, et enuers laquelle il n'auoit nulles particulieres inimitiés, luy vint a reproche, renuoia en toute diligence, luy faire ratacher ses playes; ce que ses gens d'elle firent sans son sceu, elle estant desia a demy morte et sans aucun sentiment. Et ce que, contre son dessein, elle vesquit depuis, ce fut treshonorablement, et comme il appartenoit a sa vertu, monstrant, par la couleur bléme de son visage, combien elle auoit escoulé de sa vie par ses blessures.

Voyla mes trois contes tres-veritables, que ie trouue aussi plaisans et thragiques que ceux que nous forgeons a nostre poste, pour donner plaisir au commun; et m'étonne que ceux qui s'adonnent a cela ne s'amusent [2] de choisir plustot dix mille tres-belles histoires qui se rencontrent dans les liures, ou ils auroient moins de peine et apporteroient plus de plaisir et profit a autruy [3]. Et qui en voudroit bastir vn corps entier et s'entretenant, il ne faudroit qu'il fournit du sien que la liaison, comme la soudure d'vn autre

[1] *Vulg.* : « fascheuse ».
[2] *Vulg.* : « s'aduisent ».
[3] *Vulg. supp.* : « a autruy ».

metal; et pourroit entasser par ce moien force veritables euenemens de toutes sortes, les disposant et diuersifiant selon que la beauté de l'ouurage le requerroit, a peu pres comme Ouide a cousu [1] et rapiecé sa Metamorphose, ou comme Arioste a rengé en vne suite [2] ce grand nombre de fables diuerses.

En ce dernier couple, cela est encore digne d'estre consideré que Paulina offre volontiers a quiter la vie pour l'amour de son mary, et que son mary auoit autrefois quitté aussi la mort pour* elle. Il n'y a pas pour nous grand contrepois en cet eschange; mais, selon son humeur Stoique, ie croy qu'il pensoit auoir autant fait pour elle d'alonger sa vie en sa faueur, comme s'il fut mort pour elle. En l'vne des lettres qu'il escrit a Lucillius, apres qu'il luy a fait entendre comme, la fiebure l'ayant pris a Rome, il monta soudain en coche, pour s'en aller a vne sienne maison aus champs, contre l'opinion de sa femme Paulina, qui le vouloit arrester, et qu'il luy auoit respondu que la fiebure qu'il auoit ce n'estoit pas fiebure du corps, mais du lieu, il suit ainsi : Elle me laissa aller, me recommandant fort ma santé. Or moy qui sçay que ie loge sa vie en la mienne, ie commence de pouruoir a moy, pour pouruoir a elle; le priuilege que ma vieillesse m'auoit donné me randant plus ferme et plus resolu a plusieurs choses, ie le pers quand il me souuient qu'en ce vieillard il y en a vne ieune a qui ie profite. Puis que ie ne la puis ranger a m'aymer plus courageusement, elle me renge a m'aimer moy mesme plus curieusement : car il faut prester quelque chose aux honnestes affections; et par

[1] *C* : « recousu ».
[2] *Vulg. supp.* : « ou comme Arioste... vne suite ».

fois, encore que les occasions nous pressent au contraire, il faut rapeller la vie, voire auecque tourment; il faut arrester l'ame entre les dents, puis que la loy de viure aus gens de bien ce n'est pas autant qu'il leur plait, mais autant qu'ils doiuent. Celuy qui n'estime pas tant sa femme, ou vn sien amy, que d'en allonger sa vie, et qui s'opiniastre a mourir, il est trop delicat et trop mol : il faut que l'ame se commande cela, quand l'vtilité des nostres le requiert; il faut par fois nous prester a nos amis, et, quand nous vouldrions mourir pour nous, interrompre nostre dessein pour autruy [1]. C'est tesmoignage de grandeur de courage de retourner en la vie pour la consideration d'autruy, comme plusieurs excellens personnages ont faict. Et est vn trait de bonté singuliere de conseruer la vieillesse (de laquelle la commodité la plus grande, c'est la nonchalance de sa durée, et vn plus courageux et desdaigneus vsage de la vie), si on sent que cet office soit doux, agreable et profitable a quelqu'vn bien affectionné, et en reçoit on vne tresplaisante recompense : car, qu'est il plus doux que d'estre si cher a sa femme qu'en sa consideration on en deuienne plus cher a soy mesme? Ainsi ma Pauline m'a chargé non seulement sa crainte, mais encore la mienne. Ce ne m'a pas esté assés de considerer combien resoluement ie pourrois mourir, mais i'ay aussi consideré combien irresoluement elle le pourroit souffrir; ie me suis contraint a viure, et c'est quelquefois vaillance [2] que viuure. Voila ses mots*.

[1] *Vulg.* : « eux ».
[2] *Vulg.* : « magnanimité ».

CHAPITRE TRENTESIXIESME.

DES PLVS EXCELLENS HOMMES.

Si on me demandoit le chois de tous les hommes qui sont venus a ma connoissance, il me semble en trouuer trois excellans au dessus de tous les autres : l'vn, Homere; non pas qu'Aristote ou Varro (pour exemple) ne fussent, a l'auenture, aussi sçauans que lui, ny possible encore qu'en son art mesme Vergile ne lui soit comparable : ie le laisse a iuger a ceux qui les connoissent tous deux; moy qui n'en connoy que l'vn, ie n'en puis dire que cela, selon ma portée, que ie ne croy pas que les Muses mesmes puissent aller au dela du Romain*. Toutefois, en ce iugement, encore ne faudroit il pas oublier que c'est principalement d'Homere mesme que Vergile tient sa suffisance; que c'est son guide et maistre d'escole; et qu'vn seul traict de l'Iliade a fourni de corps et de matiere a céte grande et diuine Eneide. Ce n'est pas ainsi que ie conte. I'y méle plusieurs autres circonstances qui me rendent ce personnage admirable, quasi au dessus de l'humaine condition. Et, a la verité, ie m'estonne souuent que luy, qui a produit et mis en credit au monde plusieurs deitez par son authorité, n'a gaigné reng de Dieu lui mesme. Estant aueugle, indigent, estant auant que les ars et [1] les sciences eussent esté redigées en regle et obseruations certaines, il les a tant connues que tous ceux qui se sont meslez depuis d'es-

[1] *Vulg. supp.* : « les ars et ».

tablir des polices, de conduire guerres, et d'escrire ou de la religion, ou de la philosophie*, ou des ars, se sont seruis de lui comme d'vn patron [1] tresparfaict en la connoissance de toutes choses, et de ses liures comme d'vne pepiniere de toute sorte de suffisance :

Qui quid sit pulchrum, quid turpe, quid vtile, quid non,
Plenius ac melius Chrisippo ac Crantore dicit ;

et comme dict l'autre :

A quo, ceu fonte perenni,
Vatum Pyerijs labra rigantur aquis ;

et l'autre :

Adde Heliconiadum comites, quorum vnus Homerus
Astra [2] potitus ;

et l'autre :

uiusque ex ore profuso
Omnis posteritas latices in carmina duxit,
Amnemque in tenues ausa est deducere riuos,
Vnius fœcunda bonis.

C'est contre l'ordre de nature qu'il a faict la plus noble [3] production qui puisse estre : car la naissance ordinaire des choses, elle est foible et [4] imparfaicte ; elles s'augmentent, se fortifient par l'accroissance. L'enfance de la poesie et de plusieurs autres sciences, il l'a rendue meure, parfaite et accomplie. A céte cause, le peut on nommer le premier et dernier [5] des

[1] *Vulg.* : « maistre ».
[2] *Vulg.* : « *Sceptra* ».
[3] *Vulg.* : « excellente ».
[4] *Vulg. supp.* : « foible et ».
[5] *C* : « et le dernier ».

poëtes, suyuant ce beau tesmoignage que l'antiquité nous a laissé de luy, que, n'aiant eu [1] nul qu'il peut imiter, auant luy, il n'a eu nul, apres luy, qui le peut imiter. Ses parolles, selon Aristote, sont les seules parolles qui ayent mouuement et action; ce sont les seuls mots substantiels et massifs [2]. Alexandre le grand, ayant rencontré parmy les despouilles de Darius vn riche cofret, ordonna que l'on [3] le lui reseruat pour y loger son Homere, disant que c'estoit le meilleur et plus fidele conseiller qu'il eut en ses affaires militaires. Pour céte mesme raison disoit Cleomenes, filz d'Anaxandridas, que c'estoit le poëte des Lacedemoniens, par ce qu'il estoit tres-bon maistre de la discipline militaire. Céte louange singuliere et particuliere lui est aussi demeurée au iugement de Plutarque, que c'est le seul autheur du monde qui n'a iamais soulé ne dégousté les hommes, se monstrant aux lecteurs tousiours tout autre et fleurissant tousiours en nouuelle grace. Ce folastre d'Alcibiades, ayant demandé a vn qui faisoit profession des lettres vn liure d'Homere, luy donna vn souflet, par ce qu'il n'en auoit point, comme qui trouueroit vn de nos prestres sans breuiaire. Xenophanes se pleignoit vn iour a Hieron, tyran de Syracuse, de ce qu'il étoit si pauure qu'il n'auoit dequoi nourrir deus seruiteurs : « Et quoy ! lui respondit il, Homere, qui estoit beaucoup plus pauure que toy, en nourrit bien plus de dix mille, tout mort qu'il est*. » Outre cela, quelle gloire se peut comparer a la sienne? Il n'est rien qui viue en la bouche des hommes comme son nom et ses ou-

[1] *C supp.* : « eu ».
[2] *Vulg. supp.* : « et massifs ».
[3] *B* : « que on », *et C* : « qu'on ».

urages; il n'est rien si cogneu et si receu que Troie, Helene et ses guerres, qui ne furent a l'aduanture iamais. Nos enfans s'appellent[1] encore des noms qu'il forgea il y a plus de trois mile ans. Qui ne cognoit Hector et Achilles? Non seulement aucunes races particulieres, mais la plus part des nations cerchent origine en ses inuentions. Mahumet second de ce nom, Empereur des Turcs, escriuant a nostre Pape Pie second : Ie m'estonne, dit il, comment les Italiens se bandent contre moy, attendu que nous auons nostre origine commune des Troyens, et que i'ay comme eux interest de venger le sang d'Hector sur les Grecs, lesquels ilz vont fauorisant contre moy. N'est ce pas vne noble farce, de laquelle les Roys, les choses publiques et les Empereurs vont iouant leur personnage tant de siecles, et a laquelle tout ce grand vniuers sert de theatre? Sept villes Grecques entrerent en debat du lieu de sa naissance, tant son obscurité mesmes luy apporta d'honneur!

Smyrna, Rhodos, Colophon, Salamis, Chios, Argos, [Athenæ.

L'autre, Alexandre le grand. Car, qui considerera l'aage auquel il commença ses entreprises; le peu de moien auec lequel il fit vn si glorieux dessein; l'authorité qu'il gaigna en céte sienne enfance parmy les plus grands et experimentez Capitaines du monde, desquels il estoit suyuy; la faueur extraordinaire dequoy la fortune embrassa et fauorisa tant de siens exploits hazardeux, et a peu que ie ne dye temeraires*; céte grandeur d'auoir a l'aage de trente trois ans passé

[1] *B, par erreur :* « Nos enfans appellent ».

victorieux toute la terre habitable*; d'auoir fait naistre de ses soldatz tant de branches royales, laissant apres sa mort le monde en partage a quatre successeurs simples Capitaines de son armée, desquels les descendans ont despuis si long temps duré, maintenant céte grande possession; tant d'excellantes vertus qui estoient en luy* : car ses mœurs semblent, a la verité, n'auoir aucun iuste reproche que la colere [1]*; les rares beautez et conditions de sa personne iusques au miracle : car on tient entre autres choses que sa sueur produisoit vne tresdouce et souefue odeur [2]*; l'excellence de son sçauoir et capacité; la durée et grandeur de sa gloire, pure, nette, exempte de tache et d'enuie* : il confessera, tout cela mis ensemble, que i'ay eu raison de le preferer a Cæsar mesme, car celuy la seul m'a peu mettre en doubte du chois*. Ilz ont eu plusieurs choses égales, et Cæsar, a l'aduenture, aucunes plus grandes* : mais, toutes pieces ramassées et mises en la balance, ie ne puis que ie ne panche du costé d'Alexandre.

Le tiers, et le plus excellent a mon gré, c'est Epaminundas. De gloire, il n'en a pas a beaucoup prez tant que d'autres : aussi n'est ce pas vne piece de la substance de la chose. De resolution et de vaillance, non pas de celle qui est esguisée par l'ambition, mais de celle que la sapience et la raison peuuent planter en vne ame bien reglée, il en auoit tout ce qui s'en peut imaginer. De preuue de céte sienne vertu, il en a fait autant, a mon aduis, qu'Alexandre mesme et que Cæsar : car, encore que ses exploits de guerre ne soint ny si frequens, ny si enflés, ilz ne laissent pas

[1] *Vulg. supp.* : « que la colere ».
[2] *Vulg. supp.* : « car on tient... odeur ».

pourtant, a les bien considerer, et toutes leurs circonstances, d'étre aussi poisans et roides, et portans autant de tesmoignage de* sa [1] suffisance en l'art militaire. Les Grecs luy ont faict cet' honneur sans contredit de le nommer le premier homme d'entre eux. Mais estre le premier de la Grece, c'est* étre le prime du monde. Quant a son sçauoir et suffisance, ce iugement ancien nous en est resté, que iamais homme ne sceut tant et parla si peu que luy*. Mais quant a ses meurs et conscience, il a de bien loing surpassé tous ceux qui se sont iamais meslés de manier affaires : car, en céte partie qui est de la vertu, et [2] qui doit estre principalement considerée*, il ne cede a nul philosophe, non pas a Socrates mesme*.

Et, pour exemple de sa debonnaireté [3], ie veux adiouter icy deux de ses opinions*. Il ne pensoit pas qu'il fut loisible, pour recouurer mesmes la liberté de son pais, de tuer vn homme sans connoissance de cause. Voila pourquoy il fut si froid a l'entreprise de Pelopidas, son compaignon, pour la deliurance de Thebes. Il tenoit aussi qu'en vne bataille il falloit fuir le rencontre d'vn amy qui fut au party contraire, et l'espargner*.

CHAPITRE TRENTESETIESME.

DE LA RESSEMBLANCE DES ENFANS AVS PERES.

Ce fagotage de tant de diuerses pieces se fait en céte condition que ie n'y metz la main que lors qu'vne

[1] *Vulg. supp. :* « sa ».
[2] *Vulg. supp. :* « qui est de la vertu, et ».
[3] *BC :* « exemple d'vne excessiue bonté ».

trop lâche oysiueté me presse, et non ailleurs que chez moy. Ainsin il s'est basti a diuerses poses et interualles, comme les occasions me detiennent ailleurs par fois plusieurs mois. Au demeurant, ie ne corrige point mes premieres imaginations par les secondes* : ie veus representer le progrez de mes humeurs, et qu'on voye châque piece en sa naissance [1]. Ie voudrois auoir commencé plus tost, et prendrois plaisir a reconnoitre le trein de mes mutations. Vn valet qui me seruoit a les escrire soubs moy pensa [2] faire vn grand butin de m'en desrober plusieurs pieces choisies a sa poste. Cela me console qu'il n'y fera pas plus de guein que i'y ay faict de perte. Ie me suis enuieilly de sept ou huit ans, dépuis que ie commençay; ce n'a pas esté sans quelque nouuel acquest : i'y ay pratiqué la colique par la liberalité des ans : leur commerce et longue conuersation ne se passe aiséement sans quelque tel fruit. Ie voudroy bien, de plusieurs autres presens qu'ilz ont a faire a ceux qui les hantent long temps, qu'ilz en eussent choisi quelqu'vn qui m'eust esté plus acceptable : car ilz ne m'en eussent sceu faire que i'eusse en plus grande horreur des mon enfance. C'estoit, a point nommé, de tous les accidens de la vieillesse, celuy que ie creignois le plus. I'auoy pensé maintefois, a part moy, que i'aloy trop auant, et qu'a faire vn si long chemin ie ne faudroy pas de m'engager en fin en quelque mal plaisant rencontre : ie sentoys et protestois asses qu'il étoit heure de partir, et qu'il faloit trencher la vie dans le vif et dans le sein, suyuant la regle des chirurgiens, quand ils ont a couper quelque membre*. Mais c'estoient vaines

[1] *Vulg. modifie légèrement cette phrase.*
[2] *BC* : « a pensé ».

propositions [1] : il s'en faloit tant que i'en fusse prest lors, que, en dixhuit mois ou enuiron qu'il y a que ie suis en ce plaisant [2] estat, i'ay des-ia apris a m'y accommoder. I'entre des-ia en composition de ce viure coliqueus; i'y trouue dequoy me consoler et dequoy esperer : tant les hommes sont acoquinez a leur estre miserable qu'il n'est si rude condition qu'ilz n'acceptent pour s'y conseruer*. Les souffrances qui nous touchent simplement par l'ame, elles m'affligent beaucoup moins qu'elles ne font la plus part des autres hommes, partie par iugement (car le monde estime plusieurs choses horribles ou euitables au pris de la vie, qui me sont a peu pres indifferentes), partie par vne complexion stupide et insensible que i'ay aux accidens qui ne donnent a moy de droit fil : laquelle complexion i'estime l'vne des meilleures pieces de ma naturelle condition. Mais les souffrances vrayement essentielles et corporelles, ie les gouste bien vifuement. Si est ce pourtant que les preuoiant autresfois d'vne veüe foible, delicate et amollie par la iouissance de céte longue et heureuse santé et repos que Dieu m'a presté la meilleure part de mon aage, ie les auoy conceües, par imagination, si insupportables qu'a la verité i'en auois plus de peur que ie n'y ay trouué de mal. Par ou i'augmente tousiours céte creance que la plus part des facultez de nostre ame* troublent plus le repos de nostre vie qu'elles ne nous y seruent.

Ie suis aux prises auec la pire de toutes les maladies, la plus soudaine, la plus doloreuse, la plus mortelle et la plus irremediable. I'en ay des-ia essaié cinq ou six bien longs acces et penibles. Toutesfois, ou ie

[1] *Vulg. supp.* : « Mais c'estoient vaines propositions ».
[2] *Vulg.* : « malplaisant ».

me flate, ou encores y a il en cet estat dequoy se soustenir, a qui a l'ame deschargée de la crainte de la mort et deschargée aussi des menasses, conclusions et consequences dequoy la medecine nous enteste. Mais l'effect mesme de la douleur, il n'a pas cete aigreur si aspre et si poignante qu'vn homme rassis en doyue entrer en rage et en desespoir. I'ay aumoins ce profit de la cholique que, ce que ie n'auoy encore peu sur moy, pour me concilier du tout et m'accointer a la mort, elle le parfera : car, d'autant plus elle me pressera et importunera, d'autant moins me sera la mort a craindre. I'auoi dés-ia gaigné cela de ne tenir a la vie que par la vie seulement : elle desnouera encore céte intelligence. Et Dieu veuille qu'en fin, si son aspreté vient a surmonter mes forces, elle ne me reiette a l'autre extremité non moins vitieuse, qui est d'aimer et desirer a mourir :

Summum nec metuas diem, nec optes.

Ce sont deux passions a craindre; mais l'vne a son remede bien plus prest que l'autre.

Au demourant, i'ay tousiours trouué ce precepte ceremonieus et inepte [1] qui ordonne* de tenir bonne contenance et vn maintien graue [2] et posé a la souffrance des maus. Pourquoy la philosophie qui ne regarde que le vif, que la substance et les effects, se va elle amusant a ces apparences vaines et externes? comme si elle dressoit les hommes aux actes d'vne commedie, ou comme s'il estoit en sa iurisdiction d'empescher les mouuemens et alterations que nous

[1] *Vulg. supp.* : « et inepte ».
[2] *Vulg.* : « desdaigneux ».

sommes naturellement contraintz de receuoir. Qu'elle empesche donq Socrates de rougir d'affection ou de honte, de cligner les yeux a la menasse d'vn coup, de trembler et de suer aus secousses de la fiebure. La peinture de la poësie, qui est libre et volontaire, n'ose priuer de [1] larmes mesmes les personnes qu'elle veut representer accomplies et parfaictes :

E se n'aflige tanto
Che si morde le man, morde le labbia,
Sparge le guancie di continuo pianto.

Elle deuroit laisser céte charge a ceux qui font profession de regler nostre maintien et nos mines. Qu'elle s'arreste a gouuerner nostre entendement qu'elle a pris a instruire; qu'elle luy ordonne ses pas et le tienne en bride et en office [2]; qu'aus effors de la cholique elle maintienne nostre ame capable de se reconnoitre, de suiure son train acoustumé, combatant la douleur et la soustenant, non se prosternant honteusement a ses pieds; esmeüe et eschauffée du combat, non abatue pourtant et renuersée*. En accidens si extremes, c'est cruauté de requerir de nous vne démarche si reglée. Pourueu que nous ayons beau ieu, c'est tout vn [3] que nous ayons mauuaise mine. C'est bien assez que nous soyons telz que nous auons acoustumé en noz discours et actions principales [4]. Quand au corps, s'il se soulage en se pleignant, qu'il le face; si l'agitation luy plait, qu'il se tremousse [5] et tracasse

[1] *BC :* « des ».
[2] *Vulg. modifie entièrement le passage qui précède, depuis :* « Pourquoy la philosophie... ».
[3] *Vulg. :* « c'est peu ».
[4] *Vulg. supp. :* « C'est bien... principales ».
[5] *Vulg. :* « tourneboule ».

a sa fantasie; s'il luy semble que le mal s'euapore aucunement, comme aucuns medecins disent que cela aide a la deliurance des femmes enseintes, pour pousser hors la vois auec plus grande violence, ou s'il pense que cela [1] amuse son torment, qu'il crie tout a faict*. Nous auons assez de trauail du mal, sans y ioindre vn nouueau trauail par discours [2]. Ce que ie dis pour excuser ceux qu'on voit ordinairement se escrier et se tempester aux secousses* de la doleur de céte maladie : car, pour moy, ie l'ay passée iusques a céte heure auec vn peu meilleur visage*. Non pourtant que ie me mette en peine pour maintenir céte decence exterieure ; car ie fay peu de conte d'vn tel aduantage. Ie preste en cela au mal autant qu'il veut; mais ou mes doleurs ne sont pas si excessiues, ou i'y apporte plus de fermeté que le commun : ie me plains, ie me despite, quand les aigres pointures me pressent, mais ie n'en viens point au desespoir* et a la rage [3]. Et aux interualles de cétte doleur excessiue*, ie me remets soudain en ma forme ordinaire. Ie deuise, ie ris, i'estudie sans emotion et alteration [4], d'autant que mon ame ne prend nulle autre allarme que la sensible et corporelle : ce que ie doy certainement au soing que i'ay eu a me preparer par estude et [5] par discours a tels accidens*. Ie suis essayé pourtant vn peu bien rudement pour vn apprentis, et d'vn changement bien soudain et bien rude, estant cheu tout a coup, d'vne tresdouce condition de vie et tresheureuse, a la plus

[1] *Vulg. :* « ou s'il en amuse ».
[2] *Vulg. modifie légèrement cette phrase et la suivante.*
[3] *Vulg. supp. :* « et a la rage ».
[4] *Vulg. supp. :* « Ie deuise... et alteration ».
[5] *Vulg. supp. :* « par estude et ».

doloreuse et penible qui se puisse imaginer. Car, outre ce que c'est vne maladie bien fort a craindre d'elle mesme, elle faict en moy ses commencemens beaucoup plus aspres et difficiles qu'elle n'a acoustumé. Les accés me reprennent si souuant que ie ne sens quasi plus d'entiere santé et pure de doleurs[1]; ie maintien toutefois iusques a cet heure mon esprit en telle assiete que, pourueu que i'y puisse apporter de la constance, ie me treuue en assez meilleure condition de vie que mille autres qui n'ont ni fiebure, ny mal, que celuy qu'ils se donnent eux mesmes par la faute de leur discours.

Il est certaine façon d'humilité subtile qui naist de la presomption, comme céte cy, que nous reconnoissons nostre ignorance en plusieurs choses, et sommes si courtois d'auouër qu'il y a es ouurages de nature aucunes qualitez et conditions qui nous sont imperceptibles, et desquelles nôtre suffisance ne peut descouurir les moiens et les causes : par céte honneste et conscientieuse declaration, nous esperons gaigner qu'on nous croira aussi de celles que nous dirons entendre. Nous n'auons que faire d'aller trier des miracles et des dificultez estrangieres. Il me semble que, parmy les choses que nous voions ordinairement, il y a des estrangetez si incomprehensibles qu'elles surpassent toute la difficulté des miracles. Quel monstre est ce que céte goute de semence dequoy nous sommes produitz porte en soy les impressions non de la forme corporelle seulement, mais des pensemens et des inclinations de nos perez. Céte goute d'eau, ou loge elle ce nombre infini de formes?*

[1] *Vulg. supp.* : « et pure de doleurs ».

Il est vray-semblable que ie tiens de mon pére céte qualité pierreuse, car il mourut merueilleusement affligé d'vne grosse pierre qu'il auoit en la vessie. Il ne s'aperceut de son mal que le soixante septiesme an de son aage, et, auant cela, il n'en auoit eu nulle menasse ou ressentiment aux reins, aux costez, ny ailleurs, et auoit vescu iusques lors [1] en vne bien heureuse santé et bien peu subiette a maladies, et dura encores sept ans en ce mal, trainant vne fin de vie bien douloureuse. I'estoy nay vingt cinq ans et plus auant sa maladie, et durant le temps de son meilleur estat*. Ou se couuoit tant de temps la propension a ce mal [2]? Et, lors qu'il estoit si loing de s'en sentir, céte legiere piece de sa substance, dequoy il me bastit, comment en portoit elle pour sa part vne si grande impression? et comment encore si couuerte que, quarante cinq ans apres, i'aye commencé a m'en ressentir?* Qui m'esclaircira de tout ce progrez, ie le croyray d'autant d'autres miracles qu'il voudra, pourueu que, comme ilz font, ils ne me donnent pas en paiement vne doctrine beaucoup plus difficile et fantastique que n'est la chose mesme.

Que les medecins excusent vn peu ma liberté : car, par céte mesme infusion et insinuation fatale, i'ay receu la haine et le mespris de leur doctrine. Céte antipathie que i'ay a leur art m'est hereditaire. Mon pere a vescu soixante quatorze ans, mon ayeul soixante neuf, mon bisáyeul pres de quatre vingtz, sans auoir gouté nulle sorte de medecine; et, entre nous, tout ce qui n'est [3] de nostre vsage ordinaire,

[1] *C* : « alors ».
[2] *Vulg.* : « defaut ».
[3] *Vulg.* : « entre eux, tout ce qui n'estoit... tenoit ».

nous tient lieu de drogue. La medecine se forme par exemples et experience : aussi fait mon opinion. Voila pas vne bien expresse experiance et bien aduantageuse? Ie ne sçay s'ilz m'en trouueront trois en leur registres nais, nouris et trespassés en mesme maison [1] aians autant vescu soubs leurs regles. Il faut qu'ils m'aduouent en cela que, si ce n'est la raison, au moins que la fortune est de mon party. Or, ches les medecins, fortune vaut beaucoup mieus que la raison. Qu'ils ne me prenent point a cétte heure a leur auantage; qu'ils ne me menassent point, atterré comme ie suis : ce seroit supercherie; aussi, a dire la verité, i'ay assez gaigné sur eus par mes exemples domestiques, encore qu'ils s'arrestent la. Les choses humaines n'ont pas tant de constance. Il y a enuiron [2] deus cens ans, il ne s'en faut que dixhuit, que cet essai nous dure : car le premier nasquit l'an 1402. C'est vraiemant bien raison que céte experiance commence a nous faillir. Qu'ils ne me reprochent point les maus qui me tiennent* a la gorge. D'auoir vescu quarante six ans [3] pour ma part, n'est ce pas assés? Quand ce sera le bout de ma carriere, elle est des plus longues.

Mes ancestres auoint la medecine a contre cœur par quelque inclination occulte et naturelle, car la veüe mesme des drogues faisoit horreur a mon pere. *Vn oncle paternel que i'auoy, homme d'Eglise, maladif des sa naissance, et qui fit toutesfois durer céte vie debile iusques a soixante sept ans et plus [4], estant

1 *Vulg.* : « mesme fouyer, mesme toict ».
2 *Vulg. supp.* : « enuiron ».
3 *Vulg.* : « quarante sept ».
4 *Vulg. supp.* : « et plus ».

tumbé autresfois en vne grosse et vehemente fieure continue, il fut ordonné par les medecins qu'on luy declaireroit, s'il ne se vouloit aider (ils appellent secours ce qui, le plus souuent, est rengregement de mal [1]) qu'il étoit infailliblement mort. Ce bon homme, tout effraié comme il fut de céte horrible sentence, si respondit il : « Ie suis donq mort! » Mais Dieu rendit tantost apres vain ce prognostique*.

Il est possible que i'ay receu d'eus céte dispathie naturelle a la medecine; mais, s'il n'y eut eu que céte consideration, i'eusse essayé de la forcer : car toutes ces conditions qui naissent en nous sans raison, elles sont vitieuses. C'est vne espece de maladie qu'il faut combatre. Il est possible que i'y auoy céte propension; mais ie l'ay appuiée et fortifiée par les discours, qui m'en ont establi l'opinion que i'en ay; car ie hay aussi céte consideration de refuser la medecine pour l'aigreur de son goust : ce ne seroit aisement mon humeur, qui trouue la santé digne d'étre rachetée par tous les cauteres et incisions les plus penibles qui se facent*. C'est vne pretieuse chose que la santé, et la seule qui merite, a la verité, qu'on y emploie, non le temps seulement, la sueur, la peine, les biens, mais encore la vie a sa poursuite : d'autant que, sans elle, la vie ne peut auoir ni grace ni saueur [2]. La volupté, la sagesse, la science et la vertu, sans elle se ternissent et esuanouissent; et, aus plus fermes et tendus discours que la philosophie nous veuille imprimer au contraire, nous n'auons qu'a opposer l'image de Platon, estant frappé du haut mal ou d'vne apoplexie, et, en céte presuposition, le deffier de s'ayder de ces

[1] *Vulg. :* « est empeschement ».
[2] *Vulg. modifie cette fin.*

nobles et riches [1] facultés de son ame. Toute voye qui nous meneroit a la santé ne se peut dire pour moy ny aspre, ny espineuse [2]. Mais i'ay quelques autres apparences qui me font estrangement deffier de toute céte marchandise. Ie ne dy pas qu'il n'y en puisse auoir quelque art, qu'il n'y ait, parmy tant d'ouurages de nature, des choses propres a la conseruation de nostre santé : cela est vray semblable [3]; mais ie dy que ce qui s'en void en practique, il y a grand dangier que ce soit pure imposture : i'en croy leurs confraires Fiorauanti et Paracelse [4].

En premier lieu, l'experience me le fait craindre : car, de ce que i'ay de connoissance, ie ne voy nulle race de gens si tost malade et si tard guerie que celle qui est sous la iurisdiction de la medecine : leur santé mesme est altérée et corrompue par la contrainte des regimes. Les medecins ne se contentent point d'auoir la maladie en gouuernement, ilz rendent la santé malade, pour garder qu'on ne puisse, en nulle saison, eschapper leur authorité. D'vne santé constante et entiere n'en tirent ilz pas l'argument d'vne grande maladie future? I'ay esté assez souuent malade; i'ay trouué, sans leurs secours, mes maladies aussi douces a supporter (et en ay quasi essaié [5] de toutes les sortes) et aussi courtes qu'a nul autre, et si n'y ay point meslé l'amertume de leurs drogues [6]. La santé, ie l'ay libre et entiere, sans regle et sans autre discipline que de ma coustume et de mon plaisir. Tout lieu m'est

1 *Vulg.* : « d'appeler a son secours les riches ».
2 *Vulg.* : « chere ».
3 *Vulg.* : « est certain ».
4 *Vulg. remplace cette phrase par un long développement.*
5 *BC* : « essayé quasi ».
6 *Vulg.* : « ordonnances ».

bon a m'arrester : car il ne me faut autres commodités estant malade que celles qu'il me faut estant sain. Ie ne me passionne point d'estre sans mon medecin, sans mon apothiquaire [1], et sans secours; dequoy i'en voy la plus part plus affligez que du mal mesme. Quoy, eux mesmes nous font ilz voir de l'heur et de la durée en leur vie qui nous puisse tesmoigner quelque apparant effect de leur science?

Il n'est nation qui n'ait esté plusieurs siecles sans la medecine, et les premiers siecles, c'est a dire les meilleurs et les plus heureus; et du monde la dixiesme partie ne s'en sert pas encores a céte heure. Infinies nations ne la cognoissent pas, ou l'on vit et plus sainement et [2] plus longuement qu'on ne fait icy. Et, parmy nous, la plus part du [3] peuple s'en passe heureusement. Les Romains auoint esté six cens ans auant que de la receuoir : mais, apres l'auoir essayée, ilz la chasserent de leur ville par l'entremise de Caton le Censeur, qui monstra combien aiséement il s'en pouuoit passer, ayant vescu quatre vingtz et cinq ans, et fait viure sa femme iusqu'a l'extreme vieillesse, non pas sans medecine, mais ouy bien sans medecin : car toute chose qui se trouue salubre a nostre vsage [4] se peut nommer medecine. Il entretenoit, ce dict Plutarque, sa famille en santé par l'vsage [5] du lieure; comme les Arcades, dict Pline, guerissent toutes maladies auec du laict de vache *; et les gens de village de ce pais, a tous accidens, n'emploient que du

1 *Vulg.* : « sans medecin, sans apothiquaire ».
2 *A omet par erreur* : « et ».
3 *Vulg.* : « le commun ».
4 *Vulg.* : « vie ».
5 *BC aj.* : « (ce me semble) ».

vin, le plus fort qu'ilz peuueut, meslé a force safran et espice : tout cela auec vne fortune pareille.

Et, a dire vray, de toute céte diuersité et confusion d'ordonnances, quelle autre fin et effect, apres tout, y a il que de vuider le ventre? ce que mille simples domestiques peuuent faire*.

On demandoit a vn Lacedemonien qui l'auoit fait viure sain si long temps : « L'ignorance de la medecine », respondit il; et Adrian, l'Empereur [1], crioit sans cesse, en mourant, que la presse des medecins l'auoit tué*. Mais ils ont cet heur* que leur erreur et leurs fautes sont soudain mises sous terre et enseuelies [2], et qu'outre cela ilz ont vne façon bien auantageuse de se seruir de toutes sortes d'euenemens : car ce que la fortune, ce que la nature, ou quelque autre cause estrangiere (desquelles le nombre est infiny) produit en nous de bon et de salutaire, c'est le priuilege de la medecine de se l'attribuer. Tous les heureus succez qui arriuent au patient qui est soubs son regime, c'est d'elle qu'il les tient. Les occasions qui m'ont guery a moy, et qui guerissent mille autres qui n'appellent point les medecins a leurs secours, ilz les vsurpent en leurs subiectz. Et, quand aux mauuais accidentz, ou ilz les desauouent tout a faict, en attribuant la coulpe au patient, par des raisons si vaines qu'ilz n'ont garde de faillir d'en trouuer tousiours assez bon nombre de telles : c'est que il a découuert son bras*, ou on luy a entrouuert sa fenestre, ou il s'est couché sur le costé gauche, ou passé par sa teste quelque pensement penible : somme vne parolle, vn songe, vne œuillade leur semble suffisante excuse

[1] *C* : « Adrian Empereur ».
[2] *Vulg. modifie ce passage.*

pour se descharger de faute; ou, s'il leur plait, ilz se seruent encore de cet empirement, et en font leurs affaires par cet autre moien qui ne leur peut iamais faillir, c'est de nous paier, lors que la maladie se trouue rechaufée par leurs applications, de l'asseurance qu'ils nous donnent qu'elle seroit bien autrement empirée sans leurs remedes. Celuy qu'ilz ont ietté d'vn morfondement en vne fieure quotidiene, il eust eu, sans eux, la continue. Ilz n'ont garde de faire mal leurs besoignes, puis que le dommage leur reuient a profit. Vrayement ilz ont raison de requerir du malade vn'application de creance fauorable: il faut qu'elle le soit, a la verité, en bon escient, et bien souple, pour s'appliquer a des imaginations si mal aisées a croire*. Æsope, autheur de tres-rare excellence, et duquel peu de gens descouurent toutes les graces, est plaisant a nous representer céte authorité tyrannique qu'ilz vsurpent sur ces paures ames afoiblies et abatues par le mal et la crainte; car il conte, ce me semble [1], qu'vn malade estant interrogé par son medecin, quelle operation il sentoit des medicamens qu'il luy auoit donnez : « I'ay fort sué », respondit il. « Celá est bon », dit le medecin. A vne autresfois, il luy demanda encore comme il s'estoit porté depuis : « I'ay eu vn froid extreme, fit il, et ay fort tremblé. » « Cela est bon », suiuit le medecin. A la troisiesme fois, il luy demanda de rechef comment il se portoit : « Ie me sens, dit il, enfler et bouffir, comme d'hydropisie. » « Voila qui va bien », adiousta le medecin. L'vn de ses domestiques venant apres a s'enquerir a luy de son estat : « Certes, mon amy, respond il, a force de bien estre, ie me meurs. »

[1] *BC supp.* : « ce me semble ».

Il y auoit en Ægypte vne loy plus iuste, par laquelle le medecin prenoit son patient en charge, les trois premiers iours aus perils et fortunes du patient; mais, les trois iours passez, c'estoit aus siens propres : car quelle raison y a il qu'Æsculapius, leur patron, ait esté frappé du foudre pour auoir ramené Heleine [1] de mort a vie*, et ses suiuans soint absous, qui enuoient tant d'ames de la vie a la mort?*

Au demeurant, si i'eusse esté de leur conseil, i'eusse rendu ma discipline plus sacrée et mysterieuse. Ilz auoint assez bien commencé ; mais ilz n'ont pas acheué de mesme. C'estoit vn bon commencement d'auoir fait des Dieus et des Daimons autheurs de leur science, d'auoir pris vn langage a part, vne escriture a part*. C'estoit vne bonne regle en leur art, et qui acompaigne toutes les arts fantastiques, vaines et supernaturelles, qu'il faut que la foy du patient preoccupe par bonne esperance et asseurance leur effect et operation. Laquelle reigle ilz tiennent iusques la que, le plus ignorant et grossier medecin, ilz le trouuent plus propre a celuy qui a fiance en luy, que le plus experimenté*. Le chois mesmes de la plus part de leurs drogues est aucunement mysterieus et diuin : le pied gauche d'vne tortue, l'vrine d'vn luisert, la fiante d'vn elephant, le foye d'vne taupe, du sang tiré sous l'aile droite d'vn pigeon blanc, et, pour nous autres coliqueus (tant ilz abusent desdaigneusement de nostre misere), des crotes de rat puluerisées, et telles autres singeries, qui ont plus le visage d'vn enchentement magicien que de nulle science solide. Ie laisse a part le nombre imper de leurs pillules, la destination de certains iours

[1] *Vulg.* : « Hippolytus ».

et festes de l'année, la distinction des heures a cuillir les herbes de leurs ingrediens, et céte grimace rebarbatiue et ceremonieuse [1] de leur port et contenance, de quoi Pline mesme se moque. Mais ilz ont failly, ce me semble, de ce qu'a ce beau commencement ilz n'ont aiousté cecy, de rendre leurs assemblées et consultations plus religieuses et secretes : nul homme profane n'i deuoit auoir accez, non plus qu'aus secretes ceremonies d'Æsculape; car il aduient de céte faute que leur irresolution, la foiblesse de leurs argumens, diuinations et fondemens, l'aspresté de leurs contestations, pleines de haine, de ialousie et de consideration particuliere, venant a estre découuerte [2] a vn chacun, il faut estre merueilleusement aueuglé, si on ne se sent bien hazardé entre leurs mains. Qui veid iamais medecin se seruir de la recepte de son compaignon sans en retrancher ou y adiouster quelque chose? ilz trahissent assez par la leur art, et nous font voir qu'ils y considerent plus leur reputation et, par consequent, leur profit que l'interest de leurs patiens. Celuy la de leurs docteurs est plus sage qui leur a anciennement prescript céte regle [3], qu'vn seul se mesle de traiter vn malade : car, s'il ne fait rien qui vaille, le reproche a l'art de la medecine n'en sera pas fort grand, pour la faute d'vn homme seul, et, au rebours, la gloire en sera grande, s'il vient a bien rencontrer; la ou, quand ilz sont beaucoup, ilz descrient tous les coups le mestier : d'autant qu'il leur aduient de faire plus souuent mal que bien. Ilz se deuoint contenter du perpetuel desacord qui se trouue és opinions des principaus

[1] *Vulg.* : « prudente ».
[2] *BC* : « descouuerts ».
[3] *Vulg. supp.* : « céte regle ».

maistres et autheurs anciens de céte science, qui n'est cogneue que des hommes versés aus liures, sans faire voir encore au peuple les controuerses et inconstances de iugement qu'ils nourissent et continuent entre eux.

Voulons nous veoir vn exemple de l'ancien debat de la medecine? Hierophilus loge la cause originelle des maladies aux humeurs; Erasistratus, au sang des arteres; Asclepiades, aux atomes inuisibles s'escoulant en noz pores; Alcmæon, en l'exuperance ou defaut des forces corporelles; Diocles, en l'inequalité des elemens du corps, et en la qualité de l'air que nous respirons; Strato, en l'abondance, crudité et corruption de l'alimant que nous prenons; Hippocrates la loge aux espritz. Il y a l'vn de leurs amis, qu'ils cognoissent mieux que moy, qui s'escrie, a ce propos la, que la science la plus importante qui soit en nostre vsage, comme celle qui a charge de nostre conseruation et santé, c'est, de mal'heur, la plus incertaine, la plus trouble et agitée de plus de changemens. Il n'y a pas grand dangier de nous mesconter a la hauteur du soleil, ou en la fraction de quelque supputation astronomique; mais icy, ou il va de tout nostre estre, ce n'est pas sagesse de nous abandonner a la mercy de l'agitation de tant de ventz contraires.

Auant la guerre Peloponesiaque, il n'y auoit pas grandz nouuelles de cete science. Hippocrates la mit en credit. Tout ce que cestuy cy auoit estably, Chrisippus le renuersa; depuis, Erasistrat [1], petit fils d'Aristote, tout ce que Chrisippus en auoit escript. Apres ceus ci suruindrent les Empiriques, qui prindrent vne voye toute diuerse des anciens au manie-

[1] *BC* : « Erasistratus ».

ment de cet art. Quand le credit de ces derniers commença a s'enuieillir, Herophilus mit en vsage vne autre sorte de medecine, que Asclepiades vint a combattre et aneantir a son tour. A leur reng, vindrent aussi en authorité les opinions de Themison [1] et, despuis, de Musa, et encore apres celles de Vexius Valens, medecin fameus par l'intelligence qu'il auoit auecques Messalina, femme de Claudius Cæsar [2]. L'empire de la medecine tomba, du temps de Neron, à Tessalus, qui abolit et comdamna tout ce qui en auoit esté tenu iusques a luy. La doctrine de cetuy cy fut abatue par Crinas, de Marseille, qui aporta de nouueau de regler toutes les operations medecinales aux ephemerides et mouuemens des astres : menger, dormir et boyre a l'heure qu'il plairoit a la Lune et a Mercure. Son authorité fut bien tost apres supplantée par Charinus, medecin de céte mesme ville de Marseille. Cetuy cy combatoit non seulement la medecine ancienne, mais encore le publique et tant de siecles au parauant acotumé vsage des bins chaus : il faisoit baigner les hommes dans l'eau froide, en hyuer mesme, et plongeoit les malades dans l'eau naturelle des ruisseaus. Iusques au temps de Pline, nul Romain n'auoit encore daigné exercer la medecine; elle se faisoit par des estrangiers et Grecs, comme elle se fait entre nous François par les Latineurs; car, comme dit vn tresgrand medecin, nous ne goutons pas ayseement la medecine que nous entendons, non plus que nous ne sçaurions donner pris aux drogues que nous cognoissons [3] : si elle ne nous est inconnue, si elle ne

[1] *BC :* « Thremison ».
[2] *Vulg. supp. :* « femme de Claudius Cæsar ».
[3] *Vulg. modifie cette phrase.*

vient d'outre mer et ne nous est apportée de quelque lointaine region, elle n'a point de force [1]. Si les nations desquelles nous retirons le gayac, la salseperille et le boys de squine, ont des medecins, combien pensons nous, par céte mesme industrie de donner pris aux drogues par l'estrangeté, la rareté et la cherté, qu'ils facent feste de noz chous et de nostre persil? Car qui oseroit mespriser et estimer vaines [2] les choses recerchées de si loing au hazard d'vne si longue peregrination et si perilleuse? Despuis ces anciennes mutations de la medecine, il y en a eu infinies autres iusques a nous, et, le plus souuent, mutations entieres et vniuerselles, comme sont celles que font de nostre temps Paracelse, Fiorauanti et Argenterius : car ilz ne changent pas seulement vne drogue ou [3] vne recepte, mais, a ce qu'on me dit, toute la contexture et police du corps de la medecine, accusant d'ignorence et de piperie tous [4] ceux qui en ont fait profession iusques a eux. Ie vous laisse a penser ou en est le pauure patient.

Si encor nous estions asseurez, quand ils se mescontent, qu'il ne nous nuisit pas, s'il ne nous profite, ce seroit vne bien raisonnable composition de s'hazarder d'acquerir du bien, sans nous metre en aucun dangier de perte*. Mais combien de fois nous aduient il de voir les medecins imputans les vns aux autres la mort de leurs patiens? Il me souuient d'vne maladie populaire qui fut aus villes de mon voisinage, il y a quelques années, mortelle et tres-dangereuse. Cet orage estant

[1] *Vulg. supp.* : « si elle ne nous... de force ».
[2] *Vulg. supp.* : « et estimer vaines ».
[3] *Vulg. supp.* : « vne drogue ou ».
[4] *Vulg. supp.* : « tous ».

passé, qui auoit emporté vn nombre infiny d'hommes, l'vn des plus fameus medecins de toute la contrée vint a publier vn liuret touchant céte matiere, par lequel il se rauise de ce qu'ilz auoint vsé de la seignée au secours de céte maladie [1], et confesse que c'est l'vne des principales causes du dommage qui en estoit aduenu. Dauantage leurs autheurs tiennent qu'il n'y a nulle medecine qui n'ait quelque partie nuisible. Et, si celles mesmes qui nous seruent nous offencent aucunement, que doiuent faire celles qu'on nous a appliquées du tout hors de propos? Quant a moy [2], quand il n'y auroit autre chose, i'estime qu'a ceux qui haissent le goust de la medecine ce soit vn dangereux effort, et de preiudice, de l'aler aualer a vne heure si incommode, auec tant de contrecœur et de peine [3]; et croy que cela essaye merueilleusement le malade, en vne saison ou il a tant de besoin de repos, et de ne troubler rien en son estat. Outre ce que, a considerer les occasions sur quoy ils fondent ordinairement la cause de noz maladies, elles sont si legeres et si delicates que i'argumente par la qu'vne bien petite erreur en la dispensation de leurs drogues peut estre cause de nous apporter beaucoup de nuisance. Or, si le mesconte du medecin est dangereux, il nous va bien mal, car il est bien malaysé qu'il n'y retombe souuent. Il a besoing de trop de pieces, considerations et circonstances pour affuter iustement son dessein. Il faut qu'il connoisse la complexion du malade, sa temperature, ses humeurs, ses inclinations, ses actions,

[1] *Vulg. supp.* : « au secours de céte maladie ».
[2] *BC* : « De moy ».
[3] *Vulg. supp.* : « et de peine »; *et plus bas* : « et de ne troubler... estat ».

ses pensemens mesmes et ses imaginations. Il faut qu'il se responde des circonstances externes, de la nature du lieu, condition de l'air et du temps, assiete des planetes et leurs influences; qu'il sçache, en la maladie, les causes, les signes, les affections, les iours critiques; en la drogue, le poix, la force, le païs, la figure, l'aage, la dispensation; et faut que toutes ces pieces, il les sçache proportionner et rapporter l'vne a l'autre, pour en engendrer vne parfaicte symmetrie. A quoy s'il faut tant soit peu, si, de tant de ressors, il y en a vn tout seul qui tire a gauche, en voila assez pour nous perdre. Dieu sçait de quelle difficulté est la connoissance de la pluspart de ces parties : car, pour exemple, comment trouuera il le signe propre de la maladie, chacune d'elles estant capable d'vn infiny nombre de signes? Combien ont ilz de debatz entre eux et de doubtes sur l'interpretation des vrines? Autrement, d'ou viendroit céte altercation continuelle que nous voions entr'eux sur la connoissance du mal? Comment excuserions nous céte faute ou ilz tombent si souuant de prendre marte [1] pour renard? Aus maux que i'ay eu, pour peu qu'il y eut de difficulté, ie n'en ay iamais trouué trois d'accord. Ie remarque plus volontiers les exemples qui me touchent. Dernierement, a Paris, vn gentilhomme fut taillé par l'ordonnance des medecins, auquel on ne trouua de pierre non plus a la vessie qu'a la main; et, la mesmes, vn Euesque, qui m'estoit fort amy, auoit esté instamment sollicité par la pluspart des medecins qu'il appelloit a son conseil (car d'en voir plusieurs bien d'accord, il est mal aisé : ilz haissent l'vni-son de la musique [2])

[1] *BC* : « martre ».

[2] *BC supp. toute cette parenthèse.*

de se faire tailler; i'aidoy moy mesme, sous la foy d'autruy, a le luy persuader : quand il fut trespassé, et qu'il fut ouuert, on trouua qu'il n'auoit mal qu'aus reins. Ilz sont moins excusables en céte maladie, d'autant qu'elle est aucunement palpable. C'est par la que la chirurgie me semble beaucoup plus certaine, par ce qu'elle voit et manie ce qu'elle fait. Il n'y a pas beaucoup [1] a coniecturer et a deuiner; la ou les medecins n'ont point de *speculum matricis* qui leur découure nostre cerueau, nôtre poulmon et nostre foie. Les promesses mesmes de la medecine sont incroiables; car, ayant a prouuoir a diuers accidens, et contraires, qui nous pressent souuent ensemble, desquelz ils disent qu'il y en a aucuns qui ont [2] vne relation quasi necessaire, comme la chaleur du foie et froideur de l'estomac : ilz nous vont persuadant que, de leurs ingrediens, cetuy-cy eschaufera l'estomac, cet'autre refrechira le foye; l'vn a sa charge d'aler droit aus reins, voire iusques a la vessie, sans estaler [3] ses operations, et conseruant ses forces et sa vertu en ce long chemin, et plein de destourbiers, iusques au lieu au seruice duquel il est destiné par sa proprieté occulte; l'autre assechera le cerueau; celuy la humectera le poulmon. De tout cet amas, ayant fait vne mixtion de breuage, n'est ce pas quelque espece de resuerie d'esperer que ces vertus s'aillent diuisant et triant de céte confusion et meslange, pour courir a charges si diuerses? Ie craindrois infiniement qu'elles perdissent ou eschangeassent leurs ethiquetes, et troublassent leurs quartiers. Et qui pourroit imaginer que, en céte

[1] *BC :* « Il y a peu », *et Vulg. :* « Il y a moins ».
[2] *BC :* « ensemble, et qui ont ».
[3] *BC aj. :* « ailleurs ».

confusion liquide, ces facultés ne se corrompent, confondent et alterent l'vne a [1] l'autre? Quoy, que l'exécution de cétte ordonnance despend d'vn autre officier, a la foy et mercy duquel nous abandonnons encore vn coup nostre vie*!

Quant a la varieté et foyblesse des raisons de cet'art, elle est plus apparente qu'en nulle autre art. Les choses aperitiues sont vtiles a vn homme coliqueus, d'autant qu'ouurant les passages et les dilatant, elles acheminent céte matiere gluante de laquelle se bastit la graue et la pierre, et conduisent contre bas ce qui se commance a durcir et s'amasser aus reins. Les choses aperitiues sont dangereuses a vn homme coliqueus, d'autant qu'ouurant les passages et les dilatant, elles acheminent vers les reins la matiere propre a bastir la graue, lesquels s'en saisissant volontiers pour céte propension qu'ils y ont, il est mal aysé qu'ils n'en arrestent beaucoup de ce qu'on y ara charrié. Dauantage, si, de fortune, il s'y rencontre quelque corps vn peu plus grosset qu'il ne faut pour passer tous ces destroitz qui restent a franchir pour l'expeller au dehors, ce corps estant ébranlé par ces choses aperitiues, et ietté dans ces canaus estroitz, venant a les boucher, acheminera vne certaine mort, et tres-doloreuse. Ilz ont vne pareille fermeté aux conseils qu'ilz nous donnent de nostre regime de viure. Il est bon de tomber souuent de l'eau; car nous voions par experience qu'en la laissant croupir nous luy donnons loisir de se descharger de ses excremens et de sa lye, qui seruira de matiere a bastir la pierre en la vessie. Il est bon de ne tumber point souuent de l'eau; car

[1] *BC supp.* : « a ».

les poisans excremens qu'elle traine quant et elle ne s'emporteront point s'il n'y a de la violence; comme on void par experience qu'vn torrent qui roule auecques roideur baloye bien plus nettement le lieu ou il passe que ne faict le cours d'vn ruisseau mol et lâche. Pareillement, il est bon d'auoir souuent l'acointance des [1] femmes; car cela ouure les passages et achemine la graue et le sable. Il est bien aussi mauuais, pour céte autre raison que cela eschaufe les reins, les lasse et afoiblit [2].. Somme, ilz n'ont nul discours qui ne soit

[1] *Vulg.* : « souuent affaire aux ».

[2] *BC remplacent les pages qui suivent, jusqu'à* : « Les poëtes » *(p. 352, l. 27), par ceci* : « Il est bon de se beigner aux eaux chaudes, d'autant que cela relache et amollit les lieux ou se croupit le sable et la pierre. Mauuais aussi est il, d'autant que ceste application de chaleur externe aide les reins a cuire, durcir et petrifier la matiere qui y est disposée. A ceux qui sont aux beins, il est plus salubre de manger peu le soir, affin que le breuuage des eaux qu'ils ont a prandre l'endemain matin face plus d'operation, rancontrant l'estomac vuide et non empesché. Au rebours, il est meilleur de manger peu au disner, pour ne troubler l'operation de l'eau, qui n'est pas encore parfaite, et ne charger l'estomac si soudain apres cest autre trauail, et pour laisser l'office de digerer a la nuict, qui le sçait mieux faire que ne faict le iour, ou le corps et l'esprit sont en perpetuel mouuemant et action. Voila commant ils vont bastelant et baguenaudant* en tous leurs discours*. Qu'on ne crie donq plus apres ceux qui, en ce trouble, se laissent doucement conduire a leur appetit et au conseil de nature, et se remettent a la fortune commune. — I'ay veu, par occasion de mes voïages, quasi tous les beins fameus de Chrestienté, et, despuis quelques années, ay commencé a m'en seruir : car* i'estime le beigner salubre, et crois que nous encourons nos legieres incommoditez en nostre santé pour auoir perdu ceste coustume, qui estoit generalement obseruée au temps passé quasi en toutes les nations, et est encore en plusieurs, de se lauer le corps tous les iours; et ne puis pas imaginer que nous ne vaillions beaucoup moins de tenir ainsi nos membres encroutés et nos pores estoupés de crasse. Et, quant a leur boisson, la fortune a faict premieremant qu'elle ne soit aucunemant ennemie de mon goust; secondemant, elle est naturelle et

capable de telles oppositions. Quant au iugement de l'operation des drogues, il est autant ou plus incertain. I'ay esté deux fois boyre des eaus chaudes de noz montaignes, et m'y suis rangé par ce que c'est vne potion naturelle, simple et non mixtionnée, qui, au moins, n'est point dangereuse, si elle est vaine, et qui, de fortune, s'est rencontrée n'estre aucunement ennemie de mon goust (il est vray que ie la prens selon mes regles, non selon celles des medecins), outre ce que le plaisir des visites de plusieurs parens et amis que i'ay en chemin, et des compaignies qui s'y rendent, et de la beauté de l'assiete du pais m'y attire. Ces eaux la ne font nul miracle, sans doute, et tous les

simple, qui au moins n'est pas dangereuse, si elle est vaine. Dequoy ie pran pour respondant céte infinité de peuples de toutes sortes et complexions qui s'y assemble. Et encores que ie n'y aye aperceu nul effait extraordinaire et miraculeux, ains que, m'en informant vn peu plus curieusemant qu'il ne se faict, i'aye trouué mal fondez et faux tous les bruis de telles operations qui se sement en ces lieux la, et qui s'y croient (comme le monde va se pipant ayséemant de ce qu'il desire); toutesfois aussi n'en ay-ie veu nul [1] que ces eaux ayent empiré, et ne leur peut on, sans malice, refuser cela, qu'elles n'eueillent l'appetit, facilitent la digestion et nous prestent quelque nouuelle allegresse, si on n'y va trop abbatu de forces, ce que ie ne conseille a nul de faire. Elles ne sont pas pour releuer vne poisante ruine; elles peuuent appuyer vne inclination legiere, ou prouuoir a la menace de quelque alteration. Qui n'y apporte assez d'allegresse pour pouuoir gouster le plaisir des compagnies qui s'y trouuent, iouyr des promenades et exercices a quoy nous conuie la beauté des lieux ou sont communemant assises ces eaux, il perd sans doubte la meilleure piece et plus assurée de leur effaict. A céte cause, i'ay choisy iusques a cest'heure a m'arrester et a me seruir de celes ou il y auoit plus d'amenité de lieu, commodité de logis, de viures et de compagnies, comme sont, en France, les beins de Banieres; en la frontiere d'Alemaigne et de Lorraine, ceux de Plombieres; en Souysse, ceux de Bade; en la Toscane, ceux de Lucques, et notamment ceux *della Villa,* desquels i'ay vsé plus

effectz estranges qu'on en rapporte, ie ne les croy pas; car, pendant que i'y ay esté, il s'est semé plusieurs telz bruits que i'ay découuers faus, m'en informant vn peu curieusement. Mais le monde se pipe aiséement de ce qu'il desire. Il ne leur faut pas oster aussi qu'elles n'esueillent l'appetit, et ne facilitent la digestion, et ne nous prestent quelque nouuelle alegresse, si on n'y va du tout abatu de forces. Mais moy ie n'y ai esté, ny ne suis deliberé d'y aler que sain et auecques plaisir. Or, quant a ce que ie dis de la difficulté qui se presente au iugement de l'operation, en voycy l'exemple. Ie fus premierement a Aiguescaudes; de celles la ie n'en sentis nul effet, nulle purgation appa-

souuant et a diuerses saisons. — Chaque nation a des opinions particulieres touchant leur vsage, et des loix et formes de s'en seruir toutes diuerses, et, selon mon experience, l'effect quasi pareil. Le boire n'est nullemant receu en Allemaigne; pour toutes maladies, ils se beignent, et sont a grenouiller dans l'eau, quasi d'vn soleil a l'autre. En Italie, quand ilz boiuent neuf iours, ils s'en beignent, pour le moins, trante; et communemant boiuent l'eau mixtionnée d'autres drogues, pour secourir son operation. On nous ordonne icy de nous promener pour la digerer; la, on les arreste au lict, ou ils l'ont prise, iusques a ce qu'ils l'ayent vuidée, leur eschauffant continuellemant l'estomac et les pieds. Comme les Allemans ont de particulier de se faire generallemant tous corneter et vantouser, auec scarification dans le bein, ainsin ont les Italiens leur *doccie,* qui sont certaines gouttieres de ceste eau chaude qu'ils conduisent par des cannes, et vont baignant vne heure le matin et autant l'apres dinée, par l'espace d'vn mois, ou la teste, ou l'estomac, ou autre partie du corps a laquelle ils ont affaire. Il y a infinies autres differances de coustumes en chaque contrée, ou, pour mieux dire, il n'y a quasi nulle ressemblance des vnes aux autres. Voila commant ceste partie de medecine a laquelle seule ie me suis addonné [2], quoy qu'elle soit la moins artificielle, si a elle sa bonne part de la confusion et incertitude qui se voit par tout ailleurs en cest'art ». — [1] *Vulg.* : « n'ay-ie veu gueres de personnes ». — [2] *Vulg.* : « ie me suis laissé aller ».

rente; mais ie fus vn an entier, aprez en estre reuenu, sans aucun ressentiment de colique, pour laquelle i'y estoy allé. Dépuis, ie fus a Banieres; celles cy me firent vuyder force sable, et me tindrent le ventre long temps apres fort lâche. Mais elles ne me garantirent ma santé que deux mois; car, apres cela, i'ay esté tresmal traicté de mon mal. Ie demanderois, sur ce tesmoignage, ausquelles mon medecin est d'auis que ie me fie le plus, ayant ces diuers argumentz et circonstances pour les vnes et pour les autres. Q'on ne crie pas donc plus apres ceux qui, en céte incertitude, se laissent gouuerner a leur appetit et au simple conseil de nature. Or ainsi, quand ils nous conseillent vne chose plus tost qu'vne autre, quand ils nous ordonnent les choses aperitiues, comme sont les eaus chaudes, ou qu'ils nous les deffendent, ils le font d'vne pareille incertitude, et remettent sans doubte a la mercy de la fortune l'euenement de leur conseil, n'estant en leur puissance, ny de leur art, de se respondre de la mesure des corps sableus qui se couuent en noz reins; la ou vne bien legiere differance de leur grandeur peut produire en l'effet de nôtre santé des conclusions contradictoires. Par cet exemple, l'on peut iuger de la forme de leurs discours; mais, pour les presser plus viuement, il ne fauldroit pas vn homme si ignorant comme ie suis de leur art.

Les poëtes disent tout ce qu'ilz veulent auec plus d'enphase et de grace, tesmoing ces deux epigrammes :

Alcon hesterno signum Iouis attigit; ille
Quamuis marmoreus, vim patitur medici :
Ecce hodie iussus transferri ex æde vetusta,
Effertur, quamuis sit Deus atque lapis :

et l'autre :

> *Lotus nobiscum est hilaris, cœnauit et idem,*
> *Inuentus mane est mortuus Andragoras;*
> *Tam subitæ mortis causam, Faustine, requiris?*
> *In somnis medicum viderat Hermocratem.*

Sur quoy ie veux faire deux contes.

Le Baron de Caupene, en Chalosse, et moy, auons en commun le droit de patronage d'vn benefice qui est de grande estendue, au pied de nos montaignes, qui se nomme Lahontan. Il est des habitans de ce coin, ce qu'on dit de ceux de la valée d'Angrouigne. Ilz auoint vne vie a part, les façons, les vestemens et les meurs a part; regis et gouuernez par certaines polices et coustumes particulieres, receues de pere en fils, ausquelles ilz s'obligeoint sans nulle autre contrainte que de la reuerance de leur vsage. Ce petit estat s'estoit continué de toute ancienneté en vne condition si heureuse, que nul iuge voisin n'auoit esté en peine de s'informer de leur affaire, nul aduocat emploié a leur donner aduis, ny estrangier appellé pour esteindre leurs querelles, et n'auoit on iamais veu nul de ce destroit la a l'aumosne. Ilz fuioint les alliances et le commerce de l'autre monde, pour n'alterer la pureté de leur police; iusques a ce, comme ilz recitent, que l'vn d'entre eux, de la memoire de leurs peres, ayant l'ame espoinçonnée d'vne noble ambition, s'ala aduiser, pour mettre son nom en credit et reputation, de faire l'vn de ses enfans maistre Iean ou maistre Pierre, et, l'ayant faict instruire a escrire, en quelque ville voisine, en rendit en fin vn beau notaire de village. Cetuy-cy, deuenu monsieur [1],

[1] *Vulg.* : « grand ».

commença a desdaigner leurs anciennes coustumes, et a leur mettre en teste la pompe des regions de deça. Le premier de ses cousins [1] a qui on escorna vne cheure, il luy conseilla d'en demander raison aux iuges Royaux d'autour de la, et, de celuy la a vn autre, iusques a ce qu'il eust tout abastardy. A la suite de céte corruption, ilz disent qu'il y en suruint incontinent vn'autre de pire consequence, par le moien d'vn medecin, a qui il print enuie d'espouser vne de leurs filles, et de s'habituer parmy eux. Cetuy-cy commença a leur aprendre premierement le nom des fieures, des reumes et des aposthumes, la situation du cœur, du foie et des intestins, qui estoit vne science iusques lors tres-esloignée de leur cognoissance; et, au lieu de l'ail, de quoy ils auoint apriz a chasser toutes sortes de maux, pour aspres et extremes qu'ils fussent, il les acoustuma, pour vne tous ou pour vn morfondement, a prendre les mixtions extrangieres, et commença a faire trafique, non de leur santé seulement, mais aussi de leur mort. Ilz iurent que, despuis lors seulement, ils ont aperceu que le serain leur appesantissoit la teste, que le boyre chaut [2] apportoit nuissance, et que les vents de l'automne estoint plus griefs que ceux du printemps; que, depuis l'vsage de céte medecine, ilz se trouuent acablez d'vne legion de maladies inacoustumées, et qu'ils apperçoiuent vn general deschet en leur ancienne vigueur et alegresse [3], et leurs vies de moytié racourcies. Voila le premier de mes contes.

L'autre est qu'auant ma subiection graueleuse, oyant faire cas du sang de bouc a plusieurs, comme

[1] *BC* : « comperes ».
[2] *Vulg.* : « le boire, ayant chauld ».
[3] *Vulg. supp.* : « et alegresse ».

d'vne manne celeste enuoyée en ces derniers siecles pour la tutelle et conseruation de la vie humaine, et en oyant parler a des gens d'entendement, comme d'vne drogue admirable et d'vne operation infallible, moy, qui ay tousiours pensé estre en bute a tous les accidens qui peuuent toucher nul autre homme, prins plaisir, en plaine santé, à me garnir de ce miracle, et commanday ches moy qu'on me nourrit vn bouc selon la recepte : car il faut que ce soit aus mois les plus chaleureux de l'esté qu'on le retire, et qu'on ne luy donne a menger que des herbes aperitiues, et a boyre que du vin blanc. Ie me rendis, de fortune, ches moy le iour qu'il deuoit estre tué; on me vint dire que mon cuisinier trouuoit dans sa panse deux ou trois grosses boules qui se choquoint l'vne l'autre parmy sa mengeaille. Ie fus si curieus, et d'autres qui estoint auec moy [1], que ie fis apporter toute céte tripaille en ma presence, et fis ouurir céte grosse et large peau. Il en sortit trois gros corps, legiers comme des esponges, de façon qu'il semble qu'ilz soint creus, durs, au demeurant, par le dessus, et fermes, bigarrez de plusieurs coleurs mortes; l'vn perfect en rondeur a la mesure d'vne courte boule; les autres deus vn peu moindres, ausquels l'arrondissement est imperfect et semble qu'il s'y acheminat. I'ay trouué, m'en estant faict enquerir a ceus qui ont acoustumé d'ouurir de ces animaux que c'est vn accident rare et inusité. Il est vray-semblable que ce sont des pierres cousines des nostres. Et, s'il est ainsi, c'est vne esperance bien vaine aus graueleus de tirer leur guerison du sang d'vne beste qui s'en aloit elle mesme mourir d'vn

[1] *Vulg. supp.* : « et d'autres... moy ».

pareil mal : car de dire que le sang ne se sent pas de céte contagion, et n'en altere sa vertu accoustumée, cela n'est pas croiable [1]; il est plus tost a croire qu'il ne s'engendre rien en vn corps que par la conspiration et communication de toutes les parties : la masse agit tout entiere, quoy que l'vne piece y contribue plus que l'autre, selon la diuersité des operations. Parquoi il y a grande apparence qu'en toutes les parties de ce bouc, il y auoit quelque qualité petrifiante. Et, si céte beste est subiete a céte maladie, ie trouue qu'elle a esté mal choisie pour nous y seruir de medicament [2]. Ce n'estoit pas pour mon vsage pourtant [3] que i'estoi curieus de céte experience, mais il auient chez moy, comme en plusieurs autres lieux, que les femmes y font amas de plusieurs telles menues drogueries pour en secourir les voysins [4], vsant de mesme recepte a cinquante maladies, et de telle recepte qu'elles ne prennent pas pour elles, et si triomphent en bons euenemens.

Au demeurant, i'honore les medecins, non pas, suyuant le precepte, pour la necessité (car a ce passage on en oppose vn autre du prophete reprenant le Roy Asa d'auoir eu recours au medecin), mais pour l'amour d'eux mesmes, en ayant veu beaucoup d'honnestes hommes, et dignes d'estres aimés. Ce n'est pas a eus que i'en veus, c'est a leur art; et ne leur donne pas grand blasme de faire leur profit de nostre sotise; car la plus part du monde faict ainsi. Plusieurs vacations, et moindres et plus dignes que la leur, n'ont

[1] *Vulg. supp. :* « cela n'est pas croiable ».
[2] *Vulg. supp. :* « Et si céte... medicament ».
[3] *BC :* « Ce n'estoit pas tant pour mon vsage »; *et Vulg. modifie la phrase.*
[4] *Vulg. :* « le peuple ».

fondement et appuy qu'aux abuz publiques. Ie les appelle en ma compaignie quand ie suis malade, s'ils se rencontrent a propos, et demande a en estre entretenu, et les paye comme les autres. Au demeurant, ie leur donne loy de me commander de me coucher sur le costé droit, si i'aime autant y estre que sur le gauche [1]. Ils peuuent choisir, d'entre les porreaus et les laictues, dequoy il leur plairra que mon bouillon se face, et m'ordonner le blanc ou le clairet, et ainsi de toutes autres choses, qui sont indifferentes a mon goust et vsage [2]. Combien en voions nous d'entre eux estre de mon humeur, desdaigner la medecine pour leur seruice, et prendre vne forme de vie libre et toute contraire a celle qu'ilz ordonnent a autruy? Qu'est-ce cela, si ce n'est abuser tout destrousséement de nostre simplicité? Car ilz n'ont pas leur vie et leur santé moins chere que nous, et accommoderoint leurs effets a leur doctrine s'ilz n'en cognoissoint eux mesmes la fauceté.

C'est la crainte de la mort et de la douleur, l'impatience du mal, vne furieuse et indiscrete faim [3] de la guerison qui nous aueugle ainsi; c'est pure lâcheté qui nous rend nostre croiance si molle et si maniable*. Y a il nul de ceux qui se sont laissés aler a céte miserable subiection qui ne se rende esgalement a toute sorte d'impostures? qui ne se mette a la mercy de

[1] *Vulg. modifie cette phrase.*

[2] *BC aj.* : « I'entans bien que ce n'est rien faire pour eus, d'autant que l'aigreur et l'estrangeté sont accidans de l'essance propre de la medecine. Licurgus ordonnoit le vin aux Spartiates malades : pourquoy? par ce qu'ils en haissoient l'vsage, sains. Tout ainsi qu'vn gentil'homme, mon voisin, s'en sert pour drogue tressalutere a ses fiebures, par ce que, de sa nature, il en hait mortellement le goust ».

[3] *Vulg.* : « soif ».

quiconque a céte impudence de luy donner promesse de sa guerison?* Ouy, il n'est pas vne simple femmelete de qui nous n'employons les barbotages et les breuets. Et, selon mon humeur, si i'auoy a en accepter quelqu'vne, i'accepterois plus volontiers céte medecine que null'autre, d'autant qu'au moins il n'y a nul dommage a creindre*. I'estoy, l'autre iour, en vne compaignie ou ie ne sçay qui de ma confrairie apporta la nouuelle d'vne sorte de pillules compilées de cent ie ne sçay combien [1] d'ingrediens, de conte fait; il s'en esmeut vne feste et vne consolation singuliere; car quel rocher soustiendroit l'effort d'vne si nombreuse baterie? I'entens toutesfois par ceux qui l'essayerent que la moindre petite graue ne daigna s'en esmouuoir.

Ie ne me puis desprendre de ce papier que ie n'en die encore ce mot, sur ce qu'ils nous donnent pour respondant de la certitude de leurs drogues l'experience qu'ils en ont faite. La plus part, et, ce croy ie, plus des deux tiers des vertus medecinales, elles consistent en la quinte essence ou proprieté occulte des simples, de laquelle nous ne pouuons auoir autre instruction que l'vsage : car quinte essence n'est autre chose qu'vne qualité de laquelle, par nostre raison, nous ne pouuons conceuoir [2] la cause. En telles preuues, celles qu'ils disent auoir acquises par l'inspiration de quelque Dæmon, ie suis content de les receuoir (car, quant aux miracles, ie n'y touche iamais), ou bien encore, les preuues qui se tirent des choses qui, pour autre consideration, tombent souuent en nostre vsage; comme si, en la laine, dequoy nous auons acoustumé de nous vestir, il s'est trouué, par accident,

[1] *Vulg.* : « cent et tant ».
[2] *Vulg.* : « ne sçauons trouuer ».

quelque oculte proprieté desiccatiue qui guerisse les mules au talon, et si, au reffort, que nous mengeons pour le goust, il s'y est rencontré auec l'vsage quelque operation aperitiue; tout ainsi comme Galen recite (a ce qu'on m'a dict) qu'il aduint [1] a vn ladre de receuoir guerison par le moyen du vin qu'il beut, d'autant que, de fortune, vne vipere s'estoit coulée dans le vaisseau; car nous trouuons en cet exemple le moien et vne conduite vray-semblable a céte experience, comme aussi en celles ausquelles les medecins disent auoir esté acheminez par l'exemple d'aucunes bestes. Mais, en la plus part des autres experiences, a quoy ilz disent auoir esté conduis par la fortune, et n'auoir eu autre guide que l'hazard, ie trouue le progrez de céte information incroiable. I'imagine l'homme regardant autour de luy le nombre infini des choses, plantes, animaux, metaux; ie ne sçay par ou luy faire commencer son essay. Et, quand sa premiere fantasie se iettera sur la corne d'vn elan, a quoy il faut prester vne creance bien molle et aisée, il se trouue encore autant empesché en sa seconde operation. Il luy est proposé tant de maladies et tant de circonstances, qu'auant qu'il soit venu a la certitude de ce point ou doit ioindre la perfection de son experience, le sens humain y perd son Latin; et, auant qu'il ait trouué, parmy céte infinité de choses, que c'est céte corne; parmy céte infinité de maladies : l'epilepsie; tant de complexions : au melancolique; tant de saisons : en hyuer; tant de nations : au François; tant d'aages : en la vieillesse; tant de mutations celestes : en la conionction de Venus et de Saturne; tant de parties du

[1] *Vulg. modifie légèrement ce passage.*

corps : au doigt; a tout cela n'estant guidé ny d'argument, ny de coniecture, ny d'exemple, ny d'inspiration diuine, ains du seul mouuement de la fortune, il faudroit que ce fut par vne fortune parfectement artificielle, reglée et methodique. Et puis, quand la guerison fut faicte, comment se peut il asseurer que ce ne fut que le mal fut arriué a sa periode, ou vn effect de la fortune, ou l'operation de quelque autre chose qu'il eust ou mengé, ou beu, ou touché ce iour la, ou le merite des prieres de sa mere grand. Dauantage, quant céte preuue aroit esté parfaicte, combien de fois fut elle reiterée, et céte longue cordée de fortunes et de rencontres r'enfilée pour en conclurre vne regle?*

A Madame de Dvras.

Madame, vous me trouuates sur ce pas dernierement que vous me vintes voir. Par ce qu'il pourra étre que ces inepties se verront quelque fois entre vos mains, ie veus aussi qu'elles portent tesmoignage que l'autheur se sent bien fort honoré de la faueur que vous leur ferés. Vous y reconnoistrés ce mesme port et ce mesme air que vous auez veu en sa conuersation. Quand i'eusse peu prendre quelque autre façon que la mienne ordinaire et quelque autre forme plus honorable et meilleure, ie ne l'eusse pas fait : car ie ne veux tirer de ces escritz autre effait, sinon qu'ils me representent a vôtre memoire au naturel. Ces mesmes conditions et facultés que vous aués pratiquées et recuillies, Madame, auec beaucoup plus d'honneur et de courtoisie qu'elles ne meritent, ie les veux loger (mais sans alteration et changement) en vn corps solide, qui puisse durer quelques années ou quelques iours apres moy, ou vous les retrouuerés, quand il vous plaira vous en refrechir la memoire, sans prendre autrement la peine de vous en souuenir : aussi ne le valent elles pas. Ie desire que vous continués en moy la faueur de vostre amitié par ces mesmes qualitez par le moyen desquelles elle a esté produite.

Ie ne cherche aucunement qu'on m'aime et estime mieux mort que viuant*. Ce seroit vne sote humeur d'aler a céte heure, que ie suis prest d'abandonner le commerce des hommes, me produire a eux par vne nouuelle recommandation. Ie ne fay nulle recepte des biens que ie n'ay peu employer a l'vsage de ma vie. Quel que ie soie, ie le veux estre ailleurs qu'en papier. Mon art et mon industrie ont esté employés a me faire valoir moy mesme; mes estudes, a m'aprandre a faire, non pas a escrire. I'ay mis tous mes effortz a former ma vie. Voila mon mestier et mon ouurage. Ie suis moins faiseur de liures que de nulle autre besoigne. I'ay desiré de la suffisance pour m'agencer et meliorer, non pour me parer et honorer; pour le seruice [1] de mes commoditez presentes et essentielles, non pour en faire magasin et reserue a mes heritiers*. Mon Dieu, Madame, que ie hairois vne telle recommandation, d'estre habile homme par escrit, et auoir esté [2] vn homme de neant et vn sot ailleurs. I'aime mieux encore estre vn sot et icy et la, que d'auoir si mal choisi ou emploier ma valeur. Aussi, il s'en faut tant que i'atende a me faire quelque nouuel honneur par ces sottises, que ie feray beaucoup si ie n'y en pers point de ce peu que i'en auois aquis : car, outre

[1] *BC :* « suffisance et de la valeur pour le seruice ». — *Vulg. suit BC, mais supp. :* « et de la valeur ».

[2] *Vulg. :* « et estre ».

ce que céte peinture morte et muete derrobera a mon estre naturel, elle ne se raporte pas a mon meilleur estat, mais beaucoup descheu de ma premiere vigueur et allegresse, tirant sur le flestry et le rance. Ie suis sur le fond du vaisseau, qui sent tantost au bas et a la lye.

Au demeurant, Madame, ie n'eusse pas osé remuer si hardiment les mysteres de la medecine, attendu le credit que vous et tant d'autres luy donnez, si ie n'y eusse esté acheminé par ses autheurs mesme. Ie croy qu'ils n'en ont que deux anciens Latins : Pline et Celsus. Si vous les voyés quelque iour, vous trouuerez qu'ils parlent bien plus rudement a leur art que ie ne fay : ie ne fay que la pincer; ils l'esgorgent. Pline se moque, entre autres choses, dequoy, quand ils sont au bout de leur Latin [1], ils ont inuenté céte belle deffaite de renuoyer les malades qu'ils ont agitez et tormentez pour neant de leurs drogues et regimes, les vns au secours des vœuz et miracles; les autres aux eaus chaudes. (Ne vous courroussés pas, Madame, il ne parle pas de celles de deça, qui sont soubz la protection de vostre maison, et qui sont toutes Gramontoises : les montaignes ou elles sont assises ne sonent et ne retentissent rien que Gramont [2]). Noz medecins sont encore plus hardis, car [3] ils ont vne tierce sorte de deffaite pour nous chasser d'aupres d'eus, et se descharger des reproches que nous leur pouuons faire du peu d'amandement que nous trouuons a nos maux qu'ilz ont eu si long temps en leur gouuernement qu'il ne leur reste plus nulle inuention a nous amuser : c'est de nous enuoier cercher la bonté de l'air de

[1] *Vulg.* : « leur chorde ».
[2] *BC supp.* : « les montaignes... que Gramont ».
[3] *Vulg. supp.* : « Noz medecins... car ».

quelque autre contrée. Madame, en voila assez. Vous me donnés bien congé de reprendre le fil de mon propos, duquel ie m'estoy destourné pour vous entretenir.

Ce fut, ce me semble, Perycles, lequel estant enquis comme il se portoit : « Vous le pouuez, fit il, iuger par la », en monstrant des breuetz qu'il auoit atachez au col et au bras. Il vouloit inferer qu'il estoit bien malade, puis qu'il en estoit venu iusques la d'auoir recours a choses si vaines, et de s'estre laissé equiper en céte façon. Ie ne dy pas que ie ne puisse me laisser emporter vn iour a céte opinion ridicule de remetre ma vie et ma santé a la mercy et gouuernement des medecins : ie pourray tumber en céte resuerie : ie ne me puis respondre de ma fermeté future; mais lors aussi, si quelqu'vn s'enquiert a moy comment ie me porte, ie luy pourray dire, comme Pericles : « Vous le pouuez iuger par la », en luy montrant ma main chargée de six dragmes d'opiate. Ce sera vn bien euident signe d'vne maladie violente et qui ara troublé l'assiete de mon entendement et de ma raison [1] : i'aray mon iugement merueilleusement disloqué. Si l'impatience et la fraieur gaignent cela sur moy, on en pourra conclurre vne bien aspre et forte [2] fieure en mon ame.

I'ay pris la peine de plaider céte cause, que i'entens assez mal, pour appuyer vn peu a [3] conforter céte propension naturelle contre les drogues et pratique de nostre medecine, qui s'est deriuée en moy par mes ancestres; afin que ce ne fut pas seulement vne inclination stupide et temeraire, et qu'elle eut vn peu plus

[1] *Vulg. supp.* : « et qui ara... raison ».
[2] *Vulg. supp.* : « et forte ».
[3] *BC* : « et ».

de forme; et aussi que ceux qui me voyent si ferme contre les enhortemens et menaces qu'on me fait, quand mes maladies me pressent, ne pensent pas que ce soit simple opiniatreté, ou qu'il y ait quelqu'vn si fâcheus qui iuge encore que ce soit quelque esguillon de gloire, qui seroit vn desir bien assené de vouloir tirer honneur d'vne action qui m'est commune auec mon iardrinier et mon muletier. Certes ie n'ay point le cœur si enflé, ne si venteus, qu'vn plaisir solide, charnu et moëleus, comme la santé, ie l'alasse eschanger pour vn plaisir imaginaire, spirituel et aërée. La gloire, voire celle des quatre filz Aymon, est trop cher achetée a vn homme de mon humeur, si elle luy couste trois bons accés de colique. La santé, de par Dieu! Au demeurant, ceux qui ayment nostre medecine peuuent auoir aussi leurs considerations bonnes, grandes et fortes. Ie ne hay point les fantasies contraires a la mienne. Il s'en faut tant que ie m'effarouche de voir de la discordance de mes iugemens a ceus d'autruy, et que ie me rende incompatible a la societé des hommes, pour estre d'autre sens* que le mien, qu'au rebours, comme c'est la plus generale forme que nature ait suiuy que la varieté*, ie trouue bien plus nouueau et [1] plus rare de voir conuenir nos humeurs et nos fantasies. Et, a l'aduanture, ne fut il iamais au monde deus opinions entierement et exactement [2] pareilles, non plus que deux visages. Leur plus propre qualité, c'est la diuersité et la discordance.

[1] *Vulg. supp.* : « plus nouueau et ».
[2] *BC supp.* : « et exactement », *et Vulg. modifie légèrement toute la phrase.*

FIN.

Par [1] priuilege du Roy, donné a Paris le 9. iour de May 1579. il est permis a S. Millanges, imprimeur ordinaire du Roy, d'imprimer tous liures nouueaux, pourueu qu'ilz soient approuués par Monseigneur l'Archeuesque de Bourdeaux, ou son Vicaire, et vn ou deux Docteurs en theologie, auec deffences tres-expresses a tous autres, de quelque qualité qu'ils soient, de les imprimer, vendre, ne debiter de huict ans apres la premiere impression, sans le consentement dudit Millanges, comme plus amplement est contenu par les lettres dudict priuilege signé :

DE PVIBERAL.

1 *B met en tête de cet extrait :* « Extraict du priuilege du Roy ».

TABLE DES MATIÈRES

DU SECOND VOLUME.

LIVRE SECOND.

FIN DU SECOND ET DERNIER VOLUME.

www.ingramcontent.com/pod-product-compliance
Lightning Source LLC
LaVergne TN
LVHW010535100826
845148LV00001B/197

* 9 7 8 2 0 1 2 6 6 1 3 9 4 *